唐朝其实很有趣

子陌——著

中国华侨出版社

北京

　　唐朝，这是一个让人心驰神往的巅峰王朝，这是一个让人无限向往的黄金时代，这是一个气势磅礴的帝国时代。它无比壮丽、无比辉煌、无比炫目。

　　千年前，李渊晋阳起兵，攻取长安，撼动了隋朝的统治。

　　千年前，秦王李世民执长刀、跨六骏，劈开一个新的时代。

　　千年前，女皇武则天建明堂、封泰山，登临全天下的巅峰。

　　千年前，明皇李隆基杀韦后、诛太平，打造最繁华的盛世。

　　……　……

　　打开那一扇通往唐朝的窗户，见那一骑绝尘的风采自战火中走来，用开明豁达的襟怀和英雄天纵的才华，编织了大唐江山的辉煌开篇，"兼听则明，偏信则暗"，将天下英雄尽收毂中；听见那一声爽朗的笑声，面对叛乱者的指责和谩骂，她微笑着细读檄文，正是这样的王者气度，使大唐王朝在一位娇媚女子的手中走向了辉煌。

忽而，长安市上的酒香萦萦绕绕，吹开了门外的卷帘。一壶酒、一杯茶让整个都市馨香四溢，香气中带着兴旺与繁华，延伸到扬州、蜀州；挥洒至敦煌，开启了古老的文明；漂洋过海，让东西方的文明交汇。

然而，唐朝亦未能脱离盛极而衰的历史规律。千年以降，这一切都已烟消云散，唯留下点点遗迹、数声叹息，和史书里、诗作中那充满怅惘的回忆与凭吊。然后，就有了这部书，将唐朝三百年的那些鼎盛与衰败、和平与动荡、文明与沦丧一一收录，展示于读者眼前。

书写一部历史，是为了与历史中的人物身影交错，携手同游，共经盛世兴衰的波澜，体味人生的豪迈与遗憾，捕捉人性中的善与恶。

本书以正史为蓝本，汇集多年来历史学者的研究成果，去粗取精、删繁就简，用轻松的语言进行阐释，竭尽所能地将那漫漫三百年的历史完整地呈现出来。本书在尊重史实的基础上，以风趣幽默而又不乏智慧的语言，调侃轻松却不失庄重的语调，讲述大唐过往，并试图进入历史事件的背后，深度挖掘历史人物内在的真实情感，用历史事件来展现人性的复杂，透过历史的迷雾，以人性洞察历史，还原历史真相。

目录

唐朝 其實 很有趣

杨花谢了李花开

大业十一年（615年）三月初五，隋朝历史上发生了一件大事，明公李穆一家被满门抄斩。而这一切都是因为一句在当时流传甚广的谶语——"杨氏将灭，李氏将兴"。

这句谶语的来源是一个梦，相传早在隋文帝时期，杨坚就曾在梦中梦到都城被洪水淹没，随后便决定在原来的长安城旁另选新址营造都城。后来解梦之人认为梦中的洪水对现实有象征意义，于是名字里带水的人便开始被怀疑是后来要夺取杨家天下之人。

也有一说是这场梦是隋炀帝所做，但梦的内容不尽相同。传说在隋炀帝的这个梦中，也是大水以滔天之势冲向了都城。当整个长安都陷入汪洋大海之时，只有栽种在城头的三棵李树安然无恙，并且树上果实累累，生机盎然。隋炀帝惊醒之后，马上召术士进宫为他解梦。术士安伽陀向隋炀帝分析道，可能是李姓之人将祸乱天下，于是"杨氏将灭，李氏将兴"的谶语便传了出来。

虽然这些传说或许都有后世附会之嫌，但这句谶语在当时流传甚广，不少人，比如李密和李渊都在这上面做过文章，向天下人暗示自己是拯救天下苍生于水火的真命天子。

一句流言可以成就一个人，一句流言也可以使一个人死无葬身之地，这就是流言的威力。无论这个梦是谁做的，在这个梦中都有两个关键点：一是李姓之人，二是人名之中有水的人。如今回过头来去看那段历史，当时可以被怀疑的李姓人士除了李穆、李浑，更有李密；名字带水的除了李浑、李敏（乳名洪儿），更有李渊，为什么隋炀帝偏偏灭了李穆一族呢？这就要从李穆的儿子李浑和当时的权臣宇文述两人间的纠葛说起。

明公李穆，可谓隋朝的开国功臣。当年李穆助隋文帝建国，富贵荣华集于一身，为世人所钦羡。李穆更是被隋文帝封为司徒，一门上下都受到了皇帝的恩宠，几乎达到了人人为官的地步。明公之后，李家虽说大不如前，但也还算得上朝中的大族。

本来一切相安无事，杨广继续做他的皇帝，李家人继续做杨家的臣子。但事情出就出在明公李穆的那个爵位上，从某种程度上，可以说是这个曾经让人羡慕的爵位毁了李浑一家。

李穆死后，他的爵位没有传给儿子，而是传给了嫡孙李筠。李筠继承了祖父的爵位之后便有些得意忘形，这让身为叔父的李浑十分不满。然而李浑的爵位不如侄子李筠，于是他在表面上忍气吞声，暗中却与另一个侄子李善衡联手杀了李筠并嫁祸给了别人。

然而李穆的子嗣众多，李筠死了，爵位的继承者也不一定是李浑。急于想获得爵位的李浑想到了隋炀帝身边的红人，自己的妹夫——宇文述，希望他能帮助自己顺利地继承父亲的爵位。为了得到宇文述的支持，李浑许诺：一旦自己继承了爵位，他将把李家每年田赋的一半作为报答送给宇文述。一向贪图享乐的宇文述见钱眼开，便答应李浑在皇帝面前为他美言几句。

事情进行得很顺利，李浑在隋炀帝的支持下如愿以偿获得了爵位，也如约每年都将许诺给宇文述的钱财送到他府上。但几年之后，李浑却突然违反了自己的诺言，再也没有给宇文述送过任何东西。此时李浑的地位已经今非昔比，宇文述虽然对他的举动怒火中烧，却敢怒不敢言。虽说他跟李浑是亲戚，但此时对金钱的欲望和遭到背叛的愤怒已经战胜了一切，宇文述决定暗中报复李浑，将李家欠自己的都拿回来。

而在此时，由于"李氏将兴"的流言，隋炀帝已经对身为右骁卫大将军的李浑逐渐产生了猜忌之心。于是，宇文述趁机对皇帝暗示，李浑的名字中带水，而且李家的孙子李敏小名叫洪儿，也带水字。现在民间又流传"李姓的人将当皇帝"，李浑如今担任着右骁卫大将军之职，位高权重，一旦谋反，后果不堪设想。

本来就猜忌心重的隋炀帝此时坐不住了，再加上有杨玄感谋反的前车之鉴，更加重了他对李浑一家的怀疑。"欲加之罪，何患无辞"，很快李浑一家就以"意欲谋反"之罪被抓了起来。但"谋反"之罪没有证人证词便成立不了，为了满足自己的复仇之心，宇文述决定将李浑一家赶尽杀绝。

到了这样的关键时刻，宇文述的目光投向了一个女人，这个女人便是李敏的妻子——宇文娥英。宇文娥英血统纯正，身份高贵。她的父亲是北周皇帝宇文赟，母亲是隋文帝的女儿，也就是当时北周的皇后杨丽华。然而，这位身份显贵的公主这次也没能逃脱"谋反"的罪名，和李家人一起被抓进了监狱。

诡计多端的宇文述决定让李家人自己"承认"谋反之罪，他对宇文娥英说："李家一门谋反之事已经查实，当今皇上是你的亲舅舅，只要你肯如实地交代出事情的始末，他肯定会念在血肉至亲的份上放你们一条生路的。倘若不然，李家一旦被灭，你也逃不过一死。"

宇文娥英居然听信了宇文述的一派胡言，她不知道，李家几十口人的性命就掌握在她的一念之间。在宇文述的"好言劝说"下，原本不知所措的宇文娥英似乎看到了一线生机。于是按照宇文述的指示，宇文娥英承认了李浑和李敏曾经谋划过叛乱，并商量废掉杨广、拥立李敏登上帝位。

拿到宇文娥英亲手写下的证言之后，隋炀帝大怒不止，当即下令灭了李氏一族。主动坦白的宇文娥英也没有逃过一劫，几个月后便被毒酒赐死。李氏一族覆灭后，这件血案的始作俑者宇文述也没有得到什么好下场，虽然隋炀帝因为此事而被宇文述的"忠心不贰"深深感动，但不久宇文述就死在了宇文家族之人的手中。

这场灾难让李浑一家命丧黄泉，却让天下人更清楚地认识到了隋炀帝的昏庸无道。此时，身在外地的李渊身为李姓之人，也在"杨氏将灭，李氏将兴"的流言中感觉到了不安，对隋炀帝的警惕心也提高了不少。认清局势后的李渊在接下来的几年内，一直都韬光养晦，甚至用自秽的方法掩藏自己的行为，以此来获得隋炀帝的信任。

晋阳兵变：大业的开端

大业十三年（617年），李渊升任太原留守。经过各方面的努力，起兵诸事都已经准备妥当。六月初五，李渊宣布在晋阳起兵，并向太原各个郡县发布了公告，号召各郡县听从他的指令，一起拯救天下苍生。在起兵前的誓师大会上，李渊历数了隋炀帝的诸多罪状，并声称自己要拯救天下万民于水火之中。

虽然打的是"尊隋"的旗帜，但是对于李渊起兵的真实目的，天下大部分人都是心知肚明的。尽管如此，面对隋炀帝的暴虐统治，很多人还是赞同了李渊的做法。再加上李渊起兵之后，便下令打开太原的官仓，救济了许多当地的穷苦百姓。于是，越来越多的人都加入李渊的起义大军，起义军的声势便逐渐壮大了起来。

有支持的当然就有反对的，西河郡就是其中一个鲜明的例子。西河郡是太原的大郡，也是太原通往长安的重要通道，地理位置十分重要。面对西河郡的公然反抗，李渊决定杀鸡儆猴。他马上下令，命李建成、李世民等人率兵攻打西河郡。可贵的是，李家的军队一路上对百姓十分尊重，甚至可以说秋毫无犯。如此一来，李家的军队在山西就获得了很好的声誉，不少人都称他们为仁义之师。

虽然西河郡公然反抗李渊起兵，但在仅仅五天的时间内就被气势高昂的李家军攻破了，郡丞高德儒也被李世民扣押。城池一被攻破，整个西河郡就陷入了恐慌之中。这又是为什么呢？因为在隋末乱世，抵抗失败后惨遭屠城是一种很常见的现象，西河郡的百姓十分担心李家军也会沿用此惯例进行屠城。为了稳定民心，李世民只下令处斩了西河郡郡丞高德儒，并没有伤害到西河郡无辜的百姓。

西河郡一役，李家军向天下展现了自己的风范，他们是仁义之师，绝不会不守信用、滥杀无辜。西河郡大胜的消息传来，李渊本人也十分赞赏李世民的做法，一项沉稳谨慎的他也无比兴奋地说道："以此行兵，虽横行天下可也。"

六月十四日，李渊宣布在太原成立大将军府，自己任大将军，封刘文静为司马，裴寂为长史。随后又下令成立三军，封世子李建成为陇西公、左领军大都督，统领左三统军；次子李世民为敦煌公、右领军大都督，统领右三统军；剩下的中军则由自己亲自领导。随后又封李元吉为太原郡守，命他留守太原，稳定后方。至此，李唐王朝的政治军事机构可以说是初步形成了。

六月十八日，突厥始毕可汗的使者康鞘利给李渊带来了一千匹战马，还表示如果李渊需要，始毕可汗愿意出兵助李家军一臂之力。面对始毕可汗的主动示好，老谋深算的李渊马上冷静了自己的头脑。天下没有白吃的午餐，为了摆脱日后不必要的麻烦，李渊决定打发掉这个康鞘利。

李渊极其谦卑地对康鞘利说，如今大事未成，自己囊中十分羞涩，只能先留下五百匹战马，剩下的是否可以以后再付钱。手下人对李渊的做法都十分不解，李渊在突厥使者走后对他们解释道："突厥人这次来只是为了试探我们的实力，倘若我们爽快地买下了这批战马，他们必然认为我们财力雄厚，便会让我们买下他们更多的战马。到时候，所有的钱都买了战马，打仗的军需粮草都会成为问题。"听了他的解释，众人都心下佩服。

晋阳起兵已经打下了非常稳固的基础，接下来要做的就是一步步向长安挺进了。七月，李渊亲自率领了三万大军向霍邑（今山西霍州市）进发。在霍邑，他遭遇了隋朝将领宋老生的部队。听闻李渊率兵来攻，宋老生带了两万精兵前来抵抗，但终不敌李渊。攻下了霍邑之后，李家军又马不停蹄地占领了临汾和绛郡等城池，一路势如破竹，最终抵达了龙门。

到达龙门之后，李渊下令将手下的军队分为两部分，由主力部队渡过黄河夺取关中，另一支军队由此向河东进发，阻击驻扎在那里的隋朝大将屈突通的部队。兵分两路后，李渊马上率主力部队向河东进发，并在这里顺利地渡过了黄河。与此同时，王长谐和刘弘基的部队也夺下了韩城，并南下切断了蒲津桥。渡过黄河之后，李渊率部占领了永丰仓等官仓，而此时万年、醴泉等地的官员都表示愿意归降于他。不仅如此，听闻李渊兵至，不少豪强子弟、江湖英雄都纷纷来投，李家军一时间又壮大了不少。

旗开得胜的李渊决定一鼓作气，直捣长安。他下令，命世子李建成率军驻扎在永丰仓，守住潼关这个咽喉。李世民等人则率大军由高陵、泾阳、武功、鄠县等地一路向长安进发。更为喜人的是，在行军的过程中，前来投奔的官民数不胜数。到了泾阳，部队人数已经达到了九万人。在这之后，李世民等人的军队又和李神通及后来的平阳公主的"娘子军"会合，声势更加浩大。

十月，李家二十万大军顺利地在长安城外会合，准备攻城。此时，留守长安的是隋炀帝的孙子——代王杨侑，辅佐的大臣则是刑部尚书卫玄和左翊卫将军阴世师等人。李家大军的到来让驻守在长安城里的人慌了手脚，卫玄见大事不妙，又没有办法解决，竟然一病不起，最后死在了家里。卫玄一死，阴世师等人只好勉为其难，督军守城。

十一月，万事已然具备，李渊于是下令大军攻城。自从隋炀帝离开长安后，城中本来就守备不足，再加上李家诸军士气勃勃，不日就拿下了长安城，阴世师、骨仪等人被杀。此时，镇守在河东的屈突通闻得长安城破，即刻下令驻扎在河东的隋军向洛阳撤退。然而这一切都在李渊的预料之中，屈突通部在撤退的过程中遭到了刘文静所率领部队的围追堵截，一时间溃不成军。最后，大将屈突通被刘文静所俘，押解长安。到达长安之后，李渊认为他是个将才，所以并没有杀他，而是将他任命为兵部尚书。

夺取长安之后，十二月，李渊又派人去巴蜀之地招降。按照起义一开始制定的"尊隋"的旗号，李渊在取得了以长安为中心的大片疆土后并没有直接称帝，而是拥立了当时的代王杨侑为帝，并遥尊远在江都的隋炀帝为太上皇。傀儡皇帝杨侑在李渊的扶持下登基后，改大业十三年为义宁元年，而关中，从此就掌控在了李渊手中。

皇帝旅游遭事故

隋炀帝在江都惶惶不可终日，生活更加荒淫无度。他在江都为自己营造了极为奢华的宫殿，终日与皇后萧氏和众妃嫔游宴于此。江都可以说是隋炀帝的发迹之地，他对这个地方也有相当深刻的感情。但隋炀帝的随从和将士们多为关中人士，对家乡甚是思念，对于隋炀帝留在江东的决定，他们十分不满，逐渐心生怨恨，更有不少将士悄悄地逃离了江都。

眼看着天下大乱，皇帝还整日享乐无度，隋炀帝的爱将司马德戡与直阁裴虔、舍人元敏、虎贲郎将元礼等人都密谋准备逃离江都。但他们在夜间商议出逃之事的时候，无意间被萧皇后的宫女听见。宫女将叛逃之事告诉了萧皇后，而萧皇后为了使消息不外露，竟下令将宫女处死。之后，不止一人向萧皇后密告此事，萧皇后叹道："你们告诉我又有何用呢？事已至此，谁也无法力挽狂澜，救陛下于水火，如今再说这些也只是徒增伤悲和烦恼罢了。"

参与密谋叛乱的赵行枢、杨士览和当时的将作少监宇文智及交情甚笃，遂将此事告知了他。但宇文智及并不十分赞同他们的做法，他认为当今皇帝虽然无道，但擅自逃走也不是上策，在如今的混乱局面下，只有将欲叛逃者召集起来，起兵建立帝王之业才是长久之计。赵行枢、司马德戡等人十分赞同他的看法，并推举宇文智及和宇文化及两兄弟为首，带领他们起事。

于是，司马德戡等人在军中散布消息，说隋炀帝已得知众将士预谋叛逃，已经为他们准备好了毒酒，要将他们全部赐死。听了这个消息，无论是参与叛逃计划的还是没有参与此事的人都非常恐慌，大家议论纷纷，都觉得与其牺牲自己给隋炀帝陪葬，还不如将昏君杀死，共建伟业。

争取人心的目的达到了，司马德戡立即将众将士召集起来，宣布了兵变的始末，大家都表示一定听从号令，唯他马首是瞻。这天夜里，司马德戡将几万兵马召集起来，在东城放了一把火，大火熊熊燃起，整个城里都被火光照亮。三更时分，隋炀帝被一片喧哗声惊醒，又看到城中的火光，马上找来近卫裴虔通，问他发生了什么事。已经加入兵变行动的裴虔通谎称是草房失火，已经派人去救了，想必没有什么大事。此时的隋炀帝还是比较信任裴虔通的，听他如此说，便又回到寝宫休息去了。

隋炀帝不知道，这场大火是分布在四处的叛军开始行动的信号。眼见大火烧起，各路叛军纷纷行动起来，江都的大街小巷都被他们控制了。到了五更，天快亮了。司马德戡率兵进入行宫，直接冲向隋炀帝的寝殿。隋炀帝闻讯，大惊失色，马上换了衣服逃到了西阁，但最后还是被叛军们搜了出来。

将士们将狼狈不堪的隋炀帝押回了寝宫，面对眼前的场景，隋炀帝叹息道："朕有何罪？怎么会落到今天这个地步？"一个将士答道："陛下继位以来，外勤征讨，内极奢淫，老百姓已经是苦不堪言。如今天下大乱，难道不是你的罪过吗？"隋炀帝又问叛军的头领是何人，司马德戡答道："普天同怨，又何止一人！我等平日虽受你宠幸，现在发生这样的事我们也是有负于陛下。如今天下大乱，我们更是身不由己，只得拿陛下的头颅来告慰天下苦难的百姓了。"

这时，年仅十岁的皇子杨杲被吓得当场哭了起来，被裴虔通一刀杀死。眼见叛军向自己一步步逼来，隋炀帝说道："天子自有天子的死法，何由你等动手，拿鸩酒来吧！"众人没人理会，几个叛军步步逼近隋炀帝，最终，叛军用白巾缢死了他。

隋炀帝死后，萧皇后和宫人将他的尸体装入用床板做的棺材里，草草地埋葬了，后来他的灵柩又被迁至多处。

隋炀帝一死，历时三十八年的隋朝统治就宣告结束了。对于此时身在长安的李渊来说，机会到来了。原来李渊迟迟不肯称帝，一是因为自己打的是"尊隋"的旗号；二是隋炀帝虽然身在江都，但一直都没有死，此时贸然称帝，便会成为那些仍然忠于隋朝的势力的攻击对象，同时也会给予其他军事势力以攻打自己的借口。

其实，早在杨侑当上傀儡皇帝的那天开始，李渊就在为自己代隋立唐做准备。他先是在长安城宣布废除隋炀帝的苛政酷法，使民心归于李氏。他虽尊杨侑为皇帝，但长安城的一切大权都由他掌控，他的长子李建成也被封为唐王世子，李世民和李元吉分别被封为秦国公和齐国公。

义宁二年（618年）二月，李渊"加九锡，赐殊物，加殊礼焉"，一度成为相国，已经是有实无名的皇帝了。三月，江都发生兵变，隋炀帝被杀，宇文化及等人拥立杨浩为帝。王世充则在洛阳拥立杨侗为帝。如此一来，李渊改朝换代就有了合理的借口。

四月，杨侑下诏退位，将帝位禅让给李渊，但李渊以"要慎重考虑"为由拒绝了这次的禅位。后来，又有"东海十八子，八井唤三军，手持双白雀，头上戴紫云"的谶语传出，暗示李渊才是天下真正的主人。再加上裴寂等人的再三劝谏，李渊觉得在天下人面前做足了样子，终于答应"顺应天命"，登基称帝。

五月二十日，李渊在太极殿称帝建国，国号为唐，改元武德，是为唐高祖。李氏家族就这样在隋末的乱世风云中建立了属于自己的政权，而等待着李渊和他的唐朝的，将会是一场更为严峻的考验。

唐高祖的改革

焕然一新的太极殿上，唐高祖意气风发。较之隋朝大兴殿的奢华，按照唐高祖的意思重新装饰过的太极殿朴素得多，但是在朴素之中却体现出一种至尊的庄严。

建国伊始，百废待兴。唐高祖在战火纷飞的内战中要重建一个能行之有效的中央政府，必然会遇到很大的困难。

在617年唐军攻克隋都的时候，纸张极为紧缺，官吏们只得利用以前隋朝和北周的文卷的背面来书写。隋朝的国库和仓储本来已经所剩无几，后来由于唐高祖喜欢大赏他的支持者而弄得更加空虚。经济的不稳定让人们的心理产生恐慌和疑问：唐王朝是否是个短命王朝？它还能坚持多久？

唐高祖没有让人失望，唐王朝逐步扩大的领土统治显示了它的军事力量，继而恢复了它的财政地位并渐渐获得了民众的信任。

唐高祖在唐初的改革可以说是从各个方面进行的，他意识到为了使国家的各项大事都能有条不紊地进行，首先应该建立一个行之有效的中央政府。唐朝中央政府的基本结构承袭了隋代所用的三省制度，并逐步合理化，每一省的职能都得到明确分工，因此办事效率得到了很大提高。唐高祖拥有一个最信得过的领导班底：他的密友、他的老臣宿卫、他的亲朋故旧。事实上，唐高祖的朝中大员不外乎由下列三种人组成：经验丰富的隋朝官吏，北周、北齐或隋代官吏的子孙，以前各朝代皇室的遗裔。

唐高祖是在摸着石头过河，"他以这种方式组成的官僚体制，是它的力量的一种源泉。它的成员们绝大多数都有从政经验，大部分高级官员都与皇室有关系，这有助于加强唐王朝的统治，而他们所体现的唐王朝的五湖四海的广泛性则能消除全国不同人士的疑虑，从而促进国家的重新统一"。

唐高祖开科取士，其中孙伏伽是唐代第一科状元，很受唐高祖的重视。孙伏伽曾于武德初年上书，坦言三事：一是"开言路"，二是废"百戏散乐"，三是请"为皇太子及诸王慎选僚友"，这三项建议非常中肯。唐高祖看后大喜，任命他为治书侍御史，并赐帛三百匹作为奖励。不久，孙伏伽又在灭王世充、窦建德后，建议唐高祖取消追究王、窦余党的命令，又为平定边防、减税赋等事频频上表献策，又请设"谏官"一职，唐高祖都虚心采纳了。

在知人善任方面，唐高祖做得相当不错，他曾经说："隋末天下大乱，皇帝无道，朝廷官员互相蒙蔽，臣下谄媚奸佞之徒不断。如今朕要拨乱反正，志向在于安邦定国。当初身处乱世，平定叛乱要用武将，现在守城治国要靠文臣。只有文武并用，使不同的人各尽其才，国家才能兴盛，我们才能安枕无忧。"从唐高祖对于用人的这番议论中可以看出，他对于选才治国还是有自己独到的见解的。

除了文武并用，唐高祖还不计前嫌，不论是过去隋朝的官吏还是前朝皇室后裔，只要是有才之人，他都愿意任用。唐高祖的这种用人方式，为大唐方兴未艾的统治积蓄了大量的管理人才，并建立了"野无遗贤"的良好声望。

首先，这些前朝后裔和官员在唐初仍然具有很大的影响力。唐高祖如此善待他们，他们定会心存感激，这样就消除了再兴反叛的潜在危险，同时唐高祖也在天下人面前树立了一个仁君的形象。

其次，这些官员大多历仕几朝、经验丰富，也能够给刚刚建国不久的唐王朝提出不少行之有效的意见和建议。

上层建筑需要强有力的经济基础，建国之初最重要的就是"休养生息"。因此，在建立中央机构的同时，唐高祖也很重视对全国土地制度的恢复和改革。唐高祖时期，国家恢复了北魏时期建立的均田制。

均田制创始于北魏孝文帝太和年间，后一直为北齐、北周沿用。隋朝之时，均田制发展得较为迅速，并逐渐由北向南，推广到江南地区。经历了隋末的混战，唐朝建立之初，人口锐减，农业凋零，百废待兴。为了恢复民间的农业生产，唐高祖李渊在武德七年（624年）四月颁布了均田令。唐朝的均田制基本上沿袭了北魏至隋的内容，但在此基础上做了一定程度的修改，并将细则进一步具体化。

唐朝均田制规定："凡男女始生为黄，四岁为小，十六为中，二十有一为丁，六十为老。每一岁一造计账，三年一造户籍。县以籍成于州，州成于省，户部总而领焉。"当时朝廷所造的户籍是施行均田制的主要依据。这种户籍是根据"手实"和"记账"的方式而编就的，三年一次，保证了均田制有效地在全国各地推行。

规定了百姓的老幼年限之后，均田令还给每个年龄层的人该得到的田亩数做了明确说明，例如"丁男、中男以一顷；老男笃疾废疾以四十亩，寡妻妾以三十亩，若为户者则减丁之半""凡道士给田三十亩，女冠二十亩，僧尼亦如之"。

对于在朝有官职、有功勋的人，均田制做了另一番说明："凡官人受永业田。亲王一百顷，职事官正一品六十顷，郡王及职事官从一品五十顷，国公若职事官二品四十顷，郡公若职事官从二品三十五顷，县公若职事官正三品二十五顷，职事官从三品二十顷，侯若职事官正四品十四顷，伯若职事官从四品十一顷子若职事官正五品八顷，男若职事官从五品五顷。上柱国三十顷……"

在前代，田地买卖的限制是很严格的，在北魏时期只有部分桑田能用于买卖，百姓的口分田是绝对不能用来买卖的。到了唐朝，这个限制逐渐放宽了，只要律令允许，买卖田地是较为自由的，这从某种程度上促进了农业经济和商业经济的发展。

除此之外，均田令还对在隋末战争中留下的荒地做了规定。这些荒地一部分收归国家所有，还有一部分到了百姓的手中。再者，没有土地和土地额不足的百姓也可以向朝廷申请开荒。这样一来，农民的积极性得到很大提高，许多荒芜的土地得以利用，被破坏的农业生产也得以恢复和发展。

但唐代的均田制存在弊端，比如均田制规定地主官僚等可以合法地占有大量的土地，这就给土地的大量私有化提供了可能。

除均田制外，朝廷还在武德二年（619年）颁行了租庸调制。为了和后来颁行的均田制配合，武德七年（624年），朝廷又再次申明了这项法令。唐代的租庸调制是从隋代租调力役制发展而来的，为了和均田制相适应而做了改良。

租庸调制是以人口为基础的，因此百姓按照人头来缴税和服役，所谓"租庸调之制，以人丁为本"，说的就是这种情况。据《唐六典》记载，唐代"凡赋役之制有四：一曰租，二曰调，三曰役，四曰杂徭"，并规定，"课户每丁租粟二石。其调随乡土所产绫绢施各二丈，布加五分之一，无事则收其庸，每日三尺。有事而加役者，旬有五日免其调，三旬则租调俱免"等，具体规定了每个百姓的纳税定额和劳役内容。为了保护农民的利益，租庸调制中还明确指出，一旦遇有水旱虫霜等自然灾害，可以视情况免租、免调甚至是苛捐杂役全免。

均田制和租庸调制的颁行使农民都安心于生产，国家税收有了充分的保证，社会也变得更加稳定。因此，唐初农业、商业各种经济恢复发展得都很顺利，人口数量也急剧上升，国力与日俱增。

除此之外，唐高祖还改革了唐代的货币制度。唐高祖下令铸造大小、重量各项标准都统一的新货币，并命名其为开元通宝。这套货币制度有效地遏制了当时混乱的局面，对经济的繁荣有序发展起到了积极的作用，并一直沿用到唐朝结束。

"被迫"政变

随着时间的推移，太子和秦王的争斗愈演愈烈，并逐渐向白热化发展。所谓"先发制人，后发制于人"，太子集团决定先下手为强，彻底地将李世民一派解决掉。至于怎么将这个心腹大患除去，李建成等人首先想到的是剪除掉李世民的左膀右臂。这些人才对李世民的崛起到了关键性的作用，倘若不能为我所用，就必须除之而后快。

太子集团的目光首先落到了秦王府的护卫军尉迟敬德头上。为了收买尉迟敬德，使他为自己效力，李建成先是用了收买人心的一贯伎俩——金银贿赂。他暗中派人送了一车金银给尉迟敬德，但没想到这个武将根本没将钱财放在眼里，不仅拒绝了李建成，还将太子有意收买秦王府人才的事情告诉了李世民。尉迟敬德对李世民的忠心是有原因的，他本是宋金刚手下的大将，与李世民在战场上有过多次交锋。降唐之后，李世民不仅没有因为二人之前的冲突而为难他，反而对他大加提拔，对他有知遇之恩。

李世民听了尉迟敬德的话后，说道："公心如山岳，虽积金至斗，知公不移。相遗但受，何所嫌也！且得以知其阴计，岂非良策！不然，祸将及公。"一方面他十分相信尉迟敬德的忠贞，另一方面也担心尉迟敬德因为知道了李建成等人的阴谋而受到迫害。果不其然，李建成见收买不成就派人刺杀尉迟敬德，后又想诬陷他，但都没有得逞。除了尉迟敬德外，李建成还试图拉拢秦王府的段志玄和程知节等人，但最终也是失败而还。

一次次的碰壁使李建成意识到这些人已经跟随李世民多年，根本不会轻易转向自己。所以，他便逐渐打消了收买的念头，转而设法离间李世民和秦王府的谋臣。李建成和李元吉先是想方设法贬黜了李世民的心腹谋臣房玄龄和杜如晦。房、杜两人被逐出秦王府后，李世民的实力顿时削弱了下来。

就在这个关键时刻，上天似乎又一次向李建成伸出了机会之手，这次给太子集团带来机会的是唐朝多年来的"老朋友"突厥。经过了几年的太平时光，突厥人又在这一年卷土重来。这一次突厥的骑兵直接压过了边境，围攻了唐朝的边塞城市——乌城。

这一次，唐高祖没有派身经百战的李世民出征，而是听取了李建成的意见，派了小儿子李元吉前去乌城迎敌。唐高祖下这个决定恐怕也是不想让李世民的战功更大，又引发兄弟们的妒忌和猜忌，但李建成向父亲推举李元吉有着自己的目的。首先，他希望借出征突厥的机会将秦王府的精锐部队调离，使李世民陷入孤立无援之地；其次，他和李元吉还计划在昆明池为大军践行的时候进行刺杀活动，夺取李世民的性命，将秦王集团一网打尽。

但李建成等人没有想到的是，秦王府的眼线已经布满了整个长安，这个消息很快就传到了李世民的耳中。得知太子等人在东宫密谋谋害自己的消息后，李世民马上召集了长孙无忌、尉迟敬德、高士廉、侯君集等人商议大事。经过讨论，大家都认为与其坐以待毙，不如先发动政变除去太子集团。如若不然，不仅这么多年的苦心经营要付诸东流，众人连性命都可能不保。

李世民叹息道："骨肉相残，古今大恶。我很清楚自己已经危在旦夕，但我想等他起事我再以仁义之师来讨伐他，不知这样是否可以呢？"事实上，李世民也不愿背负杀兄的骂名，宁愿受制于人。手下的人见他如此犹疑，心底都暗中着急。

这时，心直口快的尉迟敬德首先站了出来，他劝李世民道："事已至此，大王您倘若还是犹豫不决，臣就转身回到草莽之中，不想留在大王身边一起等死。"见尉迟敬德如此，长孙无忌接着说道："您如果不接受尉迟敬德的意见，不只是他，我也不愿再在你身边效力了。"

见心腹爱将们如此决绝，李世民心如乱麻，不知如何是好。最后，他决定采用历来成大事前都用的占卜的方法来决定起事与否，但被张公瑾阻止了。张公瑾劝他道："现在的事态很明了了，占卜又有何用呢？如果卦象不吉，我们就在这里等死吗？”在众人的逼迫下，李世民只能决定起事。

这段记载不知是否属实，或许也是经过了太宗时期史官的修饰的。人们对于这个场景很熟悉，因为在晋阳起兵之时，李渊就是这样被众人“逼迫”，最后走向了反抗隋朝的道路。而如今，他的儿子李世民也是处于这种“被胁迫”的处境，只不过前一次是为了凸显李世民在晋阳起兵时所起到的作用，而这次则是为了掩饰这段“骨肉相残”的悲剧。

从客观角度来分析，李世民虽然对皇位一直都有觊觎之心，但他对李建成和李元吉还是有兄弟之情的。虽然李世民确有谋求太子之位的想法，但李建成对他的诽谤和中伤也存在着很大的夸张成分。可能是时机还不成熟，但毕竟是李建成先决定用武力的方式解决这场帝位之争，毫不念及兄弟情分，这也或多或少让李世民心寒。面对这样的情况，李世民只能点头应允，因为他深知，如果自己不采取行动，马上就会成为李建成和李元吉的刀下鬼。

因为李世民重要的谋士房玄龄和杜如晦已被李建成借机罢黜，所以决定起事之后，李世民马上派长孙无忌前去将二人召回来共成大事。但此时的房玄龄和杜如晦还不知道局势已经发生了这么巨大的变化，出于对自己的保护也是为了逼迫秦王下决心，他们对前来传达命令的长孙无忌说：“臣等奉皇上指令，不能再听秦王指令了。如果今天我们私自去见秦王，一定会被处死。”

长孙无忌将二人的话原封不动地传达给了李世民，李世民以为房、杜背叛了自己，便让尉迟敬德拿着自己的佩刀去一探虚实。倘若他们真的背叛了自己，尉迟敬德可以当场将他们处死。

但当房玄龄和杜如晦看到尉迟敬德前来后，终于明白李世民已经下定决心。二人马上乔装打扮，跟随长孙无忌和尉迟敬德潜入秦王府。经过众人的商讨，最终决定在玄武门设伏，"擒贼擒王"，将李建成和李元吉一举拿下。虽然已经决定了在玄武门发动政变，但这一批老到的政客还是给自己留了一条后路，派人马不停蹄地回李世民的"根据地"洛阳布置。万一失败，就撤回洛阳，再做打算。

就在万事俱备的时候，一件小事使得整个政变计划差点落空。古代的帝王们十分注重天象，他们自称为"天子"，上天的旨意便是他们奉行的准则。所以历朝历代都有这样一批人，他们帮助皇帝观察天象，以此来探查神秘的老天一个又一个暗示。

这天，太史令傅奕向唐高祖上了一道密奏，说："太白见秦分，秦王当有天下。"意思是天下即将要发生巨大的变动，而这一星象是代表着灾难的。太史令的报告在当时给唐高祖带来了很大的震撼力，再加上他早就知道李世民对皇位野心勃勃，如今天象如此，恐怕是秦王府又要有什么动静了。

武德九年（626年）六月初三，唐高祖就因为这件事召见了李世民，想探探虚实。面对一直对自己有所怀疑的父亲，李世民拿出了自己最大的资本——军功。李世民对父亲说："臣于兄弟无丝毫负，今欲杀臣，似为世充、建德报仇。臣今枉死，永违君亲，魂归地下，实耻见诸贼！"表面上说是死后无脸见王世充、窦建德等人，其实是提醒唐高祖自己对于这个国家是有过大功的。

与此同时，李世民还向父亲举报，说李建成和李元吉二人淫乱后宫。听李世民如此说，唐高祖的疑心病又犯了。思虑再三，唐高祖决定将这件事搁置明日，并下令第二天审理李建成和李元吉是否有染于后宫。

对于这件事的处理又一次展示了李世民敏锐的思维和政治手段。他不仅处变不惊，化险为夷，还在为自己开脱的同时把对手拉进了这个旋涡，使唐高祖的注意力完全从他身上转移。

兄弟相争，秦王登极

玄武门位于长安太极宫的北部，是皇亲国戚和众臣进入皇宫的必经之地。

秦王集团之所以选定在玄武门起事，一是，这里是进出皇宫的要道，李建成和李元吉听诏入宫一定会从此经过；二是，如果在玄武门设伏失败，还可以利用地利控制住唐高祖，为自己谋求一条后路。所以在决定发动政变后，李世民首先派人收买了玄武门的守将常何，以此来保证日后在玄武门的设伏不会受到阻碍，加大了政变成功的概率。

武德九年（626年）六月初四，唐高祖召太子李建成、齐王李元吉入宫，准备着手调查二人是否如秦王所说在后宫有淫乱之事。后世有人认为李世民举报太子和齐王淫乱后宫其实是"调虎离山之计"，将二人调离东宫，在玄武门将其射杀。就在李建成和李元吉准备入宫之前，李世民带领长孙无忌、尉迟敬德、张公谨、公孙武达、刘师立、杜君绰等人早早就埋伏在了玄武门，等待着二人的到来。

事实上，老天给了李建成和李元吉最后一个逃生的机会，但因为李建成的疏忽大意，最终没能抓住这一线生机。因为就在李世民等人在玄武门积极准备的时候，后宫的张婕妤觉察到了异常，并派人告诉了李建成和李元吉，说秦王府有异动，要他们多加防范。对于张婕妤传出的消息，李建成和李元吉的态度是截然不同的。李元吉对这个消息非常重视，认为应该托病不要入朝，静观其变，并让东宫的军队做好准备，以防不测。但是李建成却认为皇宫"兵备已严，当与弟入参，自问消息"。

李建成有这样的想法也是情有可原的，京师本来就是他的久居之地。对此，他比李世民要熟悉得多。但他万万没有想到的是，李世民竟敢在皇宫设伏，因此便放松了警惕。李建成未免太过自信，殊不知自己安排在玄武门的人早就已经被秦王集团策反，他和李元吉正在一步步迈向死亡的深渊。

当天，毫无防备的李建成和李元吉像往常一样，骑着马从玄武门入宫。当一行人走到临湖殿的时候，觉得情况有些异常，准备退回东宫，但为时已晚。李世民已经在此等候多时，见状便纵马而出，追了上去。

眼见李世民追了上来，骑着马的李元吉回过头来张弓就射，但此时他内心十分惊慌，根本定不住神，所以几次都没能射中。相比之下，李世民就沉着冷静得多，他一箭就将李建成射下马来。这时，秦王府的伏兵尽出，李元吉寡不敌众，也在乱箭中摔下马来。

李建成当场毙命后，玄武门陷入了一片混乱之中。李世民的坐骑受了惊吓，可能李世民在一箭射杀了自己的亲兄弟后没有回过神来，所以身经百战、弓马娴熟的他没有控制好胯下的骏马。这匹受惊的马带着李世民跑进了树丛，随后一人一马都被困住不得脱身。李元吉见回转的机会来了，便准备用弓弦勒死李世民。

就在这生死一线的关键时刻，尉迟敬德赶了过来，一箭将李元吉射死，解救了李世民，然后又将李建成和李元吉的头颅砍了下来。

闻得太子在玄武门被杀，东宫的两千将士在薛万彻和冯立的率领下，马上拿起武器赶到了玄武门进行反击。在激战的过程中，敬君弘与吕世衡被气势汹汹的东宫军队杀死。张公瑾见一时抵挡不住，便下令将宫门关闭，以此来抵挡对方的猛烈进攻。薛万彻等人见玄武门难以攻克，还萌生了去攻打秦王府的想法，但当他们看到提着李建成和李元吉首级的尉迟敬德后，便知大势已去，随后便纷纷散去了。

就在玄武门发生惨案之时，完全不知情的唐高祖还在宫中和宰相们泛舟，准备稍后审理太子等人淫乱后宫之事。但当他看见身穿铠甲、手持长矛前来的尉迟敬德时大吃一惊，知道出了大事。唐高祖问发生了什么事，尉迟敬德禀报道："太子和齐王作乱犯上，秦王已经举兵诛之，现在特地派臣前来保护陛下的安全。"杀了李建成和李元吉之后，唐高祖是李世民最顾忌的人，他派尉迟敬德这样的武将前来，表面上说是为了保护唐高祖的安全，其实是一不做二不休，索性逼宫篡位。

唐高祖听了尉迟敬德的禀报，便问裴寂和陈叔达等人："朕不曾想会发生今天这样的事，现在该如何是好？"陈叔达和萧瑀都说："建成和元吉二人本是无义之人，又无功于天下。他们忌妒秦王的功德，共为奸谋。如今秦王已经将他们除去，更是天下归心。陛下如果立他为太子，将国事交与他就无事了。"唐高祖见朝中重臣都已倒向李世民，终于明白局面已经不是自己能够控制的了，为了给自己留些颜面，他言不由衷地表示同意："善，此吾之夙心也。"

随后，尉迟敬德又以长安城中现在还未恢复正常为由，请唐高祖将长安城的兵马都交由李世民指挥。唐高祖此时已经是龙游浅底、虎落平阳，无奈只得答应了尉迟敬德的要求，将兵权交了出去，并命天策府司马宇文士及当众宣读这一旨意，遣散了东宫的将士。

这场惊心动魄的政变以李世民的完胜而告终。一切都已经妥当之后，李世民来到了唐高祖面前，痛哭流涕，希望唐高祖能够体谅他处于危难之中不得不这么做的一片心。不论李世民这么做是否是发自内心，但确实是给自己的忠孝仁义做足了面子，也使后世对他在玄武门之变的表现多了不少正面评价。

"覆巢之下，焉有完卵"，就在李建成死后不久，他的五个儿子无一例外都被李世民下令处死，就连李元吉的后人也全部被杀。这一招"赶尽杀绝"何其残忍，但为了斩草除根，以绝后患，李世民还是这么做了。最高权力的争斗是无比严酷的，失败的一方只能接受对方的处置，丝毫没有任何转还的余地。

从道德和情感的层面来讲，李世民发动"玄武门之变"是违背人伦道德和公平正义的，但是倘若换作李建成和李元吉，在这种情况下应该也会置李世民于死地。这就是政治的残酷性，为了权力可以不顾一切，连骨肉亲情都可以弃之不顾。所以说，生在皇室家族是李氏兄弟的幸运，同时也是他们的悲哀。

三天之后，李世民因"救社稷有功"被立为皇太子，而秦王府的官员们也是一人得道鸡犬升天，封官赏赐自是不在话下。除了立李世民为太子的诏书之外，唐高祖还颁布了一道诏令，内容是："自今后，军机、兵仗，凡厥庶政，事无大小，悉委太子断决，然后闻奏。"唐高祖主动将所有国家大事的处理权都交给了李世民。

十六日，几乎失去所有权力的唐高祖准备退位，或许他心里也知道他和李世民关系不佳，并且多次打压他，所以借此给自己留个面子，也留条后路。但李世民拒绝了唐高祖的这一请求，因为他自己也不想造成逼父让位的局面。但事已至此，贪恋皇位也是徒劳无功。两个月之后，唐高祖主动下诏将帝位让给李世民，自己当起了太上皇。

八月初八，李世民在东宫显德殿继皇帝位，成为大唐王朝的第二位君主，是为唐太宗，年号贞观。

正是对玄武门"原罪"耿耿于怀，在这件事的鞭策下，唐太宗借鉴历史，实行仁政，励精图治。他吸取隋朝灭亡的教训，非常重视老百姓的生活。他强调以民为本，还常说："民，水也；君，舟也。水能载舟，亦能覆舟。"

唐太宗继位之初，下令轻徭薄赋，让老百姓休养生息。唐太宗爱惜民力，从不轻易征发徭役。他患有气疾，不适合居住在潮湿的旧宫殿，但他一直在隋朝的旧宫殿里住了很久。贞观之初，在唐太宗的带领下，全国上下一心，经济很快得到了好转。到了贞观八九年，牛马遍野，百姓丰衣足食，夜不闭户，道不拾遗，出现了一片升平景象。

治世，以人为本

百姓是天下之本，而对于百姓来说，最重要的就是农业和土地。为此，唐太宗下令继续推行唐高祖时期颁行的"均田令"。

"均田令"虽然诞生于唐高祖时期，但直到贞观年间才逐渐成熟并彻底推行到全国各地。在武德年间，根据"均田令"，地主豪强可以合法拥有大批土地。但一些贵族官僚并不满足律令所规定给他们的田产，于是便利用职权侵占了很多百姓的土地。这样一来，百姓的授田数量就普遍不足了。

为了解决这一问题，唐太宗希望将这些被贵族多占的土地都重新分给当地农民。因为土地仍然不足，他还下令将本来要分给官员们的土地分给百姓，而对于官员们欠缺的粮食则由朝廷从官仓中拨出。不仅如此，他还以身作则，将皇家园林的面积减少，而将这些裁减出来的土地分配给百姓，并鼓励百姓开荒种粮。

　　为了保证生产，唐太宗还下令各地官员在所在地劝课农桑。他还定期派遣官员到各地视察，一是为了监督地方官对朝廷政策的实施力度，二是让自己能够随时了解各地的民生状况，为日后制定和调整政策提供依据。

　　土地是百姓生活的承载，但生产的主体还是人口。唐初人口的锐减要归咎于隋末的战乱，武德年间全国的人口不足隋朝的四分之一，只有两百余万户，根本满足不了生产。

　　面对这样的状况，唐太宗采取了许多措施。贞观初年，他就下令将宫内多余的三千宫人悉数放归民间，他下诏说："妇人幽闭深宫，情实可愍。隋氏末年，求采无已，至于离宫别馆，非幸御之所，多聚宫人，皆竭人财力，朕所不取。且洒扫之余，更何所用？今将出之，任求伉俪，非独以惜费，兼以息人，亦人得各遂其性。"

　　唐太宗放归宫女的做法在当时取得了很大的影响，首先，这些宫女不必再因得不到君王的垂怜而在深宫寂寞之中了此残生，这也充分表现了皇帝的仁慈和宽大；其次，体现了皇帝的节俭，不仅给万民做了表率，也给天下百姓减轻了负担；最后，这些放归出去的宫女虽然人数不多，但也能投入日常生产中，更重要的是，她们的自由给予天下百姓对这个君王强大的信心，使他们能够安心地在他的统治之下生活。

　　除此之外，鼓励百姓生育、奖励婚嫁等政策都在贞观年间得以实施。根据朝廷的规定，唐朝的男子二十岁，女子十五岁就可以成婚。不仅如此，为了鼓励生育，唐太宗还将一个地方人口是否增长作为考核当地官员政绩的一项重要指标。经过全国上下多年的努力，到了贞观二十三年（649 年），全国的人口数比唐高祖时期增加了一百八十万户。

为了进一步解决百姓的负担，唐太宗还下令裁并州县，缓解各地豪强割据的状态。唐代初期形成豪强林立、土地割据现象的原因要追溯到隋文帝时期。当年隋文帝为了改变各地"十羊九牧"的状况，下令将东汉末年以来的州、郡、县三级的地方制度改为州、县两级。

这一举措在当时确实收到了一定成效，但随着隋末战争的爆发，各地豪强纷纷割地自立，这一制度基本上形同虚设。唐代初期，唐高祖为了缓解这一现象，下令恢复了郡县制，但因为当时人心不定，出于安抚各地势力的目的，设置的郡县数量大大超过了隋朝。唐太宗因此"思革其弊"，下令将这些州县统统裁并。

到了贞观十四年（640 年），这项指令基本上得以完成。州、县等行政机构的减少，直接导致了所需官员数量的减少，这样一来，不仅提高了各地官员的办事效率，还在很大程度上减轻了百姓的负担。

为帮助百姓进行生产，朝廷还施行了许多重要的利民举措，兴修水利和设立义仓就是较为重要的两项。水利是农业不可或缺的因素，对于各地的水利建设，唐太宗是十分重视的，他曾多次视察黄河的治理状况。由于朝廷的重视，贞观年间，全国各地都积极兴修水利工程，并取得了很大的成效。这些或新建或在前代基础上进行修复的水利设施给百姓的生产带来了便利。

设置义仓是历朝历代都会施行的一项利民政策，目的是储备粮食来防止灾年的饥荒。事实上，隋文帝在各地设置了义仓。但隋炀帝不像他的父亲那样节俭，在位期间不顾民生，大肆挥霍，使得义仓内的粮食储备消耗殆尽。

贞观二年（628年），唐太宗下令在各地重设义仓，重新恢复它储备灾粮的作用。为了给义仓储粮，朝廷颁布具体的施行措施，规定每亩良田征收粮食两升，商人按照其资产来缴纳粮食，特殊的民户可以不交。

为了稳定市场，平抑物价，朝廷还特设了常平监官，以官府的名义对市场进行调控。常平监官在物价下降的时候收购商品（主要是粮食），上涨时则将这些商品抛售出去，保护百姓的利益。政府的这些努力收到了很好的效果：贞观四年（630年），天下富足，米粮不过三四钱一斗；到了贞观八年（634年），也不过四五钱；到了贞观十五年（641年），更是下降到了二钱，百姓根本无须为粮食担忧。

与此同时，唐太宗下令推行"轻徭薄赋"的政策，目的是减轻百姓的负担，让他们安心生产。该政策一经推行，百姓的生产积极性得到了很大提升，生产也得以恢复。贞观时期"天下大稔，流散者咸归乡里，米斗不过三四钱……东至于海，南极五岭，皆外户不闭，行旅不赍粮，取给于道路焉"，大治的情况已经初步出现。

唐太宗深知战争是最消耗民力的事情，隋朝的灭亡很大程度上就是因为隋炀帝好大喜功，发动了太多的战争，才导致国库入不敷出，民生凋敝。所以，唐太宗继位之后就尽量避免战争，因为战争不仅要消耗人力、物力，还会损害刚刚稳定不久的民心。

例如，当时益州大都督窦轨给唐太宗上书，称益州当地的獠民叛乱，希望朝廷能够发兵前去讨伐。但唐太宗却不同意窦轨的看法，他认为獠民依山而居，自然有自己的风俗习惯。地方官员如果可以用恩德来使他们内心感激，自然就会臣服于朝廷，不能动不动就对百姓大动干戈。

"贞观之治"的诞生可谓是占尽了天时、地利、人和，"大乱后大治"是魏徵给唐太宗提出的治国思想，虽非"尽由人力"，但也不能抹杀贞观年间唐太宗的励精图治和群臣的鼎力辅佐。

唐蕃和亲

贞观八年（634年），松赞干布首次派遣使者来到长安，唐太宗随后也派出了冯德瑕回访吐蕃。在这一次的政治活动中，松赞干布充分认识到要巩固自己在吐蕃的统治，必须要依靠强大的中央王朝，所以自此他便萌生了和大唐和亲的愿望。随后，他便派出了特使，带着珍贵礼物来到长安，希望唐太宗能够赐一位大唐的公主做吐蕃赞普的王妃。

对于松赞干布的和亲请求，唐太宗认为吐蕃与大唐刚刚开始有政治上的结交，还缺乏深入的了解，和亲并不适宜，所以拒绝了松赞干布的请求。松赞干布得知唐朝拒婚后非常愤怒，声称："若大国不嫁公主与我，即当入寇。"

贞观十二年（638年），松赞干布果真派遣了二十万大军向大唐袭来，直逼松州，目的只是与大唐和亲。在进行了一系列的军事活动之后，唐太宗了解到了吐蕃的军事实力和要求和亲的诚意，终于同意了松赞干布的和亲请求。

在知道唐太宗已同意下嫁公主后，松赞干布喜不自禁，立刻派遣吐蕃第一能臣禄东赞带着五千两黄金和许多奇珍异宝到长安商议和亲的具体事宜。禄东赞不愧为吐蕃名臣，宴席之上，他以出色的辞令打动了唐太宗的心，使他更加坚定了与吐蕃结为姻亲的决心，于是下旨将宗室之女文成公主嫁与松赞干布为妻。因为欣赏禄东赞的才华，唐太宗还决定将琅琊公主的外孙女段氏赐婚于他，并将他册封为唐朝的右卫大将军。

文成公主是任城王李道宗之女，长得端庄秀丽，自幼饱读诗书，文化素养较高。虽然她不是唐太宗的嫡亲血脉，但这并不影响她作为皇室的公主远嫁青藏高原。青藏高原气候苦寒、环境恶劣，但为了国家的利益，颇识大体的文成公主还是从容地接受了朝廷的旨意，答应远嫁高原。

接旨后的文成公主虽然对遥远的吐蕃心存疑虑，但内心深处又充满了新奇的向往。在出发之前，她为了了解吐蕃的风土人情和各方面的情况还接见了吐蕃使者禄东赞，并向他进行了详细的询问。在了解了吐蕃的基本情况之后，文成公主便着手为自己的婚嫁准备了许多吐蕃稀缺的物资，希望能给吐蕃的经济文化发展尽自己绵薄之力。

经过两个多月的筹备和努力，在贞观十五年（641年）的隆冬，唐朝的送亲队伍终于成行。对于这次和亲，唐朝还是十分重视的，不仅为文成公主准备了丰厚的嫁妆，还派遣了规模宏大的送亲队伍将公主送往吐蕃。松赞干布多年的和亲凤愿得以实现，心中自然十分喜悦。在得知文成公主的和亲队伍离开京城向吐蕃行进时，他马上亲自率军远行到柏海（今青海境内），建起柏海行馆，迎候文成公主的到来。

文成公主到达柏海时，松赞干布为她举行了盛大的迎亲仪式，并向公主的生父李道宗行了女婿之礼。在柏海稍做停留之后，松赞干布就带着唐朝的工匠们率先起步，为文成公主一行开辟道路，即后人所称的"唐蕃古道"。

当浩浩荡荡的迎亲队伍来到玉树时，松赞干布和文成公主被这里优美的景色和宜人的气候所吸引，而且经过了多日的跋涉，迎亲队伍已经是人疲马乏，也需要休整。于是松赞干布便下令整个队伍停下脚步，在玉树的一个山谷扎营一个月。

这对新婚夫妇在玉树度过了一段快乐的时光。闲暇之余，文成公主就将她从内地带来的谷物种子、菜籽等一些吐蕃缺少的植物种子拿出来，并与唐朝的工匠们一起向玉树人传授这些种子的种植方法以及磨面、酿酒等农业技术。对于公主的这些举措，当地人十分感激，所以当她要离开玉树赶往拉萨时，他们都十分不舍。玉树的百姓还将她的帐房遗址保留了下来，并把她的相貌刻在石头上，年年膜拜。

后来，唐睿宗景云元年（710年），唐朝的金城公主和亲吐蕃，当她路过青海时，了解到文成公主当年对百姓的恩泽，便为文成公主修建了一座庙，赐名为"文成公主庙"。

文成公主安抵拉萨时，人们载歌载舞地欢迎她的到来。作为一位虔诚的佛教徒，文成公主携带了大量的佛塔、经书和佛像进入吐蕃，决意在此地建寺弘佛。著名的大昭寺就是文成公主下令修建的，建成之后，文成公主还与松赞干布一起到庙门外栽下了名传后世的"唐柳"。

文成公主还将在大唐种植多年、品质较高的五谷种子和菜籽带入吐蕃，并派人教授当地的百姓种植。在文成公主和工匠们的努力下，像蚕豆、油菜这些能够适应高原气候的农作物，在当地都长势喜人，丰富了人们的食物品种。不仅如此，文成公主还从内地带来了不少掌握大唐各方面先进生产技术的工匠和大量佛教、儒家、历史典籍和有关农业、医术、历法、手工技艺等方面的书籍，大大促进了吐蕃的生产发展和社会进步。

文成公主和亲吐蕃，很好地达到了密切大唐与吐蕃之间的友好关系、维护两地和平的目的，此后两百多年间，大唐与吐蕃之间少有战事，文化和商贸交流愈加频繁，吐蕃的风俗中也留下了不少唐人的印记。出于对文成公主的尊重和对中原文化的倾慕，松赞干布下令禁止了吐蕃人以赭土涂面的习俗，并且派遣吐蕃的贵族子弟到长安接受汉文化的教育。作为回报，唐太宗也多次派出各类工匠到吐蕃，传授先进的生产技术，给吐蕃带去了前所未有的活力和生机。

"妻管严"也可以是明君

贞观二十三年（649年），唐太宗驾崩。他的第九个儿子，也是他与长孙皇后所生的第三个嫡子李治，登基称帝，史称唐高宗。

李治没有其父李世民的野心勃勃，也没有其妻武则天的雄心壮志，他有的只是一颗忠善淡泊的宁和之心，如此安于现状的心态也让李治拥有了与他的父亲和妻子不同的胸怀。换句话说，李治宽广的胸怀正让他成为"安守"大业最为适合的人选。李治宽阔的胸襟在他刚继位不久就初见端倪。

在他刚当上皇帝的第八个月，当时正值安葬驾崩的父皇，河东地区发生了强烈的地震，五千余人死于此次灾难。当年也正值全国各地自然灾害频繁的时期，旱地久旱而不雨，水涝灾害久不停息。面对国家和百姓遭受如此深重的灾难，李治并没有选择退缩，而是承担起了一个帝王应有的担当。李治说："朕初登大位，因政教不明，遂使晋州之地屡屡发生地震，这都是由朕赏罚失中、政道乖方所致。卿等宜各进封事，极言得失，以匡不逮。"可见，唐高宗李治本是一个心系百姓的仁君。

开阔的心胸给了李治一个优秀君王面对困难应有的姿态，而父亲李世民带给他的正面影响也为李治在治国方面积累了经验。直言进谏是唐太宗李世民在位时所营造的治国风气，对于此，李治深感于心，他继承皇位后，仍然将父亲留下的传统进行了下去，朝廷上下面折直谏蔚然成风。不光是纳谏，在举贤方面，李治的重视程度也不亚于其父李世民。李治登基不久后就发布了第一道求贤诏令，对于久隐的有才之士给予厚重的礼遇，甚至下了大功夫要请绝于仕途的百岁名医孙思邈出山。

举贤纳谏是唐高宗李治继位后获得声望的途径之一，而对平民百姓真正切实的关怀则是他深得民心的最重要作为。更重要的是，李治不仅对自身严加要求，奉守克己为民的思想，他如此的言行对于群臣的影响和要求也更为深远。

李治自身的德行当然离不开他深厚的学识，他在学习上的勤奋是显而易见的，他的书法作品炉火纯青，其碑文拓本早已是后人临摹学习的对象。炼制长生不老丹药一直是历史上诸多帝王心中强烈的愿望，李治也不例外。不过相较于那些痴迷于灵丹妙药而一味迷信的帝王来，李治则更加理智，而他的理智也正源于他深厚的学识。相传唐太宗就曾让一位自称懂得长生不老术的人炼制丹药，而最终却不得成功。唐高宗李治继位后，这位炼丹人再次声称自己能炼丹。让他意想不到的是，李治却对其严加驳斥，并且认为长生不老本是假说。

李治还是一位勤勉的皇帝，他曾经这样表达过自己对待朝政之事的态度："朕幼登大位，日夕孜孜，犹恐拥滞众务。"李世民自贞观十三年十月起就开始实行三日一临朝的制度。而李治继位后则要求实行一日一朝，直到显庆二年（657年）五月，才有大臣称国泰民安无须每日临朝，李治这才将一日一朝的制度改为隔日临朝。

李治勤勉的治国方略给唐朝的经济文化发展带来了不小的影响。单从有记载的人口上来看，贞观二十二年（648年），全国共有人口360多万户，而到了永徽三年（652年），则增加到了380多万户。经济的稳定发展离不开一套全面系统的法律行政体系，而这套完整的法律体系也是在李治的带领下逐渐完成的。其中，《永徽律令》经过全面的制定与修改，已经成为当时唐代影响最大的法典之一，而稍后的《唐律疏义》也是唐代刑法的典范。

唐高宗李治在位期间，对于科举制度也进行了一系列的改革。实际上，李治对科举制度的变革目的并不在于颠覆和更换朝内的政治力量，而在于对科举制度本身的一大变革和完善。科举制在唐太宗时期的考试科目仅有法律和书法，而唐高宗李治则新增了一门数学。李治还将科举考试的"明经"和"进士"做了明确的划分，并且举行了殿试，是国家选拔高端人才的重大改革。

李治在位时期的作为还有很大一部分体现在对边陲的安定上。永徽元年（650年），东突厥余部头领车鼻可汗被唐将军高侃所擒，唐高宗因采取羁縻政策，故将其释放，并封为左武卫将军。第二年，西突厥再次叛乱，且势头猛进，李治为平定此次叛乱，派出了八万大军前往征战。由于西突厥兵力强大，唐军起先并无优胜，甚至一度大败。

直至永徽七年（656年），唐军才大获全胜，平定了西突厥的叛乱。东、西突厥平定后，李治分别在其领地范围内设立了都督府，将原本统一的部落分而治之，分散了突厥势力，以此防止突厥势力的集结和再度叛乱。

朝鲜半岛有三个小国家，它们分别是高句丽、新罗和百济。除了新罗与大唐交好之外，高句丽视大唐为敌人，而百济与大唐也在敌对与和平之间徘徊。由于高句丽的支持，百济还时常对新罗进行侵犯，为了抵御外侵，新罗不得不求救于大唐。李治遂命唐军将百济拿下，其后又一举将高句丽平定，完成了其父亲李世民在位时未完成的心愿。

唐高宗在位时间共有三十四年，前六年年号为永徽，故将他在位的一段国泰民安的时期称为"永徽之治"，全国上下颇有贞观遗风之象。可以说，李治的统治继承和发展了贞观之治，巩固了其父李世民的功绩，为唐朝走向巅峰与辉煌打下了良好的基础。

少女武则天

武则天的父亲武士彟只是一个靠敏锐眼光上位的新贵，但是武则天的母亲杨氏，却是一位不折不扣的豪门贵女。她出身关陇望族，是隋朝宰相杨达的女儿，不知道什么原因，这位贵族小姐年近四十仍然没有结婚。后来武士彟的原配夫人相里氏去世，在李渊的撮合下，武士彟将杨氏娶进了门，通过婚姻再一次提高了自己的社会地位。

武则天就是杨氏生下的三个女儿中的第二个，据说，武则天还在襁褓中的时候，袁天纲路过她家门口，对杨氏说："夫人，你富贵相，定生贵子。"杨氏便把他请回家中，让奶妈抱来武则天，袁天纲把武则天误认为是男孩子，卜卦说："此儿龙睛凤颈，是贵极之相。可惜他是男子，若是女子，日后必成天下之主。"

天有不测风云，武则天十二岁的时候，武士彟患病去世了，失去了家里的顶梁柱，杨氏母女的处境变得非常艰难，兄长们霸占了宅子，她们母女只好去了长安，过起寄人篱下的日子。

武则天的堂舅杨师道是当时的宰相，曾多次向唐太宗举荐武则天，再加上唐太宗的妹妹、杨师道的妻子桂阳公主也经常给唐太宗念叨武则天。于是，唐太宗对武则天未见其人先闻其名，就此产生了兴趣，便下诏将时年十三岁的武则天纳入宫中。

武则天的母亲接到圣旨，想到女儿马上就要孤身一人进入那云谲波诡的宫廷中，顿时觉得十分不舍，便哀哀哭泣起来。见此情状，武则天却毫无小女儿态，大方地安慰母亲说："见天子庸知非福，何儿女悲乎？"

武则天进宫后，唐太宗见她长得确实水灵，很是招人喜欢，就赐号"武媚"，封为五品才人，但毕竟年龄太小了，此后，唐太宗也就没怎么注意她。

从尼姑到皇后

一次，唐太宗得了"风疾"，也就是中风，据说这是李唐家族的遗传病。唐太宗突然病重，太子李治是个孝顺的皇子，天天去照看父皇。由于唐太宗不忍心让李治来回跑，就让他在身边住下了，武才人终于找到了新的通天梯。《资治通鉴》非常隐晦地记载："上之为太子也，入侍太宗，见才人武氏而悦之。"这一个"悦"字有很丰富的内容，可以理解成"喜欢"或"一见倾心"，但到底是谁主动谁被动，却很难说清，至于这段感情那时发展到何种程度就更不得而知了。

唐太宗驾崩后，按照宫中的规矩，未生子女的嫔妃都要发配到皇家寺院为尼，26岁的武媚娘也和其他未生育的妃嫔一起到感业寺出家。

李治在父亲的忌日去感业寺上香，见到了武则天，李治对武则天甚是怜惜，但在寺院里，二人并不能多说什么。也许正是这次见面使李治突然觉得自己对不住武则天，于是下了接她回宫的决心。

唐高宗李治的皇后王氏是关陇大族的后人，出身高贵，贤良淑德。李治还是晋王时，王氏就成了晋王妃。后来李治做了太子、皇帝，王氏的身份也就跟着升为太子妃和皇后。

但是，史载王皇后"性简重，不曲事上下"，是一个极无趣的人，一天到晚总是低垂着眼睑，毫无表情，不会讨好皇帝，也不会笼络身边的宫女、宦官，这也是她有着如此显贵的出身和出众的美貌却自始至终都没有得到唐高宗宠爱的原因。皇上更喜欢萧淑妃，为了躲避王皇后，他宁愿躲在萧淑妃的住处。

话说这个萧淑妃，出身也非常显贵，是梁昭明太子的一支后裔，大唐建国时，还出过一个宰相萧瑀。萧淑妃长得好看，嘴巴又甜，活泼直爽，李治做太子时便进入了东宫。更重要的是萧淑妃还给李治生下了儿子，而王皇后膝下无子。在这种情况下，唐高宗专宠侧室，让王皇后感到了极大的威胁。然而更严重的事情发生了，以长孙无忌为首的大臣们建议皇上立太子，因为皇后无子，无嫡立长，于是就立唐高宗的长子燕王李忠为太子，这样以免立萧淑妃的儿子为太子。但是，这并没有让皇上回心转意，因为燕王李忠的母亲出身卑微，皇上还是专宠萧淑妃。

后来，唐高宗和武才人的恋情渐渐地传遍了宫里。王皇后得知后，就更沉不住气了，一个萧淑妃就够碍眼的了，又出现一个尼姑。但是，王皇后心里非常清楚，此时萧淑妃才是自己最大的威胁。于是，她想把武则天引进宫去牵制萧淑妃，她认为一个尼姑是不足为患的，再加上武媚娘背后没有权势依靠，即使皇上宠幸了她，有朝一日要除掉她也不是大问题。

王皇后就把这个想法告诉了自己的母亲柳氏，柳氏也觉得是个办法，想着一个尼姑也不足为患，改日再除不晚。两人又找舅父柳奭商量，柳奭明白自己的命运和皇后的命运息息相关，眼看着萧淑妃专宠，也觉得牵制萧淑妃的宠爱是最重要的，就同意了将武则天引回宫中的想法。

在母亲和舅父的支持下，王皇后速战速决，立即派人到感业寺通知武则天蓄发待诏入宫。然后，王皇后又将此想法告诉了唐高宗，唐高宗正为难这藕断丝连的感情怎么处理，听后满心欢喜，觉得王皇后真懂他的心，对王皇后的态度也热情起来。武则天得知皇后让她蓄发准备入宫，心里非常高兴。

不久，宫中果然来人接她了，回到皇宫后，王皇后喜笑颜开地对她嘘寒问暖，还说自己并不知武才人在感业寺，是皇上想念武才人，她才得知的。但是，武则天很快明白了皇后接她回宫的真正目的。在感业寺的那段时光，让武则天沉静了很多，少了些许往日的刚烈，也磨炼了坚韧的品格。后来，皇上去武则天处时，武则天总劝他要多礼遇皇后，唐高宗也从心里感激皇后，自然就应了。这样，皇上就把萧淑妃给搁置在了一边，王皇后也对武则天放松了警惕。

武则天再度进宫后，人成熟多了，也了解皇上的喜好，对于后宫的人情世故也了然于心。宫内的人都知道皇上和皇后性格不合，皇上细心敏感，王皇后却不苟言笑，经常对皇上板着脸。而武则天和李治则是互补的一对，武则天刚烈果断，善于谋略，博学多才，能和李治谈论的话题很多。李治性格内向，优柔寡断，正需要一位比他年龄稍大又让他感到放松的女子。

面对一国之君李治，武则天委曲求全，少了曾经的锋芒毕露，变得温柔起来，再加上年岁的增加，不免多了几分风韵。在皇后面前，她常对皇后把她从感业寺救出来的事表现出感恩戴德，使王皇后觉得武则天还是个知道感恩的人，可以同舟共济，就在皇上面前说她的好话，将她晋封为昭仪。

面对身边的宫女、宦官们，武则天走了和王皇后相反的道路。王皇后性格高傲，对上对下都不放在眼里，俨然一个孤立的冰美人；武则天却时常把皇上赐给她的东西赐给宫女、宦官们分享，特别是那些对王皇后不满的人，她施恩更重。不久，她在宫内的眼线就很多了。她派他们去监视皇上和萧淑妃的动静。

这时，皇上被王皇后和萧淑妃的争风吃醋闹得心烦意乱，武昭仪渔翁得利，得到了皇上的专宠。但是，武则天有着更大的野心，她怎么会满足做一个昭仪呢？

武则天入宫后的第二年，也就是永徽三年（652年），就给唐高宗生了一个儿子——李弘，后来被册封为代王。按理说李弘在皇子里并不特殊，但是这个名字里暗藏玄机。

在魏晋南北朝时，天下动荡，百姓深陷水深火热之中，由于道教盛行，在各地都有太上老君下凡拯救黎民、开创太平盛世的传言，而传说中这位太上老君的化身就叫李弘，而那些起义者为了增强自己的号召力往往都化名李弘，出现了"但言老君当治，李弘应出，天下纵横，反逆者众，称名李弘，岁岁有之"的情况，可见"李弘"二字在民间的号召力及其背后蕴含的政治意义。

看到武则天不仅得到皇帝的专宠，还生下了皇子，并被赐予意义深远的名字，王皇后才突然意识到了武昭仪的威胁。于是，她转而联合萧淑妃一起对付武则天。她们时常对皇上说武则天的坏话，而此时唐高宗对武则天十分宠爱，"不信后、淑妃之语，独信昭仪"，并且对王皇后和萧淑妃结党营私、排斥异己的行为心生厌恶。

武则天看到时机成熟，便想抬高自己的出身积累政治资本，于是她请唐高宗追封其父武士彟，这样，武则天也算是名门之后了。为了表示对武昭仪的爱意，唐高宗专门颁布法令让武昭仪的直系亲属都可以名正言顺地出入宫门，母亲和守寡的姐姐都来到了宫里，这点让武则天很高兴，享受到了久违的天伦之乐。

虽然如此，但武则天心里也清楚，王皇后和萧淑妃的家庭背景很强大，皇上也不会为了私情得罪她们两个的家族。于是，要实现自己的野心，废王立武，就得自己寻求出路。永徽五年（654年）年初，武则天生下了一个小公主，长得很水灵，唐高宗非常喜欢。一日，王皇后去武则天处探视小公主，逗小孩玩了一会儿便离开了。

据说武则天利用王皇后探视新生婴儿的间隙，亲手捂死了自己的女儿。等到唐高宗来了，武昭仪故作不知地随着他一起去看小公主，欢喜地说笑着，谁知一掀开被子，发现小公主已经死了。唐高宗叫来宫中人询问谁来看了小公主，宫人都说："皇后刚来过。"

唐高宗见爱女横死，哪里还有心情去考虑其中的蹊跷？再联想起皇后以前就和萧淑妃勾结在一起为难武昭仪，现在见武昭仪生下女儿，自己又宝爱非常，未尝做不出杀人之事，于是立即就认定："后杀吾女！"就这样王皇后在没有任何心理准备的情况下被诬陷了，有口难辩，被打入了冷宫。其实，关于小公主之死，自古有多种不同的说法，上面是一种，也有说法认为小公主是自然死亡，武则天顺势推给了王皇后。

永徽六年（655年），武则天再次发难，她让宫里面的人报告皇上说王皇后和她的母亲魏国夫人柳氏施行"厌胜"来诅咒自己。所谓"厌胜"，是古代的一种巫术，就是用一些特殊的物品以诅咒的方式来制服人或物。关于王皇后搞巫蛊这件事，还没有定论是真是假，但是这件事更加巩固了唐高宗废黜王皇后的决心。

废后不容易

唐高宗下定了废王立武的决心，便找大臣们商议。第一个就是长孙无忌，长孙无忌是开国功臣，又是唐高宗的舅舅，唐高宗被立为太子，长孙无忌下了很大的功夫。第二个是褚遂良，褚遂良在唐太宗在位时参与过很多军政大事的决策，所以想废黜王皇后一定得征询这两个老臣的意见。但是长孙无忌和褚遂良都坚持王皇后是先帝选定的儿媳妇，并无重大过错，不能随便罢黜，由于长孙无忌在朝堂上的地位举足轻重，看到他如此坚决地反对，唐高宗也不敢轻举妄动。

不过，在当时朝堂上还有一支与长孙无忌代表的士族地主、关陇集团相抗衡的力量，这就是以李勣为代表的庶族地主、山东集团。虽然李勣对于此事称病不出，但是此举无异于投了弃权票，表示他与长孙无忌并不属于同一阵营，因此长孙无忌并不能统一朝堂的声音，这就为武昭仪绝地反击、高升后位留下了机会。

正当武则天和李治因废王立武发愁时，有一个叫李义府的人毛遂自荐，愿意为武则天卖命。其实，李义府只是想保住官位而已。他本是中书舍人，因为得罪了长孙无忌，要被发配到壁州担任司马。李义府是个见风转舵、很识时务的人，他知道此时有能力、有胆量又有需要与长孙无忌正面作对的只有武昭仪，同时也知道武昭仪要做皇后，需要朝堂上有一个人站出来反对长孙无忌。为了保住自己的官位，李义府便投靠了武昭仪，并且上表直言请求废王立武。收到李义府的表章，唐高宗十分高兴，于是便提拔李义府做了中书侍郎。

见到李义府公然与长孙无忌作对竟然没有受到惩处，反而还被皇帝破格提拔，朝臣们顿时明白了唐高宗的意图，卫尉卿许敬宗、中书舍人王德俭、御史大夫崔义玄、御史中丞袁公瑜等人看到皇上的意图明确了，也都站在了武昭仪这边，这样武昭仪很快有了自己的外廷力量。在支持武则天的臣子中，许敬宗的年龄最大，他和李义府一起，通过武则天的母亲杨氏内外联络，很快建立起外廷的情报网，武昭仪距离皇后之位已经不远了。

与此同时，以长孙无忌为首的反对武则天的朝臣队伍也建立了起来。裴行俭不赞同废后，就在外面说了些闲话，被武则天的人听到了，通过杨氏传到了武则天的耳朵里。这样，裴行俭很快就被贬为西州都督府长史，被赶出了京城。

永徽六年（655年）十月，唐高宗在退朝后把长孙无忌、李勣、于志宁、褚遂良四位大臣留了下来，说有要事要商量。他们四个很清楚皇上找他们是什么事，于是在见到皇上之前就商量好了对策。

唐高宗开门见山地对长孙无忌说："皇后无子，武昭仪有子，今欲立昭仪为后，何如？"谁知长孙无忌还没开口，褚遂良便慷慨激昂地陈述了一通大道理："皇后名家，先帝为陛下所娶。先帝临崩，执陛下手谓臣曰：'朕佳儿佳妇，今以付卿。'此陛下所闻，言犹在耳。皇后未闻有过，岂可轻废！臣不敢曲从陛下，上违先帝之命！"他不仅不同意皇帝废掉王皇后，还给李治扣上了不尊先帝遗命的罪名，李治听罢，拂袖而去。

但是，武则天绝不是知难而退之人，这次她败给了长孙无忌等人，便给唐高宗出主意，谋求下一回合的胜利。第二次召见，李勣称病躲在家中没去，褚遂良似乎不敢再继续用"违先帝之命"的名义来反对废除王皇后了，便退而求其次地说："陛下必欲易皇后，伏请妙择天下令族，何必武氏！武氏经事先帝，众所共知，天下耳目，安可蔽也？万代之后，谓陛下为如何！愿留三思！臣今忤陛下，罪当死！"反正就是如果皇上要换皇后也可以，但不能是武昭仪，可以选个出身好的，并且攻击武则天的清白问题，甚至以千秋万代的名声来威胁唐高宗。

然后褚遂良又状若癫狂地在御阶之下凶猛地磕头，弄得头破血流，还将手里的笏板扔到殿阶之上，大叫："还陛下笏，乞放归田里！"唐高宗对褚遂良如此失礼的言行震怒不已，便要命人轰他出去。

正在朝堂上推推搡搡乱成一团的时候，突然朝堂的帘子后面传来女子清脆冷冽的声音："何不扑杀此獠！"幸好长孙无忌反应快，在唐高宗说出"好"字之前高声说："遂良受先朝顾命，有罪不可加刑！"于是褚遂良才没有被杀。这场朝堂上的闹剧很快就在宫中传开了，这样一来，以前没有通知来议此事的大臣也上表反对立武昭仪，大部分朝臣投了反对票，这让唐高宗和武昭仪不免有点失望。

突然，唐高宗发现李勣没来，也没上表。李勣一直称病在家，他到底是什么意见呢？于是，唐高宗单独召见了李勣，试探他说："朕欲立武昭仪为后，遂良固执以为不可。遂良既顾命大臣，事当且已乎？"李勣是个聪明的人，他没有直接回答皇帝的问题，而是说："此陛下家事，何必更问外人！"

唐高宗一听非常高兴，局势立马有了转机，支持武昭仪的人听说了李勣的意见也非常高兴，许敬宗在朝中扬言说："种田的农民若是多收了十斛麦子还想着换老婆呢，何况天子想立皇后，哪有别人插嘴妄言的余地！"武则天运用她在宫中的人脉网很快便将许敬宗的话宣传开来，为皇帝改立皇后造势。

永徽六年（655 年）十月十二日，唐高宗下诏："王皇后、萧淑妃谋行鸩毒，废为庶人，母及兄弟，并除名，流岭南。"王皇后被废掉了，可是后宫不可一日无主，没过几天，许敬宗就上表，请求皇上设立新后，这正中唐高宗下怀。

十一月初一，武则天正式成为皇后。册立当天，武则天在肃义门接受文武百官的朝拜，这在中国历史上也是第一次，以往的皇后是没有这个待遇的。以往的皇后只能接受内外命妇的朝拜，百官不需要朝拜皇后。可见，武则天一当上皇后就与众不同，她已经成长为一位了不起的政治家，这些都昭示了她的野心在更大的地方。

武则天当上皇后以后，那些反对武则天的人就要遭殃了：长孙无忌、褚遂良先后被贬官流放。没过几年，褚遂良就死在了爱州（即今越南清华），长孙无忌在黔州（治所在今四川彭水）被迫自杀。树倒猢狲散，长孙无忌一死，很多人都被牵连进来丧了命，这场家庭内部的问题已经蔓出家务事的范畴。通过这场斗争，唐高宗李治不仅按照自己的心意改立了皇后，更摆脱了顾命大臣的掣肘，成为真正一言九鼎的皇帝。皇宫内部的权力争斗，让武则天看到了权力的力量，失去权力立刻就有性命的担忧，所以这次她要握紧手中的权力。

双悬日月照乾坤

武则天虽为皇后，但其实际权力已如皇上了，二圣临朝已经成为惯例，朝堂之上大大小小的政事都是由唐高宗和武后二人共同决策的。懦弱的唐高宗现在只是朝堂之上的一个摆设而已，实际权力已经掌握在武后的手中了。既然已经二圣临朝了，武则天为什么还要煞费苦心、劳师动众地进行泰山封禅呢？

"封禅"是古代帝王的一种祭祀仪式，在泰山上筑坛祭天叫作"封"，在泰山南面的梁父山上辟地为坛祭地叫作"禅"。一直以来，泰山封禅都是中国古代帝王告祭天帝最为隆重的典礼。在唐代以前，历朝历代的皇帝中也只有秦始皇和汉武帝举行过泰山封禅盛典。

一般来说，封禅泰山的大典大多举行于国泰民安的盛世，或是皇帝自认为取得了丰功伟绩之时，以这种方法来祭告上天。另一方面也通过这种途径向天下显示国威，威慑不安分的邻国。当然，在五岳之首的泰山进行封禅活动，也有彰显君权神授、神化皇权的作用。

古代帝王大都认为自己功绩卓著，也不乏想要借助封禅向四方昭告者，然而他们大多受到朝廷大臣的阻挠，并未真正得以实施，就连齐桓公那样的霸主也因为管仲的极力劝阻未能成行。因为大臣们知道，泰山封禅并不仅仅是个仪式，更是对一个国家人力、国力、财力的巨大消耗，国力强盛仍需再三考量，国力不强更是不可能完成的。

泰山封禅想要顺利完成就需要天降祥瑞，表示天帝承认人间帝王受命于天，表扬其功勋卓越，虽说要天降祥瑞有点神话色彩，但是天气好是必不可少的。如此看来，泰山封禅绝非易事。

一般来说，封禅大典只有男性能够参加，即使是皇帝的母亲皇太后也只是名义上参加，而实际上由公卿代行。武则天当然知道泰山封禅的特殊意义，除了想向世人宣扬自己的功绩，向四方扬国威之外，武则天极力促成此行还有一个非常特殊而重要的原因：她要为自己的将来造势，她虽然是一个女人，但她不是一个普通的女人。她治理着一个泱泱大国，并且在她的统治之下，这个国家不但朝政清明、百姓安康，更征战四方、平定边陲，不亚于"贞观盛世"的繁荣昌盛。

在旧制的封禅礼仪中，女性没有参加的权力。如今，武则天要将这些不公平的规矩都改过来。她对唐高宗说："封禅旧仪，祭皇地祇，太后昭配，而令公卿行事，礼有未安，至日，妾请率内外命妇奠献。"她的意思是太后作为封禅仪式中祭祀地神的部分配享，也就是附带享受祭祀，根据礼制是不应该由公卿大臣来献祭的，所以她请求以皇后的身份率领宫中所有有地位的女眷及有封号的官员女眷一起进行献祭，打破旧制中皇帝初献、公卿亚献的规矩。对武则天言听计从的唐高宗欣然同意了她的请求。

武则天的封禅大典仿照古制进行，麟德三年（666年）正月三十日，一切准备工作就绪，封禅大典正式开始。第一天，唐高宗在泰山南的祭坛上祭告天帝。第二天，唐高宗到山顶的"登封坛"再度祭天。第三天，在社首山"降禅方坛"祭祀地神，唐高宗初献，随后由宦官执着帷幕，武则天带领各内外命妇登坛亚献，最后以越国太妃燕氏（越王李贞的母亲、唐太宗的德妃）终献结束。第四天，唐高宗和武后共同登上朝觐坛，接受文武百官的朝贺。自此，封禅礼毕，唐高宗、武后一行浩浩荡荡返回京师。

泰山封禅已经昭告天下，她武则天即使是一介女流，也是样样堪比古之明君。辅佐了唐高宗近二十年的朝政的经历，再加上总结了前人治国的种种经验教训，尤其是苦心专研唐太宗的《帝范》十二章，武则天根据本朝的具体特点，制定出一套施政纲领。当时虽是二圣临朝，但唐高宗毕竟还是名义上的皇帝。因此，武则天将自己的这十二条施政大纲以"建言"的形式提出，请唐高宗最终定夺并予以实施，这便是赫赫有名的《建言十二事》。

所谓《建言十二事》的具体内容是：

一、劝农桑，薄赋徭；

二、给复三辅地；

三、息兵，以道德化天下；

四、南北中尚禁淫巧；

五、省功费力役；

六、广言路；

七、杜谗口；

八、王公以降，皆习《老子》；

九、父在，为母服齐哀三年；

十、上元前勋官已给告身者，无追核；

十一、京官八品以上，益禀入；

十二、百官任事久，才高位下者，得进阶申滞。

武则天认为，农业是一个国家富强的根本，只有减轻农民的赋税和徭役，重视农业发展，才有可能实现国泰民安。土木工程建设需要大量的人力、财力，精减一些不必要的宫廷建设，有利于减少开支，节约劳动力，减轻农民的负担，将更多的力量用于国家的基本建设之上。同时禁止各部门的奢侈之风，尤其是南衙、北衙、中书省、尚书省等中央直属机构。

她还要求百官敢于谏言，为国家建设出谋划策，但绝不允许造谣生事、搬弄是非，这体现了决策者广纳谏言的度量。要求大小臣民都读《老子》，以示自己虽为武家的女儿，更是李家的媳妇，并非谣言所指"非我族类，其心必异"，以此让拥护李氏王朝的宗亲和臣子相信她是同心同德的、绝无外心的。她让官员们得到更多的福利和赏赐，以笼络人心。并借用丧葬礼仪来提升妇女的社会地位。她深知战争会将一个国家拖垮，因此，对于四方邻国，尽量友好结交，和平相处。

这十二条建言集中体现了广开言路、善用人才、缓和阶级矛盾、外交友好等政策，确实是一个富国富民的好纲领，有利于皇权的巩固。唐高宗对此治国纲要十分赞赏，并立即下令执行。

儿子与西瓜的区别

"种瓜黄台下，瓜熟子离离。一摘使瓜好，再摘使瓜稀，三摘犹自可，摘绝抱蔓归。"这是武则天的次子李贤写下的一首《黄台瓜辞》，其意是在感慨皇太子之位的变幻莫测，太子之位的一次又一次被更换，就好比这瓜藤上的瓜一样，随意被人采摘，落得整个瓜藤最终凄寂寥寥。

身为武则天的儿子，李贤也曾经被立为太子，正因为曾经到达过这个高位，所以在失去太子之位后才会倍加失落和感叹。那么，在武则天权欲的膨胀下，究竟又是哪些皇子成了李贤笔下所描述的"黄台之瓜"呢？

唐高宗李治一生中共有八个儿子，与武则天所生的儿子有四个：李弘、李贤、李显以及李旦。在与武则天生下这四个儿子之前，李治还有四个儿子，分别是长子李忠、次子李孝、三子李上金以及四子李素节。

长子李忠的降临带给李治的不仅是初为人父的喜悦，他出生于李治刚被立为太子不久，对于刚刚当上太子的李治来说，长子李忠的降临可谓双喜临门。永徽元年（650年），刚坐上皇位不久的李治就封年幼的李忠为雍州牧，可见对于自己的长子，李治抱有很大的期望。

然而，李忠虽为长子，但是他的母亲是个身份卑微的女人，不能给他以强有力的后盾支持，这是李忠日后博取太子高位的一大障碍。同时王皇后因为无子也深感后位不稳，于是她的舅父柳奭筹谋很久，想出了一个办法，他认为如果李忠能够与王皇后走得近一些，那么他们二人彼此就都有了后台和依靠。

柳奭之所以想出来这么一个计策，是因为当时王皇后与李忠有着同样的敌人，那就是萧淑妃和她的儿子李素节。武则天自感业寺回宫之前，萧淑妃不仅出身高贵而且深得唐高宗的宠爱，而李素节活泼可爱、冰雪聪明，除了长子身份而别无依靠的李忠很有可能败在得宠的萧淑妃母子手上。而如果李素节被立为太子，那么王皇后的地位也就岌岌可危了。

经过柳奭这么一分析，王皇后也认识到了与李忠结盟的意义。于是不久以后，王皇后就向唐高宗提议立李忠为太子，再加上一群拥护李忠当太子的大臣支持，李忠于永徽三年（652年）顺利地当上了太子。而王皇后因为助了李忠一臂之力受到了李忠的感激。如此，二人的结盟关系就形成了。

不过，王皇后和太子李忠结盟的堡垒丝毫经不住武则天的猛攻。武则天进宫后，由于受到李治特别的宠爱而地位与日俱增，再加上她极高的宫斗能力，很快就解决了王皇后。永徽六年（655年），武则天被正式立为皇后，成为大唐帝国的国母。

其实，早在武则天入宫以前，她就怀上了第一个儿子李弘。不过，那个时候的武则天还在全力为自己夺取皇后的位置，所以无暇顾及自己儿子的地位。当武则天顺利地成为皇后以后，她看着儿子李弘，越来越觉得不对劲。皇后为皇帝生的嫡子理应成为太子，可是李弘没有得到太子的位子。于是，武则天下一个目标确立了，那就是帮李弘坐上太子的位子。

武则天十分聪明，她希望自己的儿子当太子，但是她也明白，这一点不应该由自己提出。就在武则天需要一个人提出改立李弘当太子的时候，礼部尚书许敬宗出现了。

许敬宗上奏唐高宗，提出只有皇后亲生之子才应该成为太子，否则就会本末倒置，给国家带来危机。如今太子的母亲身份低微，而皇帝又有了嫡子，这样危险的情况必然使不安分的邻国窥伺大唐，等待太子之争而导致的内乱来趁火打劫。

其实，唐高宗也有意改易太子，再加上许敬宗如此一说，便有了名正言顺的说辞，李忠被废也就成了理所应当的事情。身处东宫的李忠也明白事态的发展，他知道自己太子的地位肯定是保不住的，于是就主动提出了要让位。显庆元年（656年）正月，武则天的长子李弘正式被立为太子，年仅四岁。被废黜太子之位的李忠被降为梁王，赶到了遥远的房州，后来又被人诬陷，被废为庶人，最后被赐死。

　　太子李弘是个宽厚之人，又因为饱读诗书，所以内心十分慈善。他读《春秋》时老师教授他"楚世子商臣弑其君"，他却不忍心听这样父子相残的历史惨案，请求更换书目。于是师傅们改教《礼》。平定辽东后，"二圣"下令让逃亡的士卒限期自首，否则施以斩刑、妻子儿女没为奴。李弘知道后大为不忍，上表劝说取消罪涉妻子儿女这一条，表里有语："与其杀不辜，宁失不经。"咸亨二年（671年），唐高宗出幸东都，留太子李弘在京师监国。当时正遇灾荒，太子发现兵士的食物中有树皮和草籽，心中悯然，便命人把东宫里的粮米送给他们吃。

　　正因为李弘的慈善，他最终也遭到了母亲的排挤。李弘惹怒武则天的原因源于萧淑妃的两个女儿。萧淑妃死后，她的两个女儿无人看顾，三四十岁了都没能出嫁。李弘听说后心生怜悯，于是就请求唐高宗给她们找个人家嫁了。当然，这件事只是李弘母子失和的导火索，而真正的根源还是权力之争。

　　唐高宗由于疾病缠身、无力理政的缘故，根据惯例常常命令太子李弘监国，而李弘的监国工作也一向做得很好，这就使武则天插手朝政失去了借口。武则天对于权力的欲望太大，而她得到权力的路走得又太难，于是绝对不许任何人从她手中抢走权力，更不可能甘心在唐高宗死后做一个幽居深宫、不问政事的皇太后，太子李弘便成为她的眼中钉。武则天似乎选择性遗忘了李弘是自己亲生儿子的事实，只记住了他是自己的政敌，一个需要消灭的政敌。

　　虽然对于李弘的死因没有明确的记载，但是从史料中的相关记载来看，李弘之死非常可疑，被武则天害死的可能性很大，但是真相究竟如何，史籍并没有肯定的记录。没有人能说清楚李弘到底是不是被毒死的，又是不是被武则天毒死的，这在千百年前就已经是一桩无可查证的皇室秘辛了。

李弘死后，上元二年（675年）六月，武则天的二子李贤被立为太子，并监国。相比于李弘，李贤除了在文化水平上不输于他的哥哥外，政治能力也很强。李贤在为唐高宗监国时期"处事明审，为时论所称"，在出色地完成监国任务的同时，李贤还召集了一班名流学者为《后汉书》作注，这就是历史价值很高的"章怀注"。然而，李贤的才能也成为被拉下台的原因，因为在武则天的眼里，凡是对她争夺权力的路途有阻挠的人，都是必须被废的，何况这是一个才华横溢的太子。

其实，李贤与武则天一直以来都是有隔阂的，而这个隔阂还有关李贤的身世问题。宫中一直都有传言，说李贤是韩国夫人所生之子。然而，按照官方的说法，李贤则是在永徽五年（654年）十二月出生的，而且还是个早产儿。可能是因为李贤的早产，让武则天觉得这个孩子的降生不是什么好的兆头，所以武则天不喜欢李贤。

李贤当上太子以后，宫中就有一些别有用心的人散布小道消息说他不是武后的亲生儿子，而是韩国夫人所生。于是，李贤对于武则天十分不信任，担心遭到她的谋害。武则天宠信的一个术士明崇俨在她面前说"太子不堪承继，英王貌类太宗""相王相最贵"等话，怂恿武则天改立太子，这样母子间的距离就更远了。

武则天得知李贤沉湎声色玩乐，还豢养男宠，尤其宠爱一个名叫赵道生的户奴。而且唐高宗敕令武则天以"天后"身份摄政的事情也遭到朝臣的激烈反对。这样一来，作为儿子，李贤行为不检令母亲失望；作为太子，李贤又成为武则天掌权的绊脚石。于是，武则天专门命人写了两本书送给李贤，一本是《少阳正范》，这是教太子如何做好太子的，另一本是《孝子传》，这是教太子如何做一个孝顺的儿子的。看到母亲送来的这两本书，李贤立刻明白了其含义，他在不满的同时也感受到了来自武则天的强大压力。

李贤与武则天的母子关系越来越紧张，而武则天也在伺机寻找废黜李贤太子之位的突破口。就在这个关键的时刻，正谏大夫明崇俨死了，而且是被人杀害的，因为最终没有抓到凶手，之前与明崇俨有隙的李贤就被武则天指为杀人的元凶。

事实上，关于李贤杀害明崇俨的事，武则天并没有确凿的证据，甚至是根本毫无证据。武则天之所以要陷害李贤，是因为她认为李贤对于她的威胁实在是很大，必须尽快清除，而这个时候刚好明崇俨被杀，李贤也就顺理成章地成为替罪羊。

永隆元年（680年）八月，太子李贤被废，被幽禁起来，东宫的政治势力也顺带被铲除。"文明元年（684年），则天临朝，令左金吾将军丘神勣往巴州检校贤宅，以备外虞。神勣遂闭于别室，逼令自杀。年三十二。则天举哀于显福门，贬神勣为叠州刺史，追封贤为雍王。"表面上看是丘神勣自主将李贤杀害，实则是武则天背后指使，而丘神勣也成了杀害李贤的替罪羊。

两度登基的唐中宗

李显，生于显庆元年（656年）十一月，原名李哲，是唐高宗的第七子，武则天的第三子。也是这一年，他的母亲用狠毒的方法将已经被废的王皇后和萧淑妃杀害，还在其母腹中的李显，对于他将要面临的生活环境还一无所知。

弘道元年（683年）十二月，唐高宗驾崩，在李显的两位哥哥相继被废后，李显理所当然地被推上了皇位，是为唐中宗。他很兴奋，然而每当回想起两位哥哥的惨死经历，他又毛骨悚然，不知道自己将要面临怎样的生活，更不知道自己会不会重蹈两位哥哥的覆辙。

李显害怕他的母亲，面对能够将亲生儿子残忍杀害的一个女人，又有谁能不颤抖？然而作为新上任的皇帝，李显又不甘心成为傀儡，他还是想要真真切切地获得一个皇帝应有的权力，可是这一切都只是个梦而已，因为所有的一切都控制在他母亲的手中，连同他的生命。与他的弟弟李旦相比，李显少了一些淡定，多了一些对权欲的渴望，他绝对比不上李旦的聪明，于是才有了如此悲剧的人生。

当上了皇帝的李显太过兴奋了，在武则天的眼皮底下，他居然还想要拥有自己的权力，这也是他被武则天废黜，降为庐陵王的直接原因。

李显排行第三，两个哥哥先后被立为太子，结果都没有登上帝位就被废黜，如今龙袍居然穿到了他的身上，着实让他有些兴奋过头。为了尽快培植自己的亲信，他有些迫不及待了。唐中宗李显继位后，皇后韦氏的父亲韦玄贞立即从一名小官一跃而升为豫州刺史，充分应验了"一人成仙，鸡犬升天"的旧话。但韦氏仍不满足，在她的要求下，颇有些惧内的唐中宗又准备升韦玄贞为侍中（门下省长官、宰相中的第二位）。

然而这次的提升并没有那么顺利，中书令裴炎坚决反对，据理力争：韦玄贞并无大功，仅仅凭借皇后父亲的身份一下子晋升高位，未免太快了一些。裴炎再三劝谏，惹得唐中宗火起，怒道："我以天下与韦玄贞，何不可！而惜侍中邪！"或许是为自己的仕途着想，或许也为了李唐的江山担忧，回天无力的裴炎无奈之下便将唐中宗所言如实转告了太后武则天，并且与武则天、中书侍郎刘祎之一起谋划废立之事。

第二日，武则天驾临洛阳宫乾元殿，召集百官，宣布废唐中宗为庐陵王。李显问道："我何罪？"武则天道："汝欲以天下与韦玄贞，何得无罪！"唐中宗这才明白过来，顿时无言以对。

嗣圣元年（684年）二月，当了不到两个月皇帝的唐中宗李显被武则天贬出长安。在被贬后长达14年的时日里，最初李显的内心充满了对母亲的恐惧，他每天担惊受怕地度日，生怕哪天接到母亲送来的赐死令，如此，他就会与两位哥哥一样，死在生母的手里，他心有不甘，甚至害怕到想要结束自己的生命。

后来还是在妻子韦氏的规劝和开导下，李显的内心慢慢地平静下来，他不再那么害怕了，才得以平静地生活。事实上，韦氏也是别有用心的，她是一个权欲旺盛的女人，她想要和李显等待回宫的时机，伺机恢复皇权，她更渴望武则天那样的人生，临朝称制，成为一代帝王。李显显然被韦氏的陪伴与诱导感动了，他曾经对韦氏发过誓，一旦他再次称帝，一定将韦氏封为皇后，并且让她为所欲为。

在房州的岁月中，李显与韦氏在寂寞与宁静的生活中相濡以沫，他们最小的女儿安乐公主也是在那个时候诞生的。李显很爱这个女儿，每每将其抱入怀中就不舍得放下。然而，当时的李显无论如何也料想不到，日后置他于死地的正是妻子韦氏和这个他最疼爱的女儿安乐公主。

终于，李显与韦氏等到了回朝的那一天。圣历二年（698年），出于政治上的权衡，武则天将李显夫妇召回宫中，并重新立李显为太子。

神龙元年（705年），宫中政变，张易之、张昌宗二人被杀，群臣逼迫82岁高龄的武则天退位。同年二月，国号恢复为唐，唐中宗李显再次称帝，并封韦氏为皇后，置张柬之等朝臣的意见于不顾，追封韦氏之父为王。

李显非但没有信任张柬之等人，反而任韦氏为所欲为，甚至让她参与朝政。后来，李显把安乐公主嫁给了武三思的儿子武崇训，并封上官婉儿为昭仪，专门负责起草皇帝的诏令。韦后与武三思的关系本就说不清道不明，再加上上官婉儿与武三思也有暧昧不清的一面，在这三个人的背后，一股强大的政治势力悄然崛起，而这一切都是李显亲手造成的。

朝中大臣对于如此的政治形势都十分担忧，张柬之等曾几度极力规劝李显将武三思除掉，糊涂的李显却不以为然。其后，武三思与韦氏居然反过来诬告张柬之等人有谋反之心，并让唐中宗表面上将张柬之册封为王。这样一来，张柬之就被迫离开了京城，实际上是被降了职位，就在他被调离京城的途中，被武三思派人暗杀，韦氏心头的一块石头终于落地。

或许是继承了韦氏的基因，安乐公主的野心与韦氏不相上下，更决心要与武则天一样临朝称帝。在安乐公主、韦氏以及武三思的再度怂恿下，李显又有意将非韦氏所生的太子李重俊废黜。不料，李重俊先发制人，707年，他与左羽林大将军李多祚率领羽林军三千余人将武三思父子围困并杀死。李重俊本想连同韦氏与安乐公主一并杀之，却终因人数的差异反被韦氏所杀。

韦氏和安乐公主大难不死，索性趁机要将宰相魏元忠除掉，她们诬告魏元忠与李重俊有勾结，顺理成章地将魏元忠贬出了京城。没有了政治阻力，韦氏和安乐公主独揽了朝中大权，再加上李显的昏庸，韦氏母女也大体实现了心中所想，差的只是最后一步棋。在韦后和安乐公主的摆布下，李显这个皇帝当得也越来越离谱，干了很多极为荒唐的事情，甚至连加印盖章的诏书都不看。

安乐公主一直觊觎着皇太女的位置，她十分希望母亲韦氏能够临朝称制，这样一来自己就能名正言顺地当上皇太女。然而李显不死，母女二人的心愿也只能是心愿而已。终于，有一件事情几乎要促成她们心愿的达成。

710年五月，一个叫燕钦融的小地方官上书唐中宗，言辞之中都是对韦氏淫乱和干预朝政的指责。李显看过之后便传燕钦融进京，然而韦氏派人当着李显的面摔死了燕钦融。韦氏发现，李显对此事极为不悦。

韦氏因为担心李显开始彻底纠察自己的行为，再加上安乐公主背后的怂恿，终于下定决心要害死李显。一日，她在李显平日爱吃的饼里面下了毒药，唐中宗李显食后腹痛难忍，经医治无效而驾崩，终年五十五岁。

就这样，李显的生命就葬送在了妻子和最爱的女儿手中。

唐中宗死后不久，韦氏和安乐公主就拿出了一份假遗诏，遗诏中要求立唐中宗之子李重茂为皇太子，由韦氏听政，相王李旦辅政。然而，韦后又心有不甘，将遗诏再次改动，想尽一切办法要将李旦和太平公主隔离于她的政治权力之外。韦氏和安乐公主的密谋最终还是没有得逞，李隆基和太平公主的政变让这两个内心阴险的女人走上了不归路，也算是为九泉之下的李显报了仇。

没有存在感的唐睿宗

李旦是武则天四子中最年幼的，也是最与世无争的一个。

嗣圣元年（684年）二月初七，唐中宗被武则天废黜为庐陵王，22岁的唐睿宗李旦代替了他的兄长李显正式登基，成为唐朝第五任皇帝。然而这位年轻的皇帝是只在其位不谋其职的傀儡天子，他没有上朝听政的权力，而是他的母亲临朝称制。每每上朝，贵为天子的李旦都只能在旁殿静静地待着，但他从无怨言。

为了安慰李旦，她封了他的王妃为皇后，并让他的长子当上了皇太子，此后改元文明。然而这一年，武则天仅年号就改过三次，面对在朝廷中已经可以为所欲为的母后，李旦毫无表示，只是小心翼翼地戴着皇帝的帽子，同时又过着一如既往的书生生活。不问朝政，不是不问，是不敢，更是不能。

唐睿宗李旦已经习惯了他的身份，安安稳稳地写书法、读书，直到垂拱二年（686年）正月，武则天突然要把帝位还给他，他才着了慌。当然，他从来都是皇帝，这一次武则天充其量也只能说是要把原本属于他的权力重新还给他。李旦十分明白嗜权的母亲并不是真的想放权，只是在徐敬业叛乱平息之后，做出一种还政皇帝的高姿态来显示自己的"高风亮节"而已。于是李旦坚决地推辞武则天的建议，请她继续临朝称制。

李旦看惯了几个哥哥因为对皇权的渴望而造成的悲剧，他不愿意重蹈覆辙。更何况，他从来都对政事毫无兴趣，更愿意埋头于书海中。于是，当母亲说要把皇帝的权力重新归还于他时，他果断地拒绝了。因为他不仅知道母亲所谓的权力归还只是出于对他的试探，他还明白，一旦他接受了，他的生命从此就不在自己的掌控之中了。

为了保住一家人的性命，李旦向母亲表明了自己的意图。武则天很高兴，她终于有了一个听话的儿子。于是，武则天依旧把持着朝政，当然，对于这个不给她惹麻烦的小儿子，她也给予了他一家人以"关怀"：连续地将李旦的几个儿子封为亲王，以彰显李旦的帝王之尊。

没有了后顾之忧的武则天，干脆为自己取了一个前所未有的响亮的名字，日月当空——"曌"。那是689年，武则天改元为载初元年，改诏书为制书，一步步地临近皇帝的宝座，实现她"女皇帝"的心愿。

此后，武则天下令开始使用周历，改朝换代已成定局，众人看在眼里，明白这是大势所趋，纷纷知趣地上书请愿，要求武则天正式登基称帝。那个时候，凡是意图反对这一想法和行为的人，武则天通通没有将其放过，株连九族、满门抄斩，不惜一切地为她步入政治最高权力扫清障碍。

身为名义上皇帝的李旦也深知形势将走向何方，他更知道，母亲还没有正式称帝，差的就是他的请愿。李旦又一次毫不犹豫地向母亲表达了他的意愿，请求母亲早日登基，以顺应民心。

天授元年（690年），武则天欣然接纳了群臣和李旦的请愿，同意正式称帝，于同年九月初九改唐建周。李旦完成了他生命中的第一次让位，从此降为"皇嗣"，其名也改为李轮。

让位之后，李旦就过上了战战兢兢、如履薄冰的生活，哪怕他的亲人遭受了天大的不公，他也一言不发，一事不求。他不是无情，只是他有一个无情的母亲，既然如此，不如无言。

圣历元年（698 年）三月，武则天在听从了狄仁杰的建议之后，决定将皇位归还于儿子。李旦听说此事后便以身体有病而请求母亲将皇位让给他的哥哥庐陵王李显。当然，按照长幼之序，李显理所应当为皇帝，李旦以托词将皇位推开，他也知道母亲还是有意立庐陵王为帝的。

　　神龙元年（705 年），宫中政变，以张柬之为首的人将张易之、张昌宗兄弟杀死，逼迫武则天退位，并且要求唐中宗继位。唐中宗李显顺利复辟，对于其弟弟李旦的谦让，李显十分欣慰，此后他表示要封李旦为皇太弟，但是李旦果断地推辞了。

　　景龙四年（710 年）六月，唐中宗李显被韦氏及其女儿安乐公主毒害，遗诏是由韦后临朝称制，由李旦进行辅政。但是，在韦氏的眼里，曾经做过皇帝的李旦辅政对她来说根本就是极大的威胁，即便李旦未曾与她有过任何争斗，反而是一味地谦让，她依旧不会善罢甘休。

　　如此不得人心的行径自然没有让韦后随心所愿地临朝称制，反而激起了李氏皇族的愤愤不平。李旦之妹太平公主与其子李隆基顺势将韦后杀死，并期望李旦再次称帝。李旦称帝为众望所归，在所有人的强烈请愿下，他终于不得不接受众人的请求，于 710 年六月二十四日，再次称帝。

　　就在李旦二次称帝后的第二个月，他就立三子李隆基为皇太子，并改元景云。延和元年（712 年）八月二十五日，李旦第三次禅让皇位，这一次，他把天子之位让给了儿子李隆基，自己则成了太上皇，安享晚年。开元五年（717 年），李旦驾崩，享年五十五岁。

　　三让皇位的李旦终于获得了与几位皇兄不一样的结局，平安地度过了他的余生，虽然也经历过死亡的威胁，却终因谦让的态度让防备他的人放下了戒心。

女皇不是梦

武则天作为一个女性，想要登上皇位的行为原本就不见容于正统的儒家政治理论。因此，按照传统的方式来博得万民的景仰和舆论的支持并不一定合适。武则天为了皇位的合法性和正当性，可谓绞尽脑汁。

营造舆论的第一步就是要抬高武氏家族的地位。这是武则天自开始参与政治以来就一直孜孜不倦进行的事业。唐代虽然不像六朝那样以门第出身为做官的唯一标准，但士族的势力仍然强大，有一个声势显赫的家族仍然是值得骄傲的资本。武士彟虽然是唐代的开国功臣，但毕竟只是个木材商人出身，位于四民之末。

有鉴于此，武则天一再给亲族追封爵位。光宅元年（684年），武则天大权在握之后，她立刻追尊武士彟为周忠孝太皇，母亲杨氏为忠孝太后，又追封祖上四代为王，这一切都是按照皇帝的礼制来完成的。不仅如此，她还将父母的坟墓按照帝王的规格升级为陵，建造宗庙，并设置专门的官吏管理武氏宗庙的四时祭祀。

为了让天下人逐渐接受武氏的皇族地位和女性帝王的合法性，武则天又颁布诏令，要求在祭天时不仅要以唐代诸帝配祭，在祭地时还要以窦皇后和长孙皇后配祭，当然，在祭祀时也必须留出忠孝太皇和忠孝太后的一席之地。如此一来，武氏家族被抬到了和李唐皇族并驾齐驱的地位。

从武后给父亲的封号中可以看出，她其实早就暗暗定好了新的国号"周"，这个周的含义极其深远，它并不是武则天灵机一动想到的，而是可以一直追溯到三代时的文武之道。这体现出了武则天的政治理想，她绝对不是要简单地完成两个王朝的更替，而是要雄心勃勃地将这个帝国建立成一个足以比拟传说中的王道乐土。

为了让普天之下的百姓都能理解"周"的意义，感受到"周"的存在，武则天想了很多办法。最为彻底的当属重新更改历法。历法标志着日月星辰的运行规律，是宇宙观和世界观的直接表达。历朝历代无不以历法的颁布和施行为最重要之事。自汉武帝实行太初历，虽然历法屡有更迭，但无一不以正月初一为一年的开始。

永昌元年（689 年）十一月初一，武则天突然下令废除现有历法，改用古老的周历，而周历与其他历法最大的不同之处，就在于以十一月初一为元旦。也就是说，所有的日期都要往前推两个月。于是这一天便成了载初元年（689 年）的正月初一。这么一来，所有人的生活都会受到影响，可是唯其如此，周历以及其背后的"周"的概念才会牢牢记在人们心中，替代李唐成为正统性的符号。

人们还没有从更改历法的混乱中清醒过来，武则天的另一道敕令又颁布了。她命令她的外甥宗秦客——此人的弟弟宗楚客是李白第二个媳妇的爷爷——制定了十七个新的文字（一说为二十一个），并要求在全国推广，强制使用，在所有的书籍文字中都准确无误地使用新字。

这十七个文字被后世称为"则天文字"。虽然字数并不多，但由于都是类似于"天""地""人""国""日""月""星"之类的常用字，因此还是给人们的生活带来了颇多不便。就在人们不得不重新更改从小养成的认知，蹩脚地使用这些新字的过程中，武则天的威严和权势也如同春雨，润物细无声地进入了人们的脑海。

虽然如此，但则天文字的使用年限并不长久。它们随着武则天的退位而逐渐消失在历史的尘埃中，只有寥寥几个字还在流传。在日本，"国"字改的"圀"字由于水户黄门德川光圀而为世人所知；而在中国，人们更多记住的是"曌"，这个意义为日月当空的字，它因为女皇将其作为自己的名字而被一代代的中国人反复提起。

不仅是武则天自己在努力制造舆论，早已看穿武则天心思的一干投机客们也八仙过海，各显神通。如果说武则天的种种举动解决了其登上皇位的正当性问题，那么薛怀义、武承嗣等人则解决了合法性的难题。按照儒家的政治学说，女性参与政治事务乃是"牝鸡司晨"，因此必须另辟蹊径，从其他学说中寻找理论。

最先行动起来的人是武承嗣。武承嗣一心想要将自己的这位姑妈推上皇位，好有一天自己也能当上太子，尝尝君临天下的滋味。因此，他在造势方面十分卖力。垂拱四年（688 年），武承嗣找来一块白色的石头，在上面刻了"圣母临人，永昌帝业"八个字，又用紫石末和其他药物填充其中，显得像天降祥瑞一般。

他派人把这块石头偷偷丢进洛河附近的池塘中，过了几天，又打发一个叫唐同泰的雍州人假装无意中发现了这块石头，献给朝廷，号称是发现了河图洛书。《易经》中有所谓"河出图，洛出书，圣人则之"的说法，也就是说上天暗示着武则天是"圣人"。既然是圣人，自然有理由再进一步，做皇帝又有何不可？武则天是否识破了武承嗣的小把戏呢？这无关宏旨。重要的是武则天开心地接受了这块石头并为其命名为"宝图"，后来觉得不过瘾，又加封为"天授圣图"，同时给自己加封号为"圣母神皇"。

武则天的面首薛怀义在纠集了一干大小僧侣搜肠刮肚、寻章摘句之后，居然给他找到了一本叫《大云经》的佛经。根据王国维和陈寅恪的考证，这部《大云经》乃是印度僧侣昙无谶于5世纪初在敦煌译为汉文的，两百多年来一直无人问津，但薛怀义发现其中大有可资利用之处。

原来，这部经文主要讲的是净光天女两次听经，领会佛法奥义，转生人界，以女身成为国王，最终成佛的事情。这个故事无疑有力地支持了女人也能当皇帝的理论，但是对于一般民众来说，这部经书过于艰涩难懂。为了让老百姓也能明白经文，薛怀义又组织人力，炮制了一部洋洋洒洒的《大云经疏》，将唐代民间流传的弥勒信仰和《大云经》里的故事结合了起来。

在《大云经疏》中，武则天被塑造成弥勒佛的转生，她的下凡，正是为了以女身登上皇位，最终还将会返回天界，成就正果。如此一来，武则天称帝乃是顺应佛的意志，实在是合理至极。武则天见到此书大喜，立刻命各州修建大云寺，寺内都要藏一部《大云经》。在轰轰烈烈的造神运动中，女主正位的思想深深地烙在了民众的心中。

万事俱备，只欠东风。690年，小小的九品官、侍御史傅游艺率先串联九百余人上表请求武则天称帝，武则天象征性地拒绝了这个要求，但却立刻将傅游艺的官职一再升升。摸清了武则天脉门的大臣们立刻闻风而动，他们相互串联了六万余人同时上表，再次请求武则天称帝，这其中包括文武百官、皇室宗亲、黎民百姓，甚至还有和尚道士和四夷酋长。场面和规模都盛况空前，然而武则天仍然不为所动，她在等一个人的表态。

这个人就是李旦。李旦虽然只是武则天的政治傀儡，但他毕竟是唐睿宗，是大唐帝国名正言顺的皇帝。他不表态，武则天就永远无法合情合理又合法地登上皇位。李旦不是笨蛋，在那么多臣民山呼海啸的请愿声中，他并没有迟疑多久，便向自己的母亲上书，请求她称帝，并表示自己希望改姓武氏。武则天顺水推舟地答应了他的要求，并赐名为轮。从此，在很长一段时间中，李旦都不得不顶着"武轮"这个名字。

690 年九月初九，武则天正式称帝，改国号为周，改元天授。中国历史上最著名的女皇帝就这样诞生了。这一年，她已是六十七岁的高龄了。

皇帝搬家

李渊攻下长安之后，立国号为唐，建都长安。但唐高宗继位之后，明显表现出对洛阳的偏爱。显庆二年（657 年），唐高宗立洛阳为东都，从此唐高宗就在长安和洛阳之间频频来往，上演了一出唐朝的双城记，直到他在洛阳驾崩。

到武则天掌握实权之后，干脆在光宅元年（684 年）正式将都城迁至洛阳，称之为神都。在武则天掌权的二十余年间，除了长安元年（701 年）至长安三年（703 年）短期住在长安外，一直住在洛阳。

为了定都洛阳，武则天可以说是煞费苦心：花费大量的人力、物力，在洛阳城内大兴土木。她不仅对旧有的宫殿苑囿进行了大规模的重建和翻修，还新建了一系列足以替代长安皇宫的皇家建筑。垂拱四年（688 年），武则天委派白马寺住持——自己的面首薛怀义负责，以

《礼记》中的记载为蓝本，在洛阳兴建了一座明堂。

此外，武则天称帝后，在洛阳建立武氏七庙，四时八节祭祀；于天授二年（691年）将关内雍州、同州等九个州的数十万百姓迁至洛阳。凡此种种都是古代帝王建都的惯用手法。

武则天对洛阳的重视是如此明显，以至于当时层出不穷的反武人士也认识到了这一点。光宅元年（684年），徐敬业等人在扬州起兵时，魏思温曾经建议徐敬业应当率大军直扑洛阳，若攻克此城，"则天下知公志在勤王，四面响应矣"。可惜徐敬业并未听从这一建议，最终兵败身死。由此可见，在武周一朝，洛阳已经替代了长安，成为武则天的政治中心。

那么，武则天为什么要弃长安而选洛阳作为新的都城呢？历代史学家对此皆有自己的分析。司马光在《资治通鉴》里给出了一个非常怪力乱神的说法。他认为，由于王皇后和萧淑妃都惨死在武则天手里，冤魂不散，时常作祟。据说武则天"数见王、萧为祟，被发沥血如死时状。后徙居蓬莱宫，复见之"。对此《旧唐书》中也有相同的记载，而且武则天还曾经"祷以巫祝"，但还是没用，不得已，只好搬到洛阳去躲避。从今人的角度来看，这个说法恐怕是反对武则天的一帮文人大臣想出来污蔑她的。鬼神之事姑且不论，王皇后和萧淑妃死于唐高宗麟德二年（665年），但武则天却是在此十九年以后才迁都洛阳。而且，武则天也并没有如司马光所说"终身不归长安"，称帝后仍然在长安住了两年。因此，这一说法根本站不住脚。

隋唐史大家陈寅恪认为，武则天之所以要迁都洛阳，有政治、经济和娱乐等方面的原因，其中又以经济原因为重。但另一位唐史专家岑仲勉不同意陈寅恪的意见，他认为武则天选择洛阳作为都城，本意就是为了方便"纵情荒淫享乐"。从今人的角度来看，结合武则天的政绩，岑先生的话未免有失公允。倒是陈寅恪先生的看法，颇有些道理。应该说，武则天迁都洛阳，乃是由于初唐时的政治、经济状况和洛阳得天独厚的地理形势决定的，具有其合理性和必然性。

在历史上，关中盆地虽然号称有崤函之险，易守难攻，但随着唐代建国后，唐太宗、唐高宗两朝的不断扩张，唐帝国的疆土不断扩大。根据史料记载，总章元年（668 年），唐朝的疆域东到沿海，西到葱岭以西，南包越南，北到贝加尔湖一带。在如此大的范围内考察，则长安的位置有些偏于西北，与江南尚有一定距离，更遑论遥远的岭南了，这并不符合中国传统的宇宙观。

与长安相比，洛阳地处中原，通过运河可北通幽燕，南抵江淮，西接陇蜀，东达海岱，其距离基本相等，有着"居中而摄天下"的优越条件。而且，洛阳的军事条件也并不次于长安，洛阳北有黄河，对岸的太行、王屋二山可为屏障，南有伊阙之险，还有熊耳山和少室山。西有崤函之险，东占虎牢关，而伊洛平原土壤丰饶，物产丰富，为重要的粮食产地，因此古人称其"控以三河，固以四塞"。这些都是洛阳适于作为国都的地理原因。

另外，从政治上考虑，武则天迁都洛阳有着改朝换代、另立皇统的考虑。武则天虽然通过政治斗争，一步步地登上了最高权力的宝座，但这只是她的个人行为，并不能说明整个传统社会中男权主义的格局被扭转过来。对于大多数的唐朝旧臣来说，武则天的继位之所以具有合法性，乃是由于她是李唐皇室的媳妇。这一点，从武周后期的立储风波中看得很清楚。

这一观念流传之广，甚至蔓延到了所谓"四夷"之中。圣历元年

（698年），突厥默啜可汗要求与唐朝和亲，并献出自己的女儿，武则天则命自己的侄孙、魏王武承嗣之子武延秀为其驸马。结果默啜大为不满，认为他是要把女儿嫁给李唐皇室的后裔，也就是天子之子，武氏并非皇族，因此乃是藐视自己。于是将武延秀囚禁起来，并率兵入侵中原。这件事充分说明武氏家族并没有随着武则天的称帝而成为新的皇族，地位十分尴尬。

显然，这并不是武则天的本意。武则天实际想要的乃是改朝换代式的变革，也就是以武氏取代李氏，另立天下的崭新王朝，使武氏家族成为新的皇族。出于这种打算，武则天掌握实际权力后，一方面极力提升武氏家族的地位和势力，并为武氏列祖列宗创设太庙；另一方面也极力打压李唐皇族的地位和影响力。迁都洛阳就是一个一举两得的手段，既可以将李唐王朝原本的政治资源压制于无形，在新都又可以极力拓展武氏家族的势力。

此外，河洛平原一带的经济情况要远远优于关中平原。关中平原虽然号称沃野千里，但那只是汉初的故事。由于屡经战乱、过度开发、人口增殖、气候变化等原因，关中地区的生态环境日趋恶化，到隋唐年间，关中地区的粮食供应已经成为一大难题。

隋唐时的统治者，曾为振兴关中地区的农业经济想过不少办法，但都收效甚微。首先，关中地区经过汉末以来的战乱，植被破坏严重，水土流失，黄土沙化，河流含沙量日益增高，逐渐失去了灌溉能力。其次，初唐时期人口增长极其迅速，根据史料记载，从贞观十三年（639年）到神龙元年（705年）的短短六十多年间，全国户数和人口数居然分别增长了一倍和三倍，而关中地区作为北方人口最为密集的地区，人口爆炸的情形更为严重，粮食的增长速度早就被人口增长的速度所抵消。最后，长安地区的富商大贾、王侯权贵为了经济利益，在水道边建设大量碾硙，对水利灌溉造成了非常不利的影响。这样一来，隋唐统治者就不得不考虑将粮食运入关中地区，以缓解紧张的局面，但此亦非易事。三门峡一带黄河水文情况恶劣，河道狭窄，水势湍急，水底暗礁极多，运输量十分有限，漕运成本极大，有"用斗钱运斗米"的说法。为了克服这一困难，隋唐政府或绕路而行，或开凿栈道，但都效果极差。结果，唐高宗时期竟然常常带领百官"趋食洛阳"，在路途中甚至有饿毙于道者。

反观洛阳所在的关东地区的经济情况则非常发达。它东部紧邻华北平原，西部则是伊洛河、济水交汇之处，土壤丰沃；河南、河内、河东地区都是全国最发达的农业地区，"太原蓄巨万之仓，洛口积天下之粟"。在洛阳建都，既能够解决粮食供给不足的问题，又能够节省一大笔漕运开支，可谓一个相当务实的选择。

由此看来，武则天迁都洛阳，并不是出于享乐或者避鬼之类的原因。从宏观的历史来看，这一决定体现了中国经济中心不断向东南移动的历史必然性；而从个人的角度来看，它也符合武则天改朝换代另立皇统的要求。

儿子与侄子的抉择

武则天登基时已经是六十多岁的老人，虽然如愿以偿，却面临着一个现实的问题：究竟由谁担任继承人。在长期以来儒家政治学说的浸染下，中国政治权力都遵循"一家一姓，万世不易"的传统。这一传统使武则天在继承人的选择上陷入了一个悖论：作为李家的媳妇，她的儿子无疑是自己最亲近的人，但和自己不是一个姓；而和自己一个姓的武氏族人却和自己不是一家人。

这个伦理与政治上的矛盾迫使武则天不得不在继位之后暂时搁置了继承人的问题，将被其废掉的四子李旦立为"皇嗣"。听起来李旦似乎是继承人，却完全没有太子应有的权力，反而被夹在当中左右为难。从这个不伦不类的称呼中，也可以看出武则天当时心情的矛盾与复杂。

虽然武则天极力想淡化继承人的问题，但各方势力都野心勃勃地意图在这一问题上挑起事端。在武则天所生的几个儿子中，长子李弘早已去世多年；次子李贤也因为莫须有的谋反罪名被武则天诛杀；三子李显被流放，每日担惊受怕，朝不保夕；只有四子李旦暂时还保住了在朝中的位置。可以说，李唐皇室的子孙此时已全部失势。这样一来，凭借武则天称帝而兴起的武氏族人便对皇位虎视眈眈，渐生觊觎之心。

其实，对武则天的生平略加考察，便不难发现，她与父族那边的亲戚关系并不好。武则天的母亲杨氏是父亲武士彟的填房，而武则天的两位兄长武元庆和武元爽均是武士彟的正室相里氏所生。武士彟去世后，这两位哥哥因为家产的问题，对杨氏母女的态度十分冷淡。

而武氏族人对杨氏也很不喜欢，武则天的两个堂兄武惟良、武怀运对杨氏及其几个女儿更是非打即骂。亲属的无情从小就在武则天的心中留下了恶劣的印象，在这种情况下，武氏族人原本不可能从武则天的发迹中获得任何好处。

尽管武则天成为皇后之后，曾经一度给几个兄长加官晋爵，但武氏弟兄几个毫不领情，反而将此看作作为功臣之后理所应当的结果。

见此情况，武则天毫不犹豫地找了个借口，以"谦让无私，裁抑外戚"的理由将武氏兄弟贬职到外地，不久他们先后死去，武则天也算出了当年的一口恶气。

虽然如此，但中国政治结构中重用外戚的传统使武则天不得不依靠武氏族人来巩固自己的地位，否则就有孤立无援之虞。尽管几个兄长死的死、散的散，但他们的子嗣却卷土重来，在武则天的支持下进入朝廷并担任要职，成为武周时期一股举足轻重、不可忽视的势力。这其中，以武承嗣最为权倾一时。

武承嗣是武元爽的儿子，早年由于父亲获罪，在当时尚属蛮荒之地的海南岛度过了他的青少年时代。武元爽很快就死在了流放地，但武承嗣则熬到了出头的一天。到咸亨五年（674年），武则天大概是意识到了外戚力量的重要性，便将武承嗣召回，让他继承了武士彟的周国公的爵位，又授予他尚衣奉御的职位。武承嗣是个很有政治头脑的人物，他深深地明白，自己的政治前途和命运全部维系在这位姑姑的身上。

因此，他不遗余力地帮助武则天逐步实现她称帝的梦想。他的努力获得了武则天的肯定，其官职爵位也因此而步步高升。到光宅元年（684年），武承嗣被封为魏王，又担任了相当于宰相一职的同中书门下三品和礼部尚书，可谓位高权重。

武承嗣利用其职权，大肆制造各种"祥瑞之象"，给武则天的称帝制造合法性和正当性的理论依据。武承嗣这么做，显然是看到了除了位极人臣之外的另一种可能性——黄袍加身，称孤道寡。按照中国政治的传统，武则天的登基，意味着武氏取李氏之位而代之。从政治伦理学的角度来说，由武氏族人接任皇位也未尝不可。而武承嗣作为周国公武士彟的孙子和爵位继承人，自然当仁不让地成为皇位的第一顺序继承人。恐怕武承嗣正是考虑到了这一点，才会如此尽心尽力地支持武则天的登基。

武则天称帝之后，武承嗣更是急不可待，希图有一日入主东宫。一方面，武承嗣继续竭尽所能讨好武则天，长寿二年（693年），武承嗣纠集了五千余人一同上表，请武则天加尊号"金轮圣神皇帝"，这个带有强烈佛教色彩的尊号让武则天很是受用，而如此大规模的上表行动也让武则天龙颜大悦，当即接受了这一尊号。见此计得逞，武承嗣干脆变本加厉，第二年又纠集了两万六千余人为武则天上了一个更加不伦不类的尊号"越古金轮圣神皇帝"，武则天也照单全收。

不仅如此，武承嗣对武则天身边的宠臣也执礼甚恭，甚至不惜为其牵马执辔。由此，武承嗣成功地争取到一大批为他说话的官员。这些人成日在武则天周围鼓噪"自古天子未有以异姓为嗣者"，构成了一股强大的舆论氛围。

而与此同时，武承嗣又授意凤阁舍人张嘉福纠集了以洛阳人王庆之为首的数百"平民"，集体向武则天上表，王庆之涕泗横流，以死相劝，说什么"神不欲歆类，氏不祀非族"，既然武氏为皇帝，怎么可以以李氏子孙为皇嗣呢？要求立武承嗣为太子。一时间，此类言论甚嚣尘上，不用说，这都是武承嗣的授意。

武承嗣如此所作所为，难免引起朝中一些怀恋旧主、行事正直的大臣的不满。为了堵住反对者的悠悠之口，武承嗣大开杀戒。他勾结武则天时期著名的两个酷吏周兴和来俊臣，对反对他的大臣举起了屠刀。当时大臣李昭德为人刚正不阿，对武承嗣编造的祥瑞很是看不过眼，曾经数次当众指斥此种行为。

后来李昭德又向武则天上表，认为武承嗣身为亲王而担任宰相之职，未免权力过大，会对皇权造成威胁。这一建议得到了武则天的认同，武承嗣因此丢了宰相职务。被降职的武承嗣恨李昭德恨得牙根痒痒，不久就唆使来俊臣罗织罪名，深文周纳，将李昭德打成冤狱，流放被杀。而李孝逸、韦方质等宿老不愿事奉武周政权，武承嗣也多次建议武则天将其诛杀。

大臣尚且如此，身为武承嗣直接竞争对手的李唐皇族子孙就更不用提了。早在武则天尚未登基之时，武承嗣就建议武则天"去唐家子孙"。武则天掌握朝中大权时，不少皇族子弟纷纷起兵反对，这给了武承嗣一个赶尽杀绝的绝妙借口。垂拱四年（688年），越王李贞及其子起兵反对武氏，兵败被杀，武承嗣趁机将韩王李元嘉、鲁王李灵夔等一干亲王以通同作乱的罪名全部杀掉。天授元年（690年），武承嗣又大杀宗室子孙，对年幼者则流放岭南，李唐皇族几乎被屠杀殆尽。

武承嗣的所作所为虽然让武则天对其甚为信任，却引起了朝中大臣的不满，甚至武则天甚为倚重的狄仁杰、吉顼等人都不赞同由武承嗣继任太子。其实这也难怪，武承嗣虽然身居高位，执掌国柄，但他本人才能很有限，除了打击异己、制造舆论之外，经邦济世的本事实在是乏善可陈；和他相与甚得的，大多是只会阿谀奉承的溜须拍马之辈。这样的一个人怎么可能成为好皇帝呢？

武则天虽然喜欢武承嗣，对这一点却看得很清楚，因此迟迟没有做出决断。然而随着武则天的日益衰老，皇储问题的重要性也日益凸显出来。让武承嗣没有想到的是，情况变得对他越来越不利。先是北方的契丹和突厥先后打着光复李唐政权的旗号起兵造反，让武则天意识到武氏族人不得人心；而朝中大臣的反复劝说似乎也对武则天产生了越来越重要的影响。

有一次，武则天又就皇储的问题征求左右重臣的意见，狄仁杰趁势表示，自古以来，只有儿子将父母供奉在太庙中祭祀的，但从来没听过侄子将姑姑供奉在太庙中祭祀的。言下之意，当然是劝说武则天立子不立侄。狄仁杰的劝谏可以说最终坚定了武则天的想法。

圣历元年（698年）九月，洛阳举行了正式的太子册封礼，李显被立为太子，而李旦则被改封为相王。这也标志着武周一朝晚年的立储风波正式告一段落。

从皇帝变皇后

就在唐中宗李显登上皇位的第二天，武则天就从迎仙宫中迁出，在宗室李湛率领的羽林军的监视下，迁至上阳宫被软禁起来。此后，虽然李显每十天会去看望一次母亲，但这更像是例行公事而不是母子亲情的真实流露。正所谓树倒猢狲散，文武百官也不太拿这位陛下当回事儿。李显初次率领文武百官赴上阳宫看望武则天时，居然有不少王公大臣弹冠相庆，笑逐颜开。

对于这种情况，武则天却根本无法可想，尽管她现在还是"则天大圣皇帝"，却没有丝毫权力，只能眼睁睁看着李显改弦更张，不仅恢复了唐的国号，还将郊庙、社陵、陵寝、百官、旗帜、服色、文字等悉数改回了唐高宗时的样子，就连国都也迁回了长安。看到自己苦心经营数十年的政治制度一转眼灰飞烟灭，这给她精神上带来的冲击远胜于病痛给她身体上带来的打击。

武则天迅速地衰老了。原本她虽然有八十二岁高龄，但由于注意饮食起居，又保养得当，看上去并不显老。但自从搬到上阳宫后，她每日不事梳洗，不施脂粉，以至于"形容羸悴"，甚至于让前来看望的唐中宗大惊失色。最终，在度过了郁郁寡欢的十个月后，一代女皇武则天终于撒手西去。在临终前，她在遗诏中宣布去掉帝号，决定以李唐皇室媳妇的身份去见早已长眠于地下的婆家人。

女皇虽死，政治风波却仍未停止。围绕着武则天下葬的问题，又引起了新的争论。原来武则天在遗诏中要求与唐高宗合葬乾陵，但以给事中严善思为首的一干大臣却认为若重新掘陵合葬，无异于以卑动尊，不合礼制。这一观点无疑立刻遭到了武氏族人的坚决反对。双方争执良久，最后武三思借助韦后和上官婉儿说服了唐中宗，决定执行武则天遗诏。神龙二年（706年）正月，武则天的灵柩在唐中宗的护送下回到长安。五月，正式下葬于乾陵。

今天，在陕西咸阳西北方向五十千米外，仍然可以看到高宗夫妇合葬的乾陵。在这安息着两位帝王的陵寝前面并立着两块巨大的石碑，西侧的一块叫"述圣碑"（或称述圣纪碑），是为唐高宗歌功颂德之碑，黑漆碑面，其上有武则天为李治亲自撰写的五千余字的碑文，字填金粉，光彩照人。

东侧的石碑，以完整的巨石雕琢而成，给人以凝重厚实、浑然一体之感。碑首雕刻有八条螭龙，巧妙地缠绕在一起；两侧有升龙图，各有一条腾空飞舞的巨龙；阳面有线刻的狮马图，它就是中国历史上的女皇帝——武则天的无字碑。

自古道："人过留名，雁过留声。"多少人为了留名，费尽心机为自己树碑立传。然而武则天为自己立的"无字碑"到底是何用意呢？人们纷纷猜测武则天立无字碑的原因，最主要的说法有三种。

一说武则天认为自己功高德大，不是文字所能表达的。翦伯赞觉得："武则天是自认为她在位时，扶植寒弱，打击豪门，发展科举，奖励农桑，继贞观之治，启开元全盛，政绩斐然，彪炳史册，远非一块碑文所能容纳，留下空碑一座，以示自己功高盖世。"

二说武则天自知罪孽深重，立了碑文恐怕更招世人骂，还是不写为好。认为武则天建立大周朝之后，内心感觉愧疚不安，一心想在自己死后将江山归还李唐，因而留下无字碑表示赎罪的决心。

三说武则天想让后人去评说她的一生。武则天作为一个女流之辈，却能在政治斗争中脱颖而出，并到达了权力的巅峰。她要后人客观地评价她的文治武功，雄才大略，而与自己既有利益冲突又是亲生儿子的李显肯定不会对自己做出客观、公允的评价。所以，武则天干脆将自己的一生功过是非交与后人做出评价。

在这三种说法中，第三种最为后世之人普遍认同。从这个角度来看，那些立碑撰写自己丰功伟绩的古代帝王们，与这位褒贬不一、颇具争议的女皇相比，都未免有邀功请赏之嫌了。

有勇有谋的李隆基

唐中宗驾崩以后，韦后拿出了伪造的遗诏，宣布唐中宗少子李重茂登基为新帝，即唐少帝，自己则作为太后临朝，把持朝政。韦后的党羽为了防止夜长梦多，纷纷劝韦后效仿武则天，改朝换代。韦后、安乐公主等人也在积极谋划诛杀少帝，取而代之。

此时的长安城，上至李唐王室，下至寻常百姓都感觉到了气氛的不寻常，韦后及其乱党的种种行径激起了各地将士、百姓的反抗之心。借着这股反对韦氏临朝称制的潮流，李氏王族开始行动了。

当时的李氏王族中有两个人地位最高，最有声望。他们分别是相王李旦和太平公主。李旦当了一阵儿皇帝就被母亲武则天废黜，一直以来身份敏感，而且李旦这个人性格旷达开朗，淡泊名利，不贪图权势，没什么野心，这时候虽然对韦后的做法有所不满，但也没什么实质行动。但另外一个人可坐不住了，此人正是李旦的妹妹——太平公主。太平公主是唐高宗与武则天最宠爱的女儿，从小就骄傲自信、颇具豪气，她怎么可能忍受让韦后这样一个女人窃取大唐的江山呢？她决定搞一场政变来铲除韦氏及其奸党。当年，太平公主曾参与过神龙政变，经验相当丰富，想要成功，现在主要差一个合作的人。这个人当然李旦最合适，但李旦身份太敏感，又在韦后党羽的严密监控之下而无法沟通。就在太平公主一筹莫展之际，另一个和她有着相同想法的人，主动找到了她。这个人正是李旦的儿子，临淄王李隆基。

李隆基是李旦的第三个儿子，人称"三郎"，生母为相王的侧妃窦夫人。李隆基是李旦庶出的儿子，也并非长子，按理说皇位怎么也轮不到他。但李隆基从小就与众不同，他天资聪颖、气度不凡，颇有其先祖之帝王风范。在韦后即将篡夺李氏江山的当口，李隆基深知不能坐以待毙，必须奋力一搏。

但单靠他自己实力不济，父亲李旦也指望不上，他也害怕给父亲带来麻烦，只有姑姑太平公主可能会帮自己。李隆基的想法正好与太平公主不谋而合，两人经过细致的商议后，决定发动政变，诛杀韦后、安乐公主、上官婉儿等人。太平公主有丰富的政治经验，又参与过神龙政变，她主要负责出谋划策。而李隆基很有先见之明，在早前就与羽林军交好。羽林军是皇帝的贴身警卫部队，人数虽然不算多，但每一个人都骁勇善战。李隆基通过他的一个奴仆与羽林军的将领私交甚密，羽林军的将士们都很拥戴李隆基。因此，李隆基就负责外出联络军事力量。

上天也在帮助李隆基与太平公主，他们又获得了一个重要人物的帮助。当时的兵部侍郎崔日用本是宰相宗楚客的好朋友，两人交往密切。宗楚客告诉他韦后等人要除掉李旦和太平公主的计划，崔日用这个人头脑清醒，他看得出来太平公主等人的势力更强、胜算更大，所以他决定投靠太平公主这一派。于是他通过一个僧人找到李隆基，向李隆基告知了韦后党羽的计划。听到这一重要消息，李隆基等人开始加紧准备。

羽林军当时被韦后派去了两个亲信将领韦播和高嵩。这两个人没有统领军队的经验，为了树立威仪，竟然胡乱处罚士兵，让将士们怨声载道。李隆基得知此事后，劝说羽林军将士干脆推翻那两个将军。将士们一听这话纷纷表示愿意跟着李隆基干，听从李隆基的领导。就这样，李隆基获得了最重要的军事上的保障。参与这次政变的人还有太平公主之子薛崇暕、内苑总监钟绍京、尚衣奉御王崇晔、前朝邑尉刘幽求、折冲都尉麻嗣宗、宦官高力士等人。

唐少帝唐隆元年（710年）六月二十日，傍晚时分，李隆基和一个属下偷偷潜入长安城北边的禁苑中，去找同谋钟绍京。可在这紧要关头，钟绍京竟然有点反悔，不想见李隆基了。这时候多亏钟绍京的妻子极力劝说丈夫参加政变，钟绍京这才赶紧拜见李隆基。二更时，天上下起了流星雨，李隆基的属下都说这是大吉之兆，应该马上开始行动。李隆基的属下葛福顺直接杀进羽林兵营，杀死了韦璿、韦播、高嵩等将领。

接着，李隆基又开始鼓动已经是群龙无首的羽林军说："韦后鸩杀先帝，危害社稷，今夜当共诛诸韦，凡韦姓男女长及马鞭以上者，全部斩杀，拥立相王为天子。有敢心怀两端者，罪及三族。"将士们纷纷响应，李隆基带人一路杀入宫中。韦后在睡梦中听到厮杀打斗的声音，一下子惊醒，她马上意识到是有人发动政变了，但这时候她并没意识到事态的严重，她以为在自己的宫中，守卫都是亲信，自己不会有事的。

她急急忙忙向飞骑营跑去寻求保护，但没承想，刚一进入军营就被将士斩杀，士兵还把她的头割了下来献给李隆基。安乐公主死前还在对着镜子描眉梳妆，可怜这位大唐最美丽的公主也难逃一死，被一拥而入的将士杀死。而驸马武延秀此时早已顾不上公主，自己逃命去了，但没跑出多远，也被士兵斩杀。

唐隆政变的主要诛杀对象已死了三个，剩下的就是上官婉儿了。上官婉儿从武则天时代开始，一直周旋在各种政治力量之间，成功地保全了自己。这次她也希望能够逃脱，早前在书写唐中宗遗诏时她就留了一手，主动向太平公主示好，就是为了现在做准备的。她赶紧带着那份遗诏去找主帅，向他说明自己是心向相王与太平公主的，与韦后等人并不一样。主帅不知该如何定夺，只好把上官婉儿带到李隆基面前。李隆基做事向来果断，又怎会留着上官婉儿这个定时炸弹呢？一声令下，上官婉儿也香消玉殒了。

在李隆基于宫中斩杀主要人员的同时，李隆基的部下也开始在宫外追歼韦后的余党。崔日用领兵去清理朝中与韦后同党的主要大臣。大臣窦怀贞娶了韦后的奶妈，并以此为荣。现在意识到情况不对，马上亲手杀死了自己的妻子，把她的头进献给李隆基，他用这种卑鄙的做法暂时保住了他的命。赵履温曾为了讨好安乐公主亲自为公主拉车，在政变发生之后，他跑到街上欢呼，妄图以此保自己一命，但显然他拙劣的表演得不到大家的认可，将士与百姓一拥而上，最后竟把他折腾得只剩一具白骨了。宰相宗楚客在藏匿了很长时间后也被抓住，斩首示众。

有了武氏家族把持朝政多年的前车之鉴，李隆基当然不会让历史重演，他命人将韦后家族斩杀殆尽。将士们冲入韦氏家族的聚居区，不管年龄大小，见人就杀，连许多与韦氏相邻而居的杜氏家族成员也一起被杀了。经过这一夜战斗，唐隆政变最终以李隆基、太平公主等人的胜利告终。

政变胜利结束后，李隆基并没有杀死李重茂。而是请出父亲李旦，让他来辅佐李重茂。李隆基的属下刘幽求等人都希望李旦复位。但李旦之前对唐隆政变并不知情，此时也不愿意再次卷入政治中心，可架不住儿子与大臣们的极力劝说，李旦最终同意复位。

唐隆元年（710年）六月二十四日，群臣聚集在太极殿，太平公主宣读了以李重茂名义拟写的传位诏书，李旦正式继位，是为唐睿宗，改元景云。二十七日，李隆基被立为皇太子。

随着时间的推移，朝中的局势逐渐发生了变化，许多大臣转变了立场，从太平公主的麾下投入李隆基的阵营。终于，不堪忍受继续做傀儡皇帝的唐睿宗，选择了放弃皇位。

延和元年（712年），唐睿宗宣布退位。李隆基继位，史称唐玄宗，改元先天。

太平公主不能接受大权旁落的事实，决心孤注一掷，向唐玄宗下手。由于太平公主的实力已经大不如从前，所以她的手段并不是很高明，甚至显得有一些拙劣。

李隆基在继位之后，不断采取各种削弱太平公主权力的措施，所以到了现在，太平公主只能收买宫中御膳房的管事元氏，让她乘人不备，在唐玄宗的御膳中下毒。只可惜因为唐玄宗的防范太过严密，此事未能达成。

太平公主见一计不成，又生一计。她决定以自己的身家性命豪赌一把。这次，太平公主找来自己集团的骨干力量，经过商议，大家一致决定，发动政变，夺取政权，然而李隆基比她还要快一步。

先天二年（713年），猝不及防之下，太平公主的骨干集团数十人还来不及反抗，就被羽林军杀得片甲不留。而太平公主则仓皇逃往南山的寺庙，希望能够暂避风头，时机成熟之后再东山再起。只可惜，唐玄宗不会再给太平公主机会了。他并没有急于追击太平公主，而是不断稳固自己的战斗成果，将不服从自己的人全部杀掉，同时大肆笼络朝中有实力有实权的文武官员，那些执意不肯归附自己的官员，都被唐玄宗罢黜了，唐玄宗重新掌握了乾纲独断的皇帝大权。

唐玄宗抓住了先机，首先横扫了太平公主的核心党羽，再将她的实力一一剪除，最后只剩下太平公主孤家寡人。无奈之下，太平公主只能回到京师长安城中。到了自己的府邸，不出自己所料，整个京师都已经变得风声鹤唳，在她出走的那一天开始，长安城便已经戒严了。一系列的逮捕整肃活动在京师长安大规模地开展。奇怪的是，唐玄宗竟然让太平公主顺利地回到了公主府，没有施加半点阻挠。或许在他的心目中，此刻的太平公主已经没有什么威胁了。

为了彻底地断绝祸乱的根源，唐玄宗给太平公主下了一道赐死令。长安突然下起了大雨，宫人急忙闯入唐玄宗的宫殿，高声禀报，太平公主薨逝了。

自此以后，唐玄宗终于掌握了皇帝应有的权力。这一年，李隆基把年号改为开元，表明了自己励精图治，再创唐朝伟业的决心。

唐玄宗在位前期，在政治上很有作为。他勤于政事，从许多方面采取措施，巩固和发展了唐朝政权。唐玄宗注意拨乱反正，任用姚崇、宋璟等贤相，励精图治，开创了开元盛世。

儿媳妇与妃子的关系

杨玉环，字太真，蒲州永乐（今山西芮城）人，杨玉环属于华阴杨氏家族的一支，更是隋朝皇室的后裔。杨玉环的高祖父做过隋朝的上柱国、吏部尚书，父亲杨玄琰是蜀州（四川崇州）司户参军（从七品下的小官），因此杨玉环的童年是在四川度过的，到了十岁左右，其父去世，她便被寄养于在洛阳任职的三叔杨玄璬家。

杨玉环自小便学习音律，能歌善舞，姿色超群。此外，对于诗词歌赋也有所涉及。

开元二十二年（734年）十一月，十七岁的杨玉环作为杨玄璬的长女被选为唐玄宗第十八子寿王李瑁的妃子。由于李瑁是唐玄宗当时最宠爱的武惠妃的爱子，因此，唐玄宗亲自为他们主持了盛大的婚礼，不仅场面极尽奢华，而且由当时的宰相李林甫和陈希烈作为册封文书的正副使者，足见唐玄宗对这桩婚事的重视。

武惠妃死后，唐玄宗百无聊赖、十分寂寞，于是高力士便四处为他寻找美女填充后宫。除了江采萍以外，高力士还看上了丰满圆润、能歌善舞的寿王妃杨玉环。杨玉环不仅姿色冠代，倾国倾城，而且"最善于击磬拊搏之音，泠泠然新声，虽太常梨园之能人，莫能加也"，此外她还精擅舞技，能跳当时流行的高难度的西域舞蹈胡旋舞。唐玄宗一见，顿时大悦，心生将其纳入自己罗帐的意图。

但是唐玄宗尚且不敢直接将杨玉环召进宫中，因为她毕竟是皇家明媒正娶的儿媳，受过正式册封的寿王妃，如果明目张胆地纳入宫中恐怕会招人诟病。唐玄宗想了一个法子，命人前去寿王府传旨，以为逝者追福的名义，将杨玉环度为女道士。或许是杨玉环意识到自己的机会来了，所以她毫不犹豫便进了宫，住在大明宫的道观太真宫内，并且由唐玄宗钦赐道号"太真"。这一年杨玉环二十一岁。

唐玄宗所做的一切，不过是为了掩人耳目，方便他们偷情。终于可以在一起的杨玉环和唐玄宗二人之间的感情升温得很快，杨玉环很快就取代了武惠妃在唐玄宗心目中的位置，"太真……每倩盼承迎，动移上意，宫中呼为'娘子'，礼数实同皇后"。虽然此时杨玉环仍然不能得到册封，只能被宫中之人以百姓称呼妻子的方法不伦不类地称一声"娘子"，但是她已经得到了形同皇后的礼遇，并且紧紧抓住了皇帝的心。

至此，杨玉环终于完成了她人生中重大的华丽转身，从王妃转而成为皇帝的宠妃。

杨玉环除了拥有倾国倾城的绝世容颜之外，对于唐玄宗的生活体贴入微、凡事知心解意，让唐玄宗将她当作自己的精神伴侣。

天宝四载（745年）八月，杨玉环被册封为贵妃。在唐朝，"贵妃"的封号并不是地位高于"妃"而低于"皇贵妃"的品阶，而是地位仅次于皇后的四妃（贵妃、淑妃、德妃、贤妃）之首。后来，唐玄宗改变了妃嫔制度，取消了贵妃的封号，将四妃改为三夫人（惠妃、丽妃、华妃）。此时，由于唐玄宗不愿意将去世不久的武惠妃的封号改授杨玉环，又不愿意委屈她，封为位次较低的丽妃或华妃，所以又恢复了贵妃的封号。"太真""娘子"等称呼统统从宫廷中消失，从此以后在宫里只有无冕之后杨贵妃！

自此，杨玉环得以在更加广阔的舞台上施展自己的绝世姿容，朝廷政务只要她想要干预，就没有人能够阻拦。几年之后，她利用自己的地位和姿容，成了安禄山的密友，并收了这位魁梧的将领为义子。

据说安禄山生日的时候，唐玄宗和杨贵妃赐给安禄山丰厚的生日礼物。三天以后，杨贵妃特召安禄山进见，替他这个"大儿子"举行洗三仪式。杨贵妃让人把安禄山当作婴儿放在大澡盆中，为他洗澡，洗完澡后，又用锦绣料子特制的大襁褓，包裹住安禄山，让宫女们把他放在一个彩轿上抬着，在后宫花园中转来转去，口呼"禄儿、禄儿"嬉戏取乐。

唐玄宗听说以后也加入进来，还装模作样地赐给杨贵妃金银财物作为洗三的贺礼。从此以后，宫中众人都称呼安禄山为"禄儿"，而安禄山也得到允许可以随意出入宫禁。

安禄山与杨贵妃及其姐妹淫乱后宫的传闻便不胫而走，但是唐玄宗始终不相信这些传闻，甚至对于那些传播者一律严惩不贷，而且通过一些调查，唐玄宗发现很多传闻其实都是凭空虚构，很可能是那些看不得杨玉环之人有意为之。

晚年的唐玄宗对于杨贵妃不仅极其宠爱，甚至到了依赖的程度。在他的溺爱下，杨贵妃养成了娇宠任性、霸道善妒的性格，甚至敢不时地同九五之尊的唐玄宗闹别扭甚至吵架。史书中记载，唐玄宗因为受不了杨贵妃的霸道任性而两次将她遣送回娘家，然而他自己坚持不了多久就忍不住派人再去杨家将她接回来。

随着杨玉环的得宠，杨氏家族的身份也高贵起来。朝廷追赠其父杨玄琰为兵部尚书、正三品，后来又赠太尉、齐国公，母亲被追封为凉国夫人，她的叔父杨玄珪被授为光禄卿，后又升为工部尚书。此外，在杨贵妃较远的亲戚中，也有很多人成了朝中权贵，如隔代堂兄杨锜担任御史并娶了武惠妃之女太华公主为妻，和皇帝亲上加亲。另一个兄弟杨铦担任了鸿胪寺卿。第三个更为阴险的人物是杨钊，后来唐玄宗赐名——国忠。

而杨贵妃的三个姐姐也分别被封为韩国夫人、虢国夫人、秦国夫人，并且获得了皇帝赏赐的住宅，住在京城中。她们可以随意出入宫廷，不仅唐玄宗客气地称她们一声"姨"，而且皇子、公主们也对她们礼让三分，不敢造次。其中虢国夫人与唐玄宗有暧昧，因此最为受宠，并且借此干预政事，行营私舞弊、卖官鬻爵之事。

杨钊通过层层关系，一方面与蜀中官员保持着千丝万缕的联系，另一方面接近李林甫，得宠杨贵妃，受信唐玄宗，他的地位逐渐稳固，就连一向嚣张跋扈的李林甫，也不得不让杨钊三分。

天宝九载（750年），杨钊为了表示自己的忠诚之心，上奏皇帝以名字中"金""刀"二字于图谶上不吉为由，请求允许改名，于是唐玄宗便为他赐名"国忠"。

天宝十一载（752年），李林甫去世，他给大唐留下的是弊政丛生的朝政和满目疮痍的边患，而他给家人留下的则是数不清的仇人和虎视眈眈的政敌。李林甫死后，杨国忠顺理成章坐上了宰相的位置。

通过官员大换血，杨国忠沉重地打击了李林甫的残余势力，杨国忠和陈希烈都获得了相应的好处，地位得到了巩固和加强。

一个都不能多

此时的唐王朝，周边局势迅速恶化。首先，唐王朝的整个统治系统日渐腐败，贪欲日盛；其次，安禄山、史思明等人，一心为了升官发财，建立军功，遂无端去骚扰边境，扰乱民生；此外，就连唐玄宗本人，也因为穷奢极欲而导致内耗无算，导致国库空虚。

随着杨国忠的奸相之名越传越远，安禄山的威望也在潜滋暗长，并且渐渐凌驾于朝廷诸位大臣之上。当时安禄山与安思顺、哥舒翰三人均为强大藩镇的首领，安禄山与河西节度使安思顺一向关系密切，但是二人一直与陇右节度使哥舒翰不和。由于他们在唐朝政界都是举足轻重的大人物，唐玄宗不希望他们之间关系太僵，乃至因私愤闹出武装冲突，因此常常为他们调解撮合。

天宝十一载（752年），三人同时入京陛见，唐玄宗借此机会派高力士在城东设宴，请三人在一起聚一聚，联络一下感情。酒过三巡，酒酣耳热之际，安禄山对哥舒翰感叹道："我父胡，母突厥，公父突厥，母胡，族类颇同，何得不相亲？"

其实安禄山此话颇有亲近之意，但是哥舒翰素性耿直，看不起安禄山这样靠溜须拍马上位之人，于是便冷冷地说："古人云：狐向窟嗥不祥，为其忘本故也。兄苟见亲，翰敢不尽心！"

安禄山听了大怒，这个哥舒翰竟敢以向窟而嗥的野狐狸来讽刺自己的胡人身份，于是大骂道："突厥敢尔！"你哥舒翰不也是突厥人吗？大家半斤对八两，谁也别说谁。

哥舒翰听了还想回嘴，高力士一看若让他们吵下去，这三个武人免不了大打出手，于是赶紧对哥舒翰使了个眼色。哥舒翰不敢得罪这位皇帝身边的红人，只得忍下了这口气，佯称不胜酒力离席而去，从此以后与安禄山积怨更深。

总体而言，安禄山的实力要强上哥舒翰一筹，他和其兄弟控制了三个边镇，军事实力一时无两。但是哥舒翰也不是易与之辈，他的军队不仅数量庞大，而且战力惊人。常年征战的哥舒翰让敌人闻风丧胆，原本其兵力总数就达到了十四五万人马，后来哥舒翰迫于局势需要，又大肆扩充军力，分别在陇右建立了八支新军、在河西建立了一支军队。建军之后，丝毫不放松训练，其战力比之久经战阵的老兵也是丝毫不让。

因此，杨国忠才选中了哥舒翰与他达成联盟，共同对付安禄山。为了表示诚意，天宝十二载（753年）八月，杨国忠以哥舒翰在与吐蕃的战争中立下功勋的名义上表为其请封，唐玄宗果然下旨加哥舒翰为河西节度使，封西平郡王。有了哥舒翰的制约，安禄山就不敢对朝廷生出二心。于是，安禄山只能极尽所能去讨好唐玄宗。

在杨国忠看来，要限制住安禄山，仅仅在他身边安上一副镣铐并不足够，他还要在其与唐玄宗之间加上一道封死的门。于是杨国忠对唐玄宗说安禄山将要谋反，唐玄宗自然不信。杨国忠说："口说无凭，请陛下宣召安禄山入朝，他肯定不会来的，因为他已经准备好要造反了。"杨国忠敢于这样说，是因为他知道安禄山一定明白这是一场鸿门宴，京城已经是杨国忠的天下了，安禄山将杨国忠得罪得狠了，怎么敢轻易入朝呢？说不定没到京城便被杨国忠派人暗杀了。

不过唐玄宗不疑有他，果然派人宣召安禄山来京。杨国忠本以为这次阴谋一定能够得逞，谁料安禄山竟然大大方方地来了。安禄山见到唐玄宗以后，跪在地上委屈地哭诉："臣本胡人，陛下不次擢用，累居节制，恩出常人。杨国忠嫉妒，欲谋害臣，臣死无日矣！"

唐玄宗见安禄山来了，十分高兴，认为他既然敢来就一定没有谋反之心，又听他呜呜咽咽地告状，认为是杨国忠忌妒安禄山得宠，这才陷害于他。

其实杨国忠本来打算得很好，安禄山不知内情之下应该不敢来京城冒险的，那么为什么他的如意算盘落空了呢？这是因为安禄山在京城有内线——御史中丞吉温。吉温本来是魏郡太守，后来因为帮助杨国忠打倒李林甫登上相位，被杨国忠升为御史中丞，离开魏郡之前，吉温曾经向安禄山辞行。

安禄山从吉温背叛李林甫的事上知道吉温是个野心勃勃而又容易收买的小人，而且他正受杨国忠的重用，可以接触到朝廷机密，因此趁此机会与他密谈一番，将其拉拢过来，然后又极尽礼遇。吉温离开时，安禄山派自己的儿子安庆绪一路护送直到出了辖区，甚至为吉温牵马。吉温见此情况，便选择与安禄山结盟，将朝廷中的风吹草动都派人通知安禄山。

正是因为吉温的告密，安禄山才知道原来这次事件不过是杨国忠为了排挤自己所使的阴谋，自己去了京城不仅唐玄宗方面不会有什么出人意料的举动，而杨国忠也一定不敢在唐玄宗的眼皮底下搞什么小动作。他这才安然而来，狠狠地挫败了杨国忠的阴谋。

为了安慰安禄山受伤的心灵，唐玄宗决定给他加同平章事衔，也就是任其为宰相，甚至已经命令张垍起草诏书了。杨国忠听说以后大惊失色，赶紧跑来阻止："禄山虽有军功，目不知书，岂可为宰相！制书若下，恐四夷轻唐。"唐玄宗一听，觉得言之有理，总不能让四方属国将来嘲笑大唐的宰相是个不识字的吧，于是改变了主意，改封安禄山为尚书左仆射，赐一子三品、一子四品官。

得到升官的安禄山明白自己在唐玄宗面前与杨国忠打的这一仗十分漂亮，从此以后自己在唐玄宗心目中的地位将大大不同。他趁机请求唐玄宗允许他兼领一些饲养战马的差事，于是唐玄宗果然封他为内外闲厩使和陇右群牧使。然后他又请求将御史中丞吉温给他做闲厩副使，唐玄宗也欣然答应了。

陇右镇是哥舒翰控制的藩镇，皇帝将安禄山封为陇右群牧使就是将安禄山的手伸到了哥舒翰的地盘上，既有着制约哥舒翰的作用，也在很大程度上增强了安禄山的实力，削弱了哥舒翰和杨国忠的力量。要知道全国骑兵所依赖的国家牧场都集中在河西和陇右一带，安禄山的三镇节度使兵力总数虽然比哥舒翰要多，但是在骑兵和战马的势力方面则远远不如，通过这一职位，安禄山不仅可以名正言顺地纠察和探寻哥舒翰的军事实力动向等信息，还可以肆无忌惮地为自己军队挑选战马，弥补自己军队的不足。

之后，安禄山对唐玄宗说："臣所部将士讨奚、契丹、九姓、同罗等，勋效甚多，乞不拘常格，超资加赏，仍好写告身付臣军授之。"所谓告身就是空白委任状，安禄山向唐玄宗要求的是对于自己藩镇的无限制人事任免权，如果答应了他的要求，那么朝廷对于安禄山所控制的大唐最强大的藩镇之一就失去了控制权，而面对这样荒唐的要求，唐玄宗竟然不假思索地答应了。

很快，安禄山帐下顺从他的人有五百多名被升为将军，另有两千多人被升为中郎将，他以这种方式向手下军队昭示着"顺我者昌，逆我者亡"的霸气，为不久以后的造反大业收拢人心。

杨国忠本来打算离间安禄山和唐玄宗的关系，岂料反而将玄宗对安禄山的宠信推到了巅峰。无奈之下，杨国忠只能在朝堂上想办法增强自己的势力。

安禄山离开长安之前，唐玄宗命高力士为他设宴饯行，唐玄宗很在意这个干儿子，于是事后便询问高力士："禄山慰意乎？"高力士答道："观其意快快，必知欲命为相而中止故也。"唐玄宗很愤怒，如此国家大事是谁胆敢泄露出去的？如果安禄山知道自己做宰相的机会竟然因为不识汉字而失去了，会不会心意难平？会不会对朝廷不利？就算他不会，可是唐玄宗也不愿意委屈自己这位"忠心耿耿"的干儿子。

唐玄宗一想，知道此事的人并不多，当时杨国忠就在场，于是赶紧召他入宫询问，杨国忠想了想说："此议他人不知，必张垍兄弟告之也。"杨国忠岂能认下这个黑锅？正好顺水推舟扣到与自己为敌的张氏兄弟头上。

到底此事是谁泄露出去的呢？史书上并无记载，但是不要忘了，杨国忠手下有一个心腹吉温，虽然此人已经与安禄山勾结，但是杨国忠显然并不知情。所以很有可能在他面前提起唐玄宗有意提拔安禄山为相，提醒自己人以后要多加小心云云。而这位吉温连朝廷中的一点风吹草动都要向安禄山汇报，何况如此大事！

虽然疑点重重，但是唐玄宗很轻易地相信了杨国忠的话，在他看来，他所信任的高力士不会泄露，"忠心耿耿"的杨国忠也不会泄露，那还会有谁呢？自然只有当日起草诏书的张垍了。于是张氏兄弟全部受到牵连，张均被贬为建安太守，张垍被贬为卢溪司马，弟弟张塐也被贬为宜春司马，统统被赶出了朝廷。

杨国忠设计安禄山不成，从此以后唐玄宗再也不相信所谓的安禄山造反论了，虽然太子也从种种危险的迹象中看出安禄山即将造反，但唐玄宗仍然不信。而其他敢于上奏安禄山将要造反的大臣们，唐玄宗竟然毫不留情地命人绑了送去给安禄山处置。从此之后，虽然安禄山要造反已经成为妇孺皆知之事，但是谁也不敢再对皇帝发出警告了。

反了就是反了

朝廷的斗争仍然风云变幻，不久之后，杨国忠成功地解除了陈希烈的威胁，此前陈希烈开始对杨国忠不满，二人经常在政见上存在不和，陈希烈知道自己斗不过杨国忠，只能再三请求辞去宰相一职，杨国忠自然是很赞同。唐玄宗在咨询了杨国忠的意见之后，解除了陈希烈的宰相职务。

杨国忠刚要松一口气，谁料唐玄宗提出的候补宰相人选竟然是吉温。此时杨国忠已经知道吉温投靠了安禄山，若是让他做了宰相，自然是不肯继续为自己做橡皮图章的，更会与安禄山内外勾结对付自己，到时候自己的地位就危如累卵了。于是杨国忠极力地劝阻唐玄宗，唐玄宗见杨国忠如此抗拒，也就不便太过坚持，杨国忠趁着唐玄宗心意动摇，赶紧在大臣中物色自己满意的宰相人选。很快，他便看中了吏部侍郎韦见素。

韦见素出身于当时的名门望族，而且通过科举考试考中进士，就此出仕做官。此人为人随和，很少与人争执，所以人缘还算不错，后来唐玄宗继位，韦见素也就担任了京城之中的高级职位，结交更广泛。杨国忠就是看到了韦见素性格懦弱的一面，所以才举荐他做宰相，而且此人在京师中口碑不错，所以反对的声音也很少。在杨国忠的推荐下，韦见素很快被任命为兵部尚书加同平章事，成为杨国忠新一任的橡皮图章。

杨国忠为了保全自己的地位忙得不亦乐乎，千里之外的安禄山也没有闲着。天宝十四载（755年），安禄山派遣副将何千年入朝陛见，请求罢免三十二位汉族将领，代之以少数民族将领。在唐玄宗看来，让少数民族担当边关将领，是李林甫时期就订立的政策，这么多年过去了，收效也不错，因此安禄山此举似乎并无不妥，于是便要同意，并发给告身。

韦见素虽然比较听杨国忠的话，但并不是没有主见之人，他见到安禄山不敢亲自入京朝见，又做出这样的要求，反状已明，不能再继续姑息，于是找到杨国忠说："禄山久有异志，今又有此请，其反明矣。明日见素当极言；上未允，公其继之。"约定第二天一起向唐玄宗进言，务必要说服皇帝收回成命。杨国忠考虑了一下利弊，也就答应了。

第二天，杨国忠和韦见素见到唐玄宗，唐玄宗先开门见山地说："卿等有疑禄山之意邪？"韦见素便将自己的所见所想和分析出来的结果告诉唐玄宗，提出安禄山即将反叛的迹象已经十分明显了。但是唐玄宗全然不信，要知道以前有人敢报告安禄山要造反，唐玄宗都是命人绑了送去给安禄山的，此时这位新任宰相言之凿凿，唐玄宗虽不能如法炮制，但是脸色已经十分不好了。

本来按照杨国忠、韦见素之前的商议，此时杨国忠应该挺身而出继续说服皇帝拒绝安禄山的请求。但是杨国忠是何等机灵之人，他看到唐玄宗脸色不好，就知道今天只能无功而返了，于是他多次无视韦见素使的眼色，闭上嘴一言不发。这样一来，韦见素独力难支，很快便败下阵来，唐玄宗终究下旨满足了安禄山的请求。

杨国忠回去以后苦思冥想多日，终于想到了一个绝妙的好主意，于是拉上韦见素高高兴兴地入宫去见唐玄宗。杨国忠见到唐玄宗之后神秘地说："我有主意对付安禄山了！"唐玄宗看他喜形于色的样子没有答话。

杨国忠也不在意，兴致勃勃地解释说："安禄山不是想当宰相吗？那就让他当，当了宰相势必就得入京，不能再在地方上做节度使了，然后再另找三个人分别担任他空出来的范阳、平卢、河东三镇节度使的位子。到时候安禄山如果无意谋反，自然可以安心为皇上效力，如果真有不臣之心，那么他身在京城，三镇又被别人掌握，安禄山内外不能相顾，还能有何作为呢？"

唐玄宗听了以后想了很久，觉得这确实是一个好主意，于是就命人去草拟诏书，诏书写好了，唐玄宗却觉得不对了，他担心自己误会了安禄山，不愿意再让他受委屈，更担心他如果真的心有二意，便会狗急跳墙，那就一发不可收拾了。更何况，前面刚刚传来安禄山的捷报，唐玄宗担心，如果将安禄山调离边关，是否会引起动荡。这诏书到底发还是不发？唐玄宗决定先派人去安禄山那儿探探虚实再说。

再三考虑之下，唐玄宗派出自己的心腹宦官璆琳以押送皇帝赏赐安禄山的珍异果品为名前去调查一番，把事情弄个一清二楚。只可惜他的这位心腹经不起诱惑，在大量金银珠宝面前，璆琳只记得安禄山的好处，并且回来复命时，在唐玄宗面前盛赞安禄山忠心为国，绝无二心。

唐玄宗听完了自己心腹的汇报后，顿时如同吃下了一颗定心丸。就这样，最后一个避免安史之乱的机会就此搁浅。

杨国忠知道，唯今之计，只能找出其谋反的证据，才能彻底地扳倒安禄山。不过这证据即使有，又怎么会藏在长安呢？即使在长安，也不会轻易让杨国忠找到。他苦思良久，又想出了一个法子。

新近上任的京兆尹是杨国忠的心腹，在杨国忠的授意之下，带人包围了安禄山在长安的府第，并且逮捕了安禄山的心腹幕僚李超等人，送到御史台严刑逼供。谁料这几人都十分硬气，反复推问之下竟然没有得到什么有价值证据，杨国忠一怒之下，只能命人将李超等人全部秘密处死了事。

安禄山的一个儿子安庆宗娶了荣义郡主为妻，并且一直留在长安做官，他知道杨国忠杀了李超等人，赶忙偷偷告知安禄山。安禄山接到消息，知道杨国忠对他已经撕破了脸皮，再也没有和平共存下去的可能了，于是造反之心越加坚定。后来，安禄山的另一个儿子在京城成婚，唐玄宗下诏宣他入京观礼，他心虚地推病没去。

天宝十四载（755 年）七月，安禄山上表请求向朝廷贡献三千匹马，同时每匹马配两名马夫，还有安禄山手下的二十二名将领护送。河南尹达奚珣觉得很有蹊跷，安禄山送的这哪是马啊？这是要将一支三千骑兵、三千步兵、二十二名将领的亲信部队开到京城！于是赶紧上书建议唐玄宗献马可以，但是马夫就不必了，朝廷自会派去马夫接收马匹，这事儿就不劳烦贵军了。

看到如此危险的情况，唐玄宗似乎也有些醒悟了，开始怀疑安禄山。正好上次派去查探安禄山虚实的宦官璆琳受贿一事被揭发了，唐玄宗更如五雷轰顶，认定安禄山必反，否则何需贿赂使者蒙骗自己呢？唐玄宗不敢轻举妄动，唯恐打草惊蛇，只能找了一件别的事做借口，将璆琳乱棍打死泄愤。

醒悟过来的唐玄宗面对爪牙已利、羽翼已丰的安禄山手足无措，只能用起了杨国忠的老办法，他派宦官冯神威去向安禄山传旨，诏书上亲切地说："朕为你新开辟了一眼温泉，你十月份到华清宫来吧，我等着你。"然而安禄山即将起兵，已经不屑再与朝廷来使虚与委蛇了，连床也没下，只略说了一声："圣人安隐。"就算行过了礼。

冯神威在别人的地盘上也不敢随便发威，只能不顾安禄山的无礼宣读了诏书。听完了圣旨，安禄山倨傲地说："马不献就不献了吧，十月份我一定到京！"然后就命人将冯神威安置到馆驿中再也不见他了，过了几天就将他赶了回去，也没有应当回复皇帝的表章呈上。

冯神威见势头不对，一得自由便逃命似的向京城赶。

牛不能随便吹

天宝十四载（755年）十一月十五日，华清池里，唐玄宗和杨贵妃正"温泉水滑洗凝脂"。忽然快马来报：安禄山造反了！温柔乡里的唐玄宗这时才清醒过来，想起很多大臣对他的劝告，还有太子。但此时的唐玄宗处于没有思想准备的状态，安禄山的举动给华清池泼了一盆闷凉的水，唐玄宗的盛世也骤然地抽搐与痉挛。

唐玄宗思前想后，终于想明白了，但一切都已经晚了。安禄山已经在范阳起兵了，史称"范阳兵变"。叛军打的旗号便是奉了皇帝诏令，诛除杨国忠这个大奸臣。虽然这个旗号有一些牵强附会，但是他的这个旗号还是很有作用，至少很多不明真相的人会争相附和，因为在杨国忠掌权的这几年时间内，不仅树敌无数，更是惹得民不聊生，百姓怨声载道，因此安禄山大旗一展，便有很多人望风景从。

第一招，安禄山便掌握了主动权，不得不承认，安禄山果然是个老奸巨猾之人。更为可怕的是，安禄山十分擅长用兵之道。他知道，兵者诡道也，既然自己发动了叛乱，就要出奇制胜。

所以安禄山首先让部下何千年、高邈率奚人出身的二十名骑兵先行出发，太原副留守兼太原尹杨光翙不知道安禄山已经谋反，遂派人开门迎接，何千年抓住时机，将杨光翙劫持而去。直到此时，太原守军才知道安禄山已经谋反，遂飞马将军情报告给长安。

谁也没有料到，安禄山就是要将这个军情借太原守军传给长安。其实，他劫持杨光翙，是声东击西之计。从幽州到长安，有两条路线可以到，一条为东线，经博陵、常山至陈留，然后西向东都洛阳，过潼关向长安。另一条经太原向长安，此为西线，也是当年李渊起兵反隋进入关中的老路。安禄山的主力并没有打算从太原这条线路，此番虚张声势，便可以让朝廷误以为安禄山会从此进军，如此便可以分散朝廷的注意力和防御力量。

太原发生的事很快传入了京城，可是唐玄宗根本不肯相信，也不愿相信，他固执地认为，这是忌妒安禄山的大臣们在诋毁陷害。过了几天战报传来以后，唐玄宗才真正相信这个"乖顺"的义子真的起兵造反了，于是赶快派人传召杨国忠入宫商议对策，然而杨国忠信誓旦旦地说："今反者独禄山耳，将士皆不欲也。不过旬日，必传首诣行在。"唐玄宗听了此言甚觉有理，见此情景盼望唐玄宗早定平叛之策的大臣们纷纷瞠目结舌、哑口无言，唯有摇头苦笑而已。

不过毕竟叛乱已经发生，唐玄宗还是做了平叛安排，他派特进毕思琛到洛阳、金吾将军程千里到河东这些安禄山必经之路上的军事重地各招募数万人，稍微训练之后用以抗敌平叛。

不久，安西节度使封常清入朝陛见，见这位骁勇善战的猛将来了，唐玄宗忙问有何平叛方略献上。封常清是个武将，好面子，爱说大话，于是他傲然说："今太平积久，故人望风惮贼。然事有逆顺，势有奇变，臣请走马诣东京，开府库，募骁勇，挑马棰渡河，计日取逆胡之首献阙下！"唐玄宗听了龙颜大悦，于是任命他为安禄山所辖的范阳、平卢两镇节度使，然后像封常清保证的那样数着日子等待安禄山的首级。

官军失利

封常清临危受命，很快便到达了洛阳，然后在十日内招募了六万兵众，不过其中大多为市井间的流氓混混。然后又下令截断河阳桥，在洛阳做好防御准备。同时，朝廷方面也做出了相应的举动，唐玄宗决定，在长安处死安禄山的儿子和儿媳，以此来让安禄山分心，同时也发泄一下自己心中的愤恨。

与此同时，唐玄宗还发出调令，让安思顺为户部尚书，令朔方右厢兵马使、九原太守郭子仪为朔方节度使，右羽林大将军王承业为太原尹，以协防中央。在叛军的军事要冲，都要设置一个防御使，全力对抗叛军。然后又任命荣王李琬为元帅，右金吾大将军高仙芝为副元帅领兵东征。

那么他们率领的是哪支军队呢？竟然和封常清一样，是用皇帝内库里的钱帛在十日内雇佣的一伙市井混混，大约十一万人，虽然起了个颇为威风的名字叫"天武军"，不过其战斗力到底有没有那么威武则可想而知了。天宝十四载（755年）十二月，高仙芝就带领着飞骑、彍骑、在京师的边兵和新招募的这一群乌合之众一共五万人从长安出发，到陕郡驻防，随大军开拔的还有唐玄宗派来监军的宦官边令诚。

然而这些措施并没有起到让安禄山望而却步的作用，儿子被处死，儿媳荣义郡主被赐自尽，使安禄山更加疯狂。不久，安禄山大军直接从洛阳黄河段的下游渡过了黄河，很快便临近陈留（今河南开封市陈留镇）。很快，陈留沦陷，其守军数万人被俘。陈留为运河体系的主要港口之一，它的失守切断了朝廷的南方供应线。安禄山一不做二不休，为了报杀子之仇，屠杀了在陈留俘虏的全部军队。之后，安禄山留下一部分军队留守，自己则率领大军向东都洛阳前进。

安禄山的军队先攻克荥阳，由于承平日久，无论百姓还是士兵都太长时间未经战火的磨炼，守城的荥阳士兵听到城下如雷的鼓声竟然有一些腿脚发软坠下城头。可想而知，荥阳城很快就被攻破了，然后安禄山以手下将领田承嗣、安忠志、张孝忠为前锋，进攻东都洛阳。

守在洛阳的是封常清仓促之间招募的乌合之众，而且还没来得及训练就被派到武牢关抗敌，于是很快就被安禄山派来的骑兵打得大败。封常清收拾残部又在葵园、上东门内两次与叛军接战，仍然两次落败。天宝十四载（755年）十二月十二日，洛阳的外层防御被撕开，叛军如潮水般从洛阳的四个城门涌入，烧杀抢掠无所不为，封常清又率部与叛军展开巷战，仍然失败，只好带着残部从被毁坏的城墙缺口逃走。

仓皇败退的封常清率领一众残军败将向陕郡败退，当时陕郡太守窦廷芝已经放弃了自己的职守逃往河东，治下的官吏和百姓也都四散奔逃，只有高仙芝和他的五万杂军驻守，陕郡已成为空荡荡的等待着战争和流血到来的战场。

从接连的惨败中逃得一命的封常清再见高仙芝，简直热泪盈眶，他赶紧扑过去警告高仙芝："常清连日血战，贼锋不可当！"然后又将自己血的教训告诉这位老上司："陕郡无险可守，而潼关则有险而无兵，如果叛军攻入潼关，那么长安就唾手可得，我们不如放弃陕郡，退守潼关去吧！"

高仙芝看看盔甲上溅满鲜血的封常清，再看看他手下士气萎靡、伤兵累累的军队，虽然不愿意不战而退，落得个怯战的罪名，但是他思考良久终于决定退兵，撤到潼关去！由于他们行军速度缓慢，竟然在半路上被叛军追了上来，于是只好狼狈而逃，也顾不上队伍先后了，士兵和马匹相互踩踏，平白损了不少人马。

到了潼关以后，安禄山见壁垒森严、防御严密、易守难攻，于是并未恋战，撤兵而还。回到洛阳休整军队，巩固战果，预备称帝，正因如此，叛军才稍微止住了势如破竹的进攻脚步，朝廷也得到了整军备战的时间。

天宝十五载（756年）春，安禄山在唐王朝一大批有声望的官员支持下，以洛阳为根基建立大燕朝，自称皇帝。自此组织起了一整套中央王朝系统，军队士气大振。虽然安禄山当上了皇帝，但是战局仍然不容松懈，叛军从范阳一路打到洛阳只花了四十多天，而在当时就算只是从范阳走到洛阳，也要三十多天的时间。

过快推进必定遗留下重重隐患，果然安禄山进攻之时虽然势如破竹，但是大军过后，河北各郡纷纷起兵反抗叛军。其中以唐朝大书法家颜真卿和他的哥哥颜杲卿最为著名，他们的反抗极大地干扰了叛军的进军计划，并且将一部分叛军力量拖在了敌后，减少了叛军进攻的力量。而安禄山派往东南企图控制江淮地区，切断朝廷税赋来源的张通晤、杨朝宗部也遭遇了重重阻力，草草而还。加上在河东地区的朔方节度使郭子仪带领的朔方军也与叛军进行了殊死搏斗，并且取得了一系列重大胜利，打通了井陉关的通道，可以直接威胁叛军的后方，也使叛军无法集中力量全力西进。

因此虽然安禄山在洛阳称帝，看似气势正盛，实际上是被阻在潼关之外进退维谷，甚至生出了放弃洛阳退守范阳之心。因此，不仅高仙芝、封常清二人看出了固守潼关的好处，大将郭子仪、李光弼等也上书朝廷建议固守潼关，不要轻率出战。正在双方将要进入僵持的时候，唐玄宗却做出了一件自毁长城的蠢事。

当初高仙芝率军从长安出发时，唐玄宗派宦官边令诚作为监军与他一同出发。事实上，唐玄宗如此安排也有照顾高仙芝之意，因为高仙芝和边令诚是老相识了，在当初高仙芝立下大功的小勃律之战中，边令诚就是他的监军。打仗时，高仙芝还特意照顾边令诚，为他安排了比较安全的留守工作，因此二人关系还算不错。

但是与当时大多数宦官尤其是做监军的宦官一样，边令诚既贪婪又无耻，这次他又做高仙芝的监军，便毫不客气地向他提出很多私人要求，高仙芝不愿意营私舞弊，故此大多婉言拒绝。于是边令诚便怀恨在心，不管国家正处于危难之际，不管高仙芝对于平定叛乱多么重要，只想着要置高仙芝于死地。

于是边令诚在向唐玄宗汇报的时候添油加醋地夸大高仙芝、封常清的大败之状，并且污蔑二人说："常清以贼摇众，而仙芝弃陕地数百里，又盗减军士粮赐。"当初封常清在御前夸下海口要"计日取逆胡之首献阙下"，然而与叛军接战之后却屡战屡败，甚至丢失了东都洛阳，然后又临敌而退撤到潼关固守。远在长安的唐玄宗对此非常愤怒，他承平日久，又每日在深宫之中，根本接触不到外界的真实情况。他完全理解不了高仙芝与封常清是在对战争形势进行全盘考量之后，不惜自己的声名前途与身家性命才做出的这种选择，这样退可以拱卫京城长安、进可以遏制叛军进攻步伐，是当时形势下损失最小最保险的选择。他只认为高、封二人胆小怯战，竟然不战而放弃了潼关之外的大片土地，辜负了自己的信任。

因此后来封常清将自己在战争中总结出的叛军形势和作战经验写成奏章，三次派人送到长安呈给唐玄宗，唐玄宗都不接不看。封常清心急如焚地赶往长安，他当初在长安时就听到朝中不少大臣都认为安禄山造反作乱狂悖已极，用不了多久就会灭亡，因此十分轻敌。然而封常清到了前线才知道事实并非如此，因此急切地想要亲自将这些前线将士们的生命换来的经验教训亲自讲给唐玄宗，也希望向唐玄宗解释自己与高仙芝退守潼关的深意。然而封常清刚刚到达渭南，就有圣旨传来削去他的一切官职，命他退回高仙芝军中，不许再去长安。

边令诚既是唐玄宗所信任的宦官，又是亲自在前线目睹了一切，唐玄宗自然相信他的话，现在边令诚报告说高仙芝、封常清不仅作战不利，甚至滥用职权私扣军粮。唐玄宗再也压制不住自己的怒火，于是命边令诚到军中传旨将高仙芝、封常清二人斩首。封常清默然良久，写了一封遗表请边令诚转呈皇上，其中泣血呐喊："臣死之后，望陛下不轻此贼，无忘臣言！"

封常清死后，高仙芝也被边令诚斩首，死前高呼："我遇敌而退，死则宜矣。今上戴天，下履地，谓我盗减粮赐则诬也！"一众兵将士卒也为高仙芝喊冤，然而一切都已无法挽回，大唐的两名平叛勇将就这样死在了谗言之下。

此刻，唐军只能依靠哥舒翰负责关中军队的守备事务和潼关的防务，也只有哥舒翰，在实力和威望上，堪与安禄山一战。只可惜此时的哥舒翰病重不起，军中无人可以替代他的位子。整日争吵不休，原本拟订收复洛阳的计划也只能宣告失败。

被牺牲的女人

唐玄宗惊闻潼关失守，叛军长驱直入，顿时感到长安将要不保，赶紧召集大臣商议对策。在杨国忠的建议下，唐玄宗决定退守四川，并且还信心满满地认为，有了这个天府之国作为基地，就不怕叛军实力强横，他朝卷土重来，凭借这个大后方，定然能够重整旗鼓。

唐玄宗逃出长安，过了便桥之后，杨国忠便命令下属放火烧毁桥梁，希望以此来阻止叛军的追击。而唐玄宗却觉得，自己弃之不顾已经是大大的不仁不义，如今再断绝了官吏和百姓的逃生之道，何其残忍呢？于是，唐玄宗让宦官高力士带着随从留下来灭火。

与此同时，唐玄宗还让另外一个宦官王洛卿先行一步，告知沿途的郡县为自己安排好食宿事宜。很快，唐玄宗一行便到达了咸阳望贤宫，本来还准备到那里好吃好喝一顿，然后好好休息一下，洗洗奔波劳碌的满身风尘。却没想到，当队伍到时，王洛卿和县令早已经不知去向。

无奈，随行官员只能向当地百姓乞食，不过在名义上，还是为了皇帝接受供奉。

负责禁宫伙食的官员为唐玄宗送来了御膳，唐玄宗并没有先吃，反而让那些官员先吃。随即便让军士们分散到村落中去寻找各种可以吃的食物，下午继续启程逃亡，到了半夜时分，队伍终于到了金城县，然而到了此地才发现，官员、百姓竟然都逃走了，好在还留下了食物和器皿，吃完饭以后也没找到油灯，大家摸着黑胡乱睡着了。

真是树倒猢狲散，见唐玄宗沦落至此，很多自长安跟随而来的随从都纷纷逃走了。唐玄宗甚至怀疑，自己还能不能活着到达四川。

然而噩耗很快便传来，从潼关归来的将领王思礼告诉唐玄宗，哥舒翰彻底失败了，连他自己也被安禄山擒获做了俘虏。唐玄宗只能任命王思礼为河西、陇右节度使，让他马上动身前去收合散卒，等待时机收复河山。

唐玄宗一行继续朝着四川方向前进，六月十四日，终于到达了马嵬坡。关于马嵬坡地名的由来，要追溯到西晋时期，据说当时有一个名叫马嵬的人到此筑城，此地便得名马嵬坡，距离长安一百多里。而在当时，马嵬坡不过是一个再普通不过的驿站。

吃了上顿没下顿，让唐玄宗手下的将士们逐渐产生了抱怨情绪。现在杨国忠最大的靠山唐玄宗已经落魄至此，身边的禁军大都听陈玄礼的命令，他感到除去杨国忠的时机到了。

于是他通过东宫的宦官李辅国向太子传递消息说祸国殃民、导致叛乱骤起的罪魁祸首是杨国忠，自己打算杀死他，请问太子的立场，太子知道以后犹豫很久也难以决断。太子李亨一向怯懦怕事。他虽然也很想除掉杨国忠，但是杀掉这个宠臣会不会惹怒父亲给自己带来灭顶之灾，所以一直不敢答复。

不回答也是一种表态，太子已经以此表示了自己的默许，只是以沉默来为迷茫的未来多做一份担保而已。事已至此，大家所需要的，不过是一个冠冕堂皇的理由。

在此次的逃跑队伍中，还有二十多名吐蕃使者，因为考虑到吐蕃实力强横，所以没有让他们死于乱军之中。然而此次随众入川，吐蕃使者饥肠辘辘，只能拦着杨国忠，要他为他们的吃喝想办法。

杨国忠还没来得及答话，士兵中便有人大喊，声言杨国忠和吐蕃使者密谋，准备谋反。这话一传开，立马有人以实际行动响应，一个人弯弓搭箭，"嗖"的一声射了过去，恰好中了杨国忠的马鞍。慌不择路的杨国忠随即策马狂奔，士兵紧追不舍。刚到马嵬驿西门里，杨国忠便被赶来的士兵截住杀死，其头颅也被人挑了起来，到驿站门口示众。

为了斩草除根，太子和陈玄礼、李辅国等人又杀了杨国忠的儿子，即户部侍郎杨暄。此外，杨贵妃的姐姐秦国夫人、韩国夫人也相继被杀，御史大夫魏方见状站出来大喝："汝曹何敢害宰相！"可是杀红了眼的士兵们怎么可能被一个文臣阻住，几下就打死了魏方。

韦见素听见驿站外吵吵嚷嚷，便出来问大家这是怎么回事。乱军抓住韦见素就是一顿狂殴，韦见素生平第一次被人打得头破血流。幸好有人识得韦见素和杨国忠不是一伙的，大声喊着："勿伤韦相公！"韦见素才在混乱中捡回一条命。

随着外面呐喊声不断，唐玄宗走了出来，竟然发现军队将整个驿馆都包围了起来。唐玄宗问左右怎么回事，左右皆称，杨国忠和吐蕃国使者密谋造反，已经被将士们杀死了。

唐玄宗叹息一声，自己落难，要活命都还得依靠将士们的支持，现在也只能顺着他们来了。唐玄宗拄着手杖走上前去，大力称赞了众位军士为国锄奸的壮举，然后命令他们收队撤离，孰料这些人根本不听使唤。唐玄宗无奈，只得让高力士去问问怎么样他们才愿意散开。

陈玄礼出面回答："国忠谋反，贵妃不宜供奉，愿陛下割恩正法。"唐玄宗闻言，心中十分不忍，然而如今自己的性命都在别人的掌握之中，还谈什么保全别人呢？

见唐玄宗依然犹疑不决，京兆府的司录韦谔立刻进谏："今众怒难犯，安危在瞬刻，愿陛下速决！"唐玄宗闻言，心中伤感不已，面显为难之色。韦谔扑通跪了下来，力劝皇帝要当机立断，否则军心大乱，国将不国、君将不君。

虽然群臣和将士都给了唐玄宗巨大的压力，唐玄宗也知道今日之事很难善了，但仍然不死心地说："贵妃常居深宫，安知国忠反谋！"最后还是高力士说出了众将士的心里话，也绝了唐玄宗心里最后的一点希望："贵妃诚无罪，然将士已杀国忠，而贵妃在陛下左右，岂敢自安！愿陛下审思之，将士安，则陛下安矣。"

事已至此，如果不杀杨贵妃，他日局势稳定下来，唐玄宗重新掌控所有人的生死，以杨贵妃的受宠，今日参加兵变之人谁还能有安稳日子过？所以他们今天铁了心要杀杨贵妃，无非是为了求得日后的平安而已。唐玄宗保证了他们日后的安全，他们才肯保证唐玄宗现在的安全。

唐玄宗经过一番深思熟虑，提出了一个要求，就是留杨贵妃一个全尸。杨贵妃得知了这个消息，并没有唐玄宗预料中的那样惊慌。最终，杨贵妃被缢杀在佛堂之上。

杨贵妃死后，唐玄宗不得不忍住悲痛，让陈玄礼等人进来验尸，让所有人彻底安心。陈玄礼检验已毕，确定杨贵妃是真死了，这才解下盔甲，跪地请罪。唐玄宗也只能虚与委蛇一番，安慰他们说大家非但无罪，反而有功，到了四川之后，定然要为大家论功行赏。唐玄宗只能以此来安定军心，否则更大的乱事就在眼前。

这是事变便是历史上著名的马嵬坡之变，这个再普通不过的驿站，才就此进入了史册。

"被"太上皇

为了能够扩大部队反叛的合法性，安禄山也派遣了许多宣慰使去各地安抚百姓，宣扬自己的主张。只是各地百姓对于盛唐和平安静的生活已经习惯了，不管是出于何种原因，都不愿意战乱四起。更何况如今杨国忠已经死了，按说安禄山已经没有了出兵的理由，而他迟迟没有退兵，反而四处攻城略地，所以安禄山谋取天下的心思，已经是路人皆知了。

当安禄山的宣慰使薛总到达扶风时，竟然被当地百姓当场狙杀，他所带来的人马也被杀了两百多人。陈仓县令薛景仙则趁机杀了叛军在扶风的守备将领，和四处的勤王军队遥相呼应。

安禄山万万没有料到，唐玄宗会不顾一切地逃离长安。当得知唐玄宗已经离开长安之后，安禄山又觉得，不必急着进入长安了，便派人到潼关去命令崔乾祐将部队留在潼关。

十天之后，安禄山派帐下大将孙孝哲率兵入长安，派安守忠领兵屯于西京苑中，镇守关中。同时还任命张通儒为西京留守、崔光远为京兆尹。

一到长安，安禄山便纵容手下奸淫抢掠，无恶不作，惹得民怨沸腾。而对于向西扩张，彻底打击唐朝势力，却没有一个详细可行的计划，甚至很多人都没有那么想过。

在长安的那些唐朝重臣中，前任宰相陈希烈，素来就对唐玄宗有怨言，于是直接投靠了安禄山；被杨国忠排挤遭到贬官的张均、张垍也投靠了安禄山，并且得到了安禄山的重用。陈希烈、张垍还被安禄山任命为宰相，其他投降安禄山的原唐朝官员也都被授予官职。叛军因为接受了大量的唐朝重臣而声威远播，士气大振之下，河东道全部为叛军所占领，同时叛军还向南部的江汉地区与西部的汧、陇地区进犯。

而另一边，太子正秘密北上，谋求号令天下，诛杀逆贼。这是安禄山做梦也没有想到的事，他只知晓唐玄宗进入蜀中，一时半会儿难以发动反攻。如此一来，安禄山便被太子所麻痹，因而松懈了警惕。他没有料到，就在灵武方向，一股反对叛军的洪流正在悄然形成。同时，安禄山也觉得，唐玄宗在蜀中翻不起什么大浪，所以也没有立即下令追击唐玄宗。但他没有想到，只要唐玄宗不死，唐军的正统地位便不容挑战，天下民心便也大多在唐朝的掌控之中。

当太子到达灵武之时，只剩下朔方留后杜鸿渐、六城水陆运使魏少游、支度判官卢简金、盐池判官李涵、节度判官崔漪等尚在，朔方军队最高统帅郭子仪则在外征战。听说太子驾到，这些留任的官员纷纷前来迎接。

在此之前，众人便商议，觉得要将朔方的军事重心放在灵武郡，而且太子应该被接到灵武来。要知道，此前太子暂居的平凉，不过是一个孤城，四周无险可守，也没有兵力可以相互驰援。灵武则不同，它的城池坚固异常，而且储备了充足的粮食和兵器，只要将太子接过来，登高振臂一呼，天下勤王义士定会云集响应。太子可从西面调发河西、陇右的精骑，北集守军，南定中原。如此千载难逢的天时、地利、人和，大家自然不会放过，遂让李涵带着统计朔方武器、粮食、兵马、布帛等军需物资的账簿前去面见太子，劝他到灵武领导军队。

太子见到李涵，知晓了他的来意，正和自己的想法不谋而合，心中大喜。与此同时，被任命为御史中丞的河西行军司马裴冕也赶来劝谏太子前去朔方。太子欣然同意，择日不如撞日，索性现在就准备启程。而灵武方面，将士们得知太子即将前来的消息，振奋不已，派遣了开元时宰相杜暹的儿子杜鸿渐负责建造太子行宫，安排太子的衣食住宿。经过一番有序的繁忙，此时的灵武终于万事俱备，只等太子前来，一切便会快速运转开来。

杜鸿渐接受了建造太子行宫的任务之后，便让魏少游着手负责此事，自己则去迎接太子。七月初九，太子一行终于到达灵武，一见魏少游建造的宫室，竟然和长安的宫室别无二致。太子以为这样太过奢侈了，遂将那些陈设全部撤除。群臣一见太子如此作为，无不交口称赞，认为太子勤俭，更能勇于涉险，为社稷黎民不辞辛劳，实在是为君者的典范。

暗地里，群臣再将太子和现在的唐玄宗一比，觉得实在是天壤之别。于是，裴冕、杜鸿渐等人便向太子上奏，请他遵从唐玄宗在马嵬坡的嘱咐，继位为皇帝。如此，便可以挽狂澜于既倒、扶大厦于将倾。

太子自然要假意推辞一番，以堵住悠悠众口。因为他知道，裴冕、杜鸿渐等人一定会找到更加冠冕堂皇的理由让自己登基称帝。果然他们劝谏太子说："将士皆关中人，日夜思归，所以崎岖从殿下远涉沙塞者，冀尺寸之功。若一朝离散，不可复集。愿殿下勉徇众心，为社稷计！"的确，现在天下大乱、天子蒙尘，这些跟随太子的人们无非为了能够博取功名。只要太子继位，他们便可以立马晋升，太子之威信大增，对于打败叛军十分有利，为了国家社稷考虑，太子非上位不可了。经过了五次反复，太子最终半推半就地答应了群臣的请求。

天宝十五载（756 年）七月十二日，太子李亨继位，是为唐肃宗。

在灵武郡内，群臣百姓无不争相舞蹈以示庆贺，太子更是喜极而泣。为了彰显自己大孝的美德，太子继位为皇帝之时，立即宣布尊奉唐玄宗为上皇天帝，并且大赦天下，改天宝十五载为至德元载。

既然登基称帝，唐肃宗对那些扶持自己上位的人，也就少不了要论功行赏。唐肃宗遂任命杜鸿渐、崔漪为中书舍人，裴冕为中书侍郎、同平章事。在这样一个非常时期，这几个人看准时机，抓住机会，从小小的藩镇幕僚一举成为大唐的股肱之臣。

而另一边，得到了上皇天帝称号的唐玄宗依然被蒙在鼓里、毫不知情。七月十五日，唐玄宗一行到达了剑门关所在地——晋安郡。在这里，唐玄宗终于可以暂时松一口气了。为了能够早日平定叛乱，唐玄宗特意下达了一纸诏书：

"以太子亨充天下兵马元帅，领朔方、河东、河北、平卢节度都使，南取长安、洛阳，以御史中丞裴冕兼左庶子，陇西郡司马刘秩试守右庶子；永王璘充山南东道、岭南、黔中、江南西道节度都使，以少府监窦绍为之傅，长沙太守李岘为都副大使；盛王琦充广陵大都督，领江南东路及淮南、河南等路节度都使，以前江陵都督府长史刘汇为之傅，广陵郡长史李成式为都副大使；丰王琪充武威都督，仍领河西、陇右、安西、北庭等路节度都使，以陇西太守济阴邓景山为之傅，充都副大使。应须士马、甲仗、粮赐等，并于当路自供。其诸路本节度使虢王巨等，并依前充使。其署置官属及本路郡县官，并任自简择，署讫闻奏。"

此外，唐玄宗还下令对一些地方州郡的建制进行了调整，正是通过这一纸诏令，外人才知道唐玄宗自潼关失守之后，从长安逃到了四川。到了巴西郡之后，唐玄宗得到了当地太守崔涣的热情接待，因而很喜欢他。经房琯的推荐，唐玄宗任命韦见素为左相，任命崔涣为门下侍郎、同平章事。虽然他在极力完善这个流亡政府，但是也似乎料到，这不过是自己苦心寻求的一个自我安慰，过后自己能不能继续做皇帝还是一个未知数，经过唐玄宗整顿后的唐军布局，士气得到了很大提升，对于太子称帝后的军事行动有积极意义。

就在太子继位称帝后十余天内，唐玄宗一行终于到达了益州，随行人员走的走、散的散，只剩下一千三百多人。不过到了杨国忠的大本营，给唐玄宗注入了一支强心剂。不过唐玄宗似乎已经预料到，不管最终能否战胜安禄山的叛军，这个流亡政府都不过是个形式罢了，因为杨贵妃之死，唐玄宗已经感到身心疲惫。更何况，自己已经是个迟暮老人，实在是不适合再去争权夺利。

八月十二日，从遥远的朔方传来消息，唐肃宗僭越自立为皇帝。唐玄宗很释然，似乎这一切都是理所应当的事情。六天后，唐玄宗让大臣们带着玉玺，前去朔方灵武，觐见这位新继位的皇帝。唐玄宗所开创的开元之治和他一手所造成的天宝危局，随着他的退位而步入了一个新的阶段，从此唐玄宗真正地退出了历史舞台。

收复两京

唐肃宗继位以后，将全部的精力都放在了收复两京这个目标上。其实自从长安失陷之后，官军就一直在试图收复两京。至德元载（756年）秋到次年春天，官军首次开始尝试对叛军占领的长安发动进攻，只可惜都被叛军击退，而且遭受了巨大的损失。胜利之后的叛军开始了以洛阳和长安为中心的辐射性扩张，北方已经暂时落入了叛军的手中，眼下叛军将自己的战略重点放在了西方和南方。

　　而远在蜀中的唐玄宗则下令将仍属唐朝控制范围内的几个地区交到了自己的几个儿子手中。在皇帝无力控制全局的情况下，给予诸王化整为零、各自为战的自由，以期激起诸王的战意。此外，唐玄宗也希望能够通过这个策略，加上大家的忠心来维持皇朝的稳定。然而唐肃宗登基之后，这些各自拥兵出战，不听唐肃宗指挥的诸王则成为反叛者，遭到了来自官军的打击。

　　至德二年（757年），唐玄宗的另一个儿子、永王李璘根据唐玄宗的圣旨，被派到长江中游地区镇守，这是一个很有利的位置，兵多将广、粮草充足，李璘自信满满地认为，只要自己在这个鱼米之乡、天险之地起兵，就有可能取代私自登基称帝的太子李亨，继而领导大唐中兴。

　　李璘在反叛之后，迅速顺江而下夺取富饶的长江下游地区，企图通过这个举动，稳固后方，继而夺取天下。只可惜，李璘出师未捷身先死，他的大军刚刚与唐勤王军交锋，便败下阵来，李璘被俘虏后遭杀害。

　　就在叛军大肆扩张，李唐王朝内部不稳的危殆情势下，一个收复两京的机遇悄然到来。原来安禄山称帝之后，便常常居住在深宫之中，很少见将军和大臣的面，所有政事大多通过他的心腹大臣、中书侍郎严庄上奏。而安禄山最宠爱的妃子是段夫人，爱屋及乌，她的儿子安庆恩便成为他心目中太子的不二人选。安禄山的次子安庆绪听到了这个消息，心中惶恐不已。

　　严庄素来富有远见，又极其接近权力中心，很敏锐地嗅到了这洛阳城内将会有大事发生的信号。一旦发生变乱，则自己很可能遭受不利，遂在私下面见了安庆绪。严庄对安庆绪神秘兮兮地说："事有不得已者，时不可失。"请他在关键时刻大义灭亲。长期以来，安庆绪便用心观察何人可用，渐渐将严庄收为己用。对于严庄的提议，安庆绪表示赞同，并且让严庄为自己想想办法。

严庄又找到安禄山的贴身宦官李猪儿，安禄山自从起兵以来，身体情况十分不妙，性格也变得十分暴躁，时常随意责打甚至杀死身边伺候的仆人，弄得人心惶惶。甚至连严庄这样受到倚重的大臣有时候也免不了挨安禄山的打，李猪儿因为贴身伺候安禄山，因此挨打最多。现在严庄要筹划杀死安禄山，很自然地就找上了既有机会接近安禄山，又对安禄山怀有怨恨的李猪儿。严庄对李猪儿说："汝前后受挞，宁有数乎！不行大事，死无日矣！"李猪儿一想，如果不杀了安禄山，自己早晚有一天会被打死，还不如趁此机会先下手为强，于是便爽快地答应了。

至德二年（757年）正月初一，安禄山召集了群臣，准备商议对抗勤王军的事情，只是刚刚上朝，便感到身体不适，只能草草说了一些军事战略布置，就散朝了。

入夜以后，安庆绪便和严庄一起手持兵器在安禄山的大帐外面把守，李猪儿拿着一把刀溜进帐中，狠狠地砍向了安禄山的腹部。安禄山顿感一阵刺痛，赶快去摸自己一向放在枕头旁边的宝刀，然而竟然摸了个空，知道必然是早已被人偷偷挪走了，于是大怒地摇晃着帐篷的支柱大喝："必家贼也。"然而如何愤怒也无济于事了，安禄山帐外的卫士早就被安庆绪的人控制了，他的最后一声呼救渐渐淹没在夜色之中。

安庆绪在杀死父亲之后，草草地将尸体就地埋在了床下，然后秘不发丧。之后才由严庄出面宣布安禄山已死，遗诏立晋王安庆绪为太子，并且立刻登基，然后才为安禄山发丧。由于安庆绪生性怯懦，又没有什么才能，严庄唯恐他不能服众，因此让他像安禄山一样住在深宫之中不见大臣。安庆绪乐得每日寻欢作乐，将一众朝廷大事全部交给严庄处置，并加封他为御史大夫、冯翊王，还厚赏了他的亲信以取悦严庄。

安庆绪和严庄在稳定洛阳之后，并没有进一步采取措施，对于长安也无心经营，似乎渐生懒惰。安庆绪开始将政治中心放在自己幽州的老巢，甚至开始觉得，洛阳也不再适合他当作一个帝国的权力中心。而另外，洛阳虽然暂时稳定了下来，却忽视了远在河北的巨大威胁。尤其是史思明，实力强劲，并不服从安庆绪的管制，他一直盯着洛阳的最高位置。

在这种情况下，唐军收复长安和洛阳的时机宣告成熟。至德二年（757年）八月，唐肃宗感到自己兵少将少，实力弱小，遂召集李光弼和郭子仪来和自己会合。二人带着五万多人马经过千里跋涉，终于到达了皇帝的行宫所在。顿时，灵武地区军威大振，人民心中也开始燃起了希望，平定叛乱、复兴大唐也就不再是一句空话。唐肃宗很快任命郭子仪为兵部尚书、同中书门下平章事，同时还兼任灵州大都督府长史、朔方军节度使。

宰相房琯率先请求带领军队一万人马，去收复京都。见房琯主动请缨，唐肃宗很欣慰地同意了。只可惜，房琯虽然忠心可嘉，却无甚谋略，当房琯的军队开到了陈涛之时，还没有明白过来怎么回事，便中了伏击，被贼军打得大败亏输，所带的一万人马损失殆尽。攻取长安的大计也就暂时告一段落，此时，唐肃宗只能全力仰仗郭子仪和李光弼所带来的大军了。

此时郭子仪认为承平日久、武备蒙尘，导致大唐没有足够战斗力强悍的军队，只能仓促召集一群乌合之众来抵御叛军是战争初期屡战屡败、丧失大片土地的重要原因。因此如果要收复两京，空有几位有勇有谋的大将并不够，必须有一支精锐的军队才行，于是便向唐肃宗建议向军事力量比较强的回纥借兵，唐肃宗答应了。

不久，回纥的怀仁可汗就派他的儿子叶护和将军帝德等人率领四千精兵来到凤翔，与唐肃宗谈判借兵事宜。求胜心切的唐肃宗对回纥使者许以重利："克城之日，土地、士庶归唐，金帛、女子皆归回纥。"回纥见自己能够获取如此大的好处，便答应了借兵之事。

九月十二日，天下兵马元帅、广平王李俶率领着战斗经验丰富的朔方等镇军队和从回纥、西域借来的精兵共十五万，从凤翔出发，向长安挺进。为了拉拢回纥方面，广平王李俶还与叶护结为兄弟，回纥军队到了扶风郡，郭子仪还大宴三天以为招待。看到唐朝方面如此有诚意，叶护高兴地说："国家有急，远来相助，何以食为！"

九月二十七日，各路大军在长安城西郊会合，列阵于香积寺北澧水之东，郭子仪率大军居中，李嗣业部、王思礼部分别为前军和后军，而叛军方面也在北边布置了十万大军。交战之初，官军被叛军冲了阵脚，略有落败的迹象，前军大将李嗣业一看不好，立刻脱掉上衣，手执长刀，立于阵前大喝一声："今日不以身饵贼，军无孑遗矣！"由于李嗣业过于神勇，以一人之力竟然砍杀了数十敌军，叛军士兵被吓呆了，于是官军得以喘息，稍稍站住了阵脚。

正在李嗣业身先士卒，率领部下排成人墙、高居长刀缓缓前进，杀得敌军望风披靡之时，叛军埋伏在东侧的精锐骑兵突然偷袭官军的后方。在此危急时刻，朔方左厢兵马使仆固怀恩率领回纥骑兵迎面而上，将偷袭的叛军杀了个片甲不留。就这样，官军与叛军交战近八个小时，斩首六万级，坠入壕沟而死者无数。残余的叛军终于支持不住，败退入城中。

见此情状，官军在城外扎下营来。第二天，叛军守将安守忠、李归仁、张通儒、田乾真等全部弃城而逃。官军避免了残酷的巷战带来的无谓损失，兵不血刃地进入了长安城。

回纥王子叶护见收复了长安城，便提出要按照事先的约定抢掠长安，广平王李俶当然不能任由自己的胜利果实被回纥破坏，更担心一旦放任回纥军队抢掠百姓，消息传到洛阳，那么必然激起洛阳百姓的守城之心，洛阳也就再难攻克了。于是李俶一咬牙，跪在叶护的马前乞求道："今始得西京，若遽俘掠，则东京之人皆为贼固守，不可复取矣，愿至东京乃如约。"

叶护见状大惊，他一向称呼李俶为大哥，十分尊重，怎么能让大哥跪拜自己呢？于是立刻跳下马来回礼说："当为殿下径往东京！"然后率领部下退出长安城，在浐水之东扎营。李俶此举为自己赚取了大把人心，长安的百姓、士兵们都感激地说："广平王真华夷之主！"连唐肃宗听说之后也感慨说："朕不及也！"李俶在长安整军三日，然后将太子少傅虢王巨任命为西京留守，自己带领大军向东而去，准备收复洛阳。

逃走的长安守将张通儒等人收拾残部逃到陕郡固守，同时安庆绪又派御史大夫严庄率领洛阳军队前来支援，两处合军大约有步兵、骑兵约十五万人。郭子仪部在新店与叛军遭遇，一开始被叛军打得很狼狈，幸好回纥骑兵及时赶到，偷袭了叛军的后方。叛军听到响亮的弓箭声，惊恐地大呼："回纥至矣！"听见的叛军闻风丧胆，顿时溃不成军。官军趁此机会与回纥军队两面夹击，将叛军打得大败。

在新店战败的叛军已经是洛阳城附近所有的军队了，失去了这些部队，洛阳城几乎就成了不设防的城市。于是严庄连夜逃回洛阳报告新店大败的消息，安庆绪大惊失色，只得趁官军没来带人逃出了洛阳，顺便还将之前俘虏的唐朝大将哥舒翰、程千里等三十余人统统杀光，然后向河北逃去。

十月十八日，广平王李俶率军进入洛阳。这次他再也没有理由阻止回纥兵的抢掠了，洛阳的百姓挨家挨户搜集了罗锦万匹献给回纥兵，回纥兵这才心满意足地收刀。

作为唐朝的两京，长安和洛阳的收复极大地鼓舞了大唐军民的士气，在战火流离中挣扎了两年多的百姓终于看到了安定的曙光，大唐王朝也看到了重新统一天下的希望。

归义王不义

安庆绪称帝之前，史思明便开始私自收拾在河北地区的叛军残部。安庆绪坐上了帝位，对史思明产生了不满，欲要杀之而后快。史思明也渐渐生出了不服安庆绪管制的情绪。尤其是在太原围攻李光弼遭遇惨败之后，史思明便返回了范阳。为了暂时稳住史思明，安庆绪封之为妫川王，兼范阳节度使。

范阳是什么地方？那可是安禄山的老巢，是安氏家族起家的地方。从洛阳和长安掠夺到的金银珠宝，都被安禄山运到了这里储藏。史思明顺势接收了那些富可敌国、堆积如山的财富，面对这样的飞来横财，加上安庆绪的无所作为和威望不足，让史思明渐生叛离之心，一心想着能够将范阳据为己有。

唐军占领东都后，安庆绪便逃到了邺郡，将邺郡改为安成府，并将年号改为天成。此时安庆绪可谓狼狈之极，身边只有骑兵不到三百，步军不到一千，各位大将如阿史那承庆等人也都风流云散，流落到常山、赵郡、范阳等地。为了能够东山再起，安庆绪开始在邺郡招兵买马，召集旧部。田承嗣、蔡希德、武令珣等安禄山的老将都先后率领所部来投奔于他，又在河北诸郡招募军队，很快安庆绪手下军队就达到了六万人马之众，遭到严重打击的士气重新高昂起来。

然而，在所有的大将中，唯独史思明没有派兵前来，甚至连一个使者都没有来，这不得不让安庆绪怀疑史思明心怀二志。安庆绪越想越不放心，遂派遣自己的心腹阿史那承庆、安守忠带五千精骑到范阳去征兵。当然，名义上是征兵，实际上是要探查范阳的情况，找准时机发动突然袭击，除掉史思明。

史思明一听到这个消息，立马便看出来这定然是安庆绪的阴谋诡计，于是便找来心腹商议对策。

史思明思量再三，觉得一方面安庆绪对自己已经起了杀心，自己已经不能继续留在安氏政权下了；另一方面，唐王朝已经收复了两京，明眼人都看得出整体局势开始倾向于唐朝一边，安氏的灭亡已经是指日可待之事了。趁着如今局势尚未完全明朗，如果带领手下归顺朝廷，朝廷为了收取人心，吸引叛军将领投诚，一定会对自己十分礼遇，这也许是眼下最好的办法。因此，史思明决定先下手为强，与其让敌人前来，逼到自己处于被动地位，不如先动手，给敌人来一个措手不及。

于是，史思明在营帐之内布满甲士，设下埋伏，然后亲自率领了数万兵马前去迎接阿史那承庆和安守忠。双方一见面，史思明立即下马行礼，并热情地寒暄，这让几位使者都有些不忍心对付史思明了，他们觉得，对安庆绪的使者都如此恭敬，史思明又怎么会有反叛之意呢？然后史思明又客气地请求："相公及王远至，将士不胜其喜，然边兵怯懦，惧相公之众，不敢进，愿弛弓以安之。"阿史那承庆和安守忠对史思明戒心已除，便欣然同意，命令部下放下弓箭。

　　到了营帐以后，史思明亲自引导阿史那承庆和安守忠进入内厅饮宴，还有舞乐歌姬为之助兴。弄得阿史那承庆如同身处仙宫，待得酒兴正酣之时，史思明悄悄派人收缴了二人部下的兵器，然后发给粮食就地遣散，有愿意留在史思明军中的都给予厚赐，然后分到各个营房里去任职。

　　第二天，史思明派人将宿醉未醒的阿史那承庆和安守忠囚禁了起来，然后派部将窦子昂带着自己写的表章和窦子昂统领的十三郡以及八万兵马前去京师请降，史思明部下的河东节度使高秀岩也带着自己的军队准备投降。窦子昂一行人到达长安之后，唐肃宗很高兴地召见了他们，并且当即下旨封史思明为归义王、范阳节度使，他的七个儿子也被授予了很高的官职。然后唐肃宗又派遣宦官李思敬与史思明的部下乌承恩一起到范阳去宣旨，命令史思明率军去讨伐安庆绪。

　　为了表示自己对朝廷的忠心，史思明在得到册封之后，将安庆绪派来的使者安守忠当众斩杀，却留下了阿史那承庆，因为他早年和史思明有着深厚的交情，史思明不忍心杀他。带着朝廷招降叛将的圣旨，史思明又开始四处游说，几个州郡的人马都相继归降了唐朝。而乌承恩则在前往范阳的一路上不停地宣布朝廷诏令，招降了沧州、瀛州、德州等州郡，这样一来河北地区就只剩下了邺郡还在安庆绪的手中。

明眼人都知道，史思明所做的这一切，不过为了增强自己的威望，同时也取信于唐朝。在史思明的内心深处，对于天下怀有必得之野心。显然，史思明成功地取得了皇帝的信任。

不过并不是所有人都被史思明恭顺的假象所欺骗，例如，宰相张镐就对唐肃宗说："思明凶险，因乱窃位，力强则众附，势夺则人离，彼虽人面，心如野兽，难以德怀，愿勿假以威权。"但是由于唐肃宗太过相信史思明，加上派去范阳勘察情况的宦官也在唐肃宗面前极力为史思明说好话，所以唐肃宗反而将张镐贬为荆州防御使。与张镐一样，平叛名将李光弼也不相信史思明，不过作为久经战阵又有军权的将军，李光弼的做法比张镐更加实际。

乌承恩的父亲乌知义曾经是史思明的老上级，而且对史思明很好。安史之乱爆发后，时任信都太守的乌承恩又带领全郡投降了史思明，看在老上级的面上，史思明对待乌承恩十分亲近信任。当初史思明投降唐朝，也听取了乌承恩的意见，如此机密要事，乌承恩都能够与闻，可见史思明对他的信任。

李光弼知道史思明久后必反，因此早早地布置计划对付史思明，他说服唐肃宗将乌承恩由信都太守升任范阳节度副使，并且向他承诺干掉史思明之后可以让其取而代之，以此将乌承恩收买过来，暗地里指使他设计史思明。另外，唐肃宗又在李光弼的建议下赐给留在史思明身边的阿史那承庆铁券，命他与乌承恩一起对付史思明。

之前乌承恩背着史思明做了一些手脚，史思明知道之后虽然产生了怀疑，但是并没有派人查清。后来乌承恩离开京城，与李思敬一起回到范阳宣读唐肃宗封赏史思明的圣旨，史思明便将乌承恩留在自己家中过夜，趁此机会埋伏了两个人在乌承恩的床下窃听。安顿好一切，史思明派人请来乌承恩的儿子来拜见父亲，到了夜深人静之时，乌承恩对儿子说："吾受命除此逆胡，当以吾为节度使。"

听到此话，在床下等待多时的二人大声呼喝着跳了出来，于是史思明命人绑了乌承恩，从他的行囊中搜出了铁券和李光弼的信，信上写着："承庆事成则付铁券；不然，不可付也。"又搜出了数百页的花名册，上面全是忠于史思明的将士名字。史思明看到这些证据，愤怒地咆哮："我何负于汝而为此！"

让人大跌眼镜的是，这个乌承恩虽然野心勃勃，却是个胆小怕事之人，见到史思明和众将领怒发冲冠的样子，顿时吓得"扑通"一声跪了下来，同时把责任完全推给了李光弼。于是史思明高声大呼："臣以十三万众降朝廷，何负陛下，而欲杀臣！"

大怒的史思明将乌承恩及其儿子、随从及相关人等两百多人全部杀死。然后囚禁了唐肃宗派来的宦官李思敬，并且上表质问唐肃宗。唐肃宗无奈只得派人劝慰史思明，并且将一切责任全部推到了死无对证的乌承恩头上："此非朝廷与光弼之意，皆承恩所为，杀之甚善。"史思明表面上接受了朝廷的解释，但是已经下定决心要重新反叛，史思明的这种心态在官军讨伐安庆绪的过程中表露无遗。

史思明的率众投诚，使唐肃宗认为彻底消灭安庆绪的时机已经到来了。乾元元年（758 年），唐肃宗颁下了讨伐安庆绪的总动员令，命令朔方郭子仪，淮西鲁炅，兴平李奂，滑濮许叔冀，镇西、北庭李嗣业，郑蔡季广琛，河南崔光远等七镇节度使和平卢兵马使董秦统率步兵、骑兵共二十万大军征讨安庆绪；又命河东李光弼，关内、泽潞王思礼两位节度使各率本部兵马从旁援助。由于郭子仪和李光弼资历相当，立下的功勋也差不多，如果任命其中一人为元帅，另一人一定不会心服，因此唐肃宗干脆就没有设元帅。只是派他信任的宦官鱼朝恩前去监军，不过由于宦官监军实在恶名卓著，因此改称观军容宣慰处置使。

十月，郭子仪渡过黄河，进围卫州，眼见卫州局势危殆，安庆绪将邺郡中全部的七万军队分成三军，由当年攻破潼关的大将率领上军，安庆绪自己率领中军，田承嗣率领下军，浩浩荡荡地驰援卫州。结果在与郭子仪会战之时，中了郭子仪的诱敌深入之计，落得大败而归，弟弟安庆和也被俘处死。丢了卫州的安庆绪只能逃回邺郡，郭子仪一路追击而至，此时许叔冀、董秦、王思礼及河东兵马使薛兼训也带领兵马及时赶到。安庆绪被迫在愁思冈与官军一战，结果再次战败，损失了三万余兵将。

安庆绪只得逃回城中固守不出，郭子仪便率军围城，此时李光弼的大军也赶到邺郡城下。安庆绪见官军越聚越多，情急之下不得不派人向史思明求救，并且不计代价地承诺，只要史思明肯来救援，安庆绪就把皇位让给他。史思明此时既不相信安庆绪，也不再相信朝廷，于是率领十三万大军出征，但是并不急于前进，只是先派手下部将李归仁率领一万人驻扎在邺郡观察时局，随时准备趁火打劫，从中渔利。不久之后，果然被史思明占到了便宜。

十一月，河南节度使崔光远攻下了魏州，史思明一见魏州城刚刚经历大战，城墙等防御设施损毁严重，而崔光远刚刚进城立足未稳，还没来得及修补城墙，正是进攻的大好机会。于是史思明便亲率大军兵临城下，崔光远派部下将军李处崟出战，结果李处崟不敌史思明的大军败退而还。

史思明追到城下命令军队大声呼喊："处崟召我来，何为不出！"

崔光远竟然相信了史思明的离间计，轻易地处死了李处崟。李处崟一向骁勇善战，是崔光远帐下最得力的一名干将，见李处崟这样死于敌人的离间计之下，崔光远的部队顿时失去了斗志。于是崔光远再也无力守住魏州，只得弃城逃入汴州。

得到了魏州的史思明欣喜异常，便在第二年的正月初一筑坛于魏州城北，自称大圣燕王，重新举起了反唐的大旗。李光弼认为："思明得魏州而按兵不进，此欲使我懈惰，而以精锐掩吾不备也。"于是想要与郭子仪的朔方军一起进逼魏州，史思明一定不敢轻易出战，只要将史思明的部队拖在魏州，被官军团团围困的邺郡等不到援军就一定会很快被攻克。只要安庆绪一死，史思明背上背信弃义，不及时救援的恶名，也就没有托词来收用安庆绪的部下了。

这本来是一个一箭双雕的好计，谁知唐肃宗派来的观军容宣慰处置使鱼朝恩就是不同意，也许是为了显示他的权威，也许是为了显示他的军事才能比李光弼更高，也许是其他荒唐的理由，总之鱼朝恩就是不允许李光弼依计行事。由于鱼朝恩是唐肃宗的心腹之人，又有高仙芝、封常清的前车之鉴，李光弼和郭子仪两员大将谁也不敢得罪鱼朝恩，这个将安庆绪、史思明两方势力毕其功于一役的妙计就这样搁浅了。

在鱼朝恩这样的无能而又霸道的宦官的带领下，九镇节度使虽然实力强大，却无法施力。同时史思明又亲率大军驰援邺郡，在他的强大攻势下，官军只能节节败退，多亏郭子仪当机立断截断了河阳桥才好不容易地保住了东都洛阳，连东京留守崔圆与河南尹苏震都逃走了。唐肃宗闻讯，心中痛悔不已，知道是自己用人不当。所以当九镇节度使前来请罪之时，唐肃宗并没有追究他们，即使是临阵逃脱之人，也不过是贬官削爵而已。

打败了围攻邺郡的官军，安庆绪日夜不安的心终于放了下来，于是就反悔不愿意依照前约将自己的皇位让给史思明了。史思明便使了个计策将安庆绪骗入自己的营帐，并且斥责他："弃失两都，亦何足言。尔为人子，杀父夺其位，天地所不容！吾为太上皇讨贼，岂受尔佞媚乎！"然后将安庆绪和他的四个弟弟以及高尚、孙孝哲、崔乾祐等人统统处死。

安庆绪稀里糊涂地便丢了脑袋，邺郡的守军一下子群龙无首，史思明很容易地带军进入了城中。然后史思明下令将安庆绪的军队收为己用，并打开府库大肆奖赏将士们，安庆绪之前所掌控的州、县及其军队全部归入史思明手中。

史思明稳定了邺郡之后，担心自己的后方不稳固，便留下他的儿子史朝义留守，自己带领大军回归范阳。回到范阳之后，史思明宣布继承安禄山的国号大燕，自称大燕皇帝，改元顺天，改称范阳为燕京，立妻子辛氏为皇后，儿子史朝义为怀王，又任命了周挚为宰相、李归仁为将军。

大唐官军与安庆绪大战一场，损失人力、物力无数，结果却让史思明渔翁得利，成为最大的受益者，不仅杀死了安庆绪，还收用了安禄山所留下的大部分势力。

史朝义夺权

继承了安禄山遗留下来的力量，史思明的势力一时间迅速膨胀，足以与大唐朝廷分庭抗礼，并且在之后的三年中始终保持着优势。史思明的叛军积极进攻，而唐朝官军被迫防御，甚至屡立战功的天下兵马副元帅郭子仪也因受到宦官鱼朝恩的排挤而去职。史思明雄心不已，意图"夺回"长安和洛阳，开辟比安禄山更恢宏的局面，然而却没有料到，他不仅拥有了安禄山留下的一切，也步上了安禄山的后尘。

与安禄山相似，史思明晚年也多疑残忍，动辄杀人甚至灭九族，致使身边的大臣、随从人人自危。同时他又犯了另外一个与安禄山相似的错误，史思明的长子史朝义为人谦和恭谨，而且多年来一直跟随史思明南征北战，又非常爱护士兵，因此在军中威望很高。然而史思明却不喜欢这个大儿子，反而十分宠爱他的小儿子史朝清，总想杀了史朝义，将小儿子立为太子。于是史朝义和他身边的将领们都惶恐不安，唯恐哪一天就会大祸临头。

有一次，史朝义随史思明在外征战，晚上史思明住在鹿桥驿，由他的心腹曹将军带兵守卫，而史朝义和部下住在客栈里，他的部将骆悦、蔡文景趁机对史朝义说："悦等与王，死无日矣！自古有废立，请召曹将军谋之。"于是史朝义便派人将曹将军请来商议大事，曹将军见大部分将领都十分怨恨史思明，于是不敢拒绝，唯恐会惹祸上身。

当夜，骆悦等人带领史朝义部下三百士兵来到鹿桥驿，卫兵们看到负责护卫史思明的曹将军也在其中，便没有阻拦。骆悦带领众人冲入驿馆，史思明正在如厕，还没反应过来发生了什么事，身边已有数人被杀。见此惨状史思明回过神来，赶快跳墙跑到马厩里，准备骑马逃脱，这时一支冷箭飞来，正中史思明手臂，史思明当即痛得掉下马来，就此被擒。

由于担心史思明一日不死，史朝义的地位就一日不安稳。于是骆悦做主缢杀了史思明，用毛毡裹了放在骆驼背上运回洛阳。史思明死后，史朝义登基为帝，改元显圣。为了斩草除根、解决后患，史朝义派人秘密到范阳传令散骑常侍张通儒等人，将史朝清及其母亲辛皇后和数十名不服从自己的人全部处死。这一行为在范阳城中引起了轩然大波，各方势力互相攻击，死者超过数千人，乱局过了几个月才慢慢平定。

然而史朝义的号召力显然不及安庆绪，经过反复的拉锯战，洛阳周边的州县几乎成了废墟，很难再招募到军队或筹集到军粮。而镇守其他地方的将军大多是安禄山的旧部，与史思明平辈论交，都是史朝义的长辈，谁也不愿意听这么一个毛头小子指挥。因此，史朝义多次召集部将，却没有几个人肯来他麾下听用。

眼下要向唐军发动新的攻势已经是不可能的事情，曾经高涨的胜利决心已经在尔虞我诈的内部斗争中严重动摇。昔日安庆绪在诛杀了安禄山之后，很快就被史思明解决掉了。弑父夺权，不管是外部还是内部都离心离德，可想而知这场叛乱已经没有了胜利的希望。

不过，此刻的叛军刚刚大胜，实力上还是不容小觑的，而且史朝义也感到头顶上悬着一把利刃，所以异常努力地维持战果。只可惜人心所向才是大势所趋，叛军的高层军事将领不满史朝义陷害功臣、杀父弑君的举动，如同除掉安庆绪一般，准备除掉史朝义。

宝应元年（762年）三月，唐肃宗去世。太子李豫也就是原先的广平王李俶继承皇位，即唐代宗。

太舒服了就会不太舒服

自安史之乱爆发后，朝廷抽调了很多在陇右、河西、朔方边镇的军队来勤王平叛，以致出现边境空虚的情况。虽然安史之乱已经结束，但是要重新整顿边防并非一朝一夕之事。唐代宗继位后，让一个刺客刺杀了飞扬跋扈的李辅国。李辅国死后，朝政大权并没有落入唐代宗的手中，把持朝政的是宦官程元振。当程元振夺取帝国最高权力的计划准备推进之时，吐蕃危机的爆发，顿时打乱了程元振的计划。

广德元年（763年）九月，吐蕃大军向长安开进，边关告急，眼看着就要威胁到京师长安。收到消息的程元振竟然将消息封锁，一直到吐蕃和党项联军占领关中西部的武功、乾县一带，继而又占领了泾州之时，唐代宗依然被蒙在鼓里，对边关战事一无所知。

吐蕃军队一路上势如破竹，十月就到达了渭水便桥，直接威胁长安。惊慌之下，唐代宗只能向各镇节度使发出诏令，让他们调兵勤王。只可惜，此时的唐代宗人心尽丧，各镇节度使无不对程元振恨之入骨，是故当吐蕃大举攻向长安之时，节度使们乐得隔岸观火、坐看成败，竟无一支兵马前来勤王。最终，唐代宗只能仓皇逃到了陕郡，长安遭受乱军洗劫，上至来不及逃走的官员，下到平民百姓，无不任乱军蹂躏，被搞得家破人亡，哭嚎声震天。

太常博士、翰林待诏柳伉闻讯，遂向唐代宗上书，请求他杀了程元振以谢天下。

柳伉大胆地指出，由于程元振的擅权，已经将唐代宗推入了众叛亲离、危如累卵的境地，如若不斩程元振则难平天下人之怒，那么社稷危矣，唐代宗自己也危矣。但是程元振一直被唐代宗引为心腹，对于唐代宗而言，程元振还有拥立的功劳。

所以唐代宗并没有杀程元振，仅仅罢了程元振的官职，将他贬为庶民。吐蕃军队进入长安之后，准备建立一个由吐蕃支配的傀儡政权，并且将唐宗室广武王李承宏立为他们的傀儡皇帝，有了这些助纣为虐的帮凶，长安百姓更加水深火热。

仓促间，唐代宗只能起用老将郭子仪为副元帅，负责全权指挥对吐蕃的战争，同时让雍王李适为挂名元帅。在郭子仪的英明领导下，唐军积极有力地向吐蕃发起反击，同时还定下妙计，让长孙全绪率二百精锐骑兵出陕西蓝田，夜晚多多燃起篝火，而白天则大肆擂鼓并竖起旗帜，故作疑兵以迷惑敌人。吐蕃本就不相信这么容易便攻取了长安，此刻更是草木皆兵。同时，吐蕃军士开始不适应长安的气候，许多人生了病。不久，长安城中更传开消息，说郭子仪的大军转瞬及至。惊慌失措的吐蕃军队带着无数洗劫而来的财富，就此撤出了长安。长安在吐蕃手中十五天，终于再次回到了唐军的手中。

这是郭子仪第二次收复长安，在安史之乱之时，也是他一手将东都洛阳、京师长安收回。只是后来郭子仪遭到了唐代宗的猜忌，才被罢官，此番被重新起用，再次证明了自己老当益壮。当郭子仪回到长安，唐代宗惭愧地对他说："用卿不早，故及于此。"

广德二年（764年）十一月，得知唐代宗返回京师的消息，回到家乡的程元振认为自己东山再起的机会来了，便打算重回京师，以图重见皇帝。为了避人耳目，他不惜穿上妇人的衣服，男扮女装偷偷回到京师。然而可能是程元振的易容术实在不精，刚刚进入长安他就被京兆尹抓了个正着，并将此事上奏给了皇帝。唐代宗知道此事之后本想不了了之，并不想真的将程元振治罪，幸好被当时的御史发现而弹劾，陈述了其中的利害之处。唐代宗只能下令，将程元振流放溱州，到了江陵（今湖北江陵），程元振便一病不起。

程元振的死并不是宦官专权的终点，而只是另一名宦官专权的起点。

鱼朝恩本是泸州泸川（今重庆泸州）人，于唐玄宗时入宫。后来他又跟随太子李亨，因为拥立有功，得到了宠信。此时，鱼朝恩刚刚进入内侍省，初为品官，在得到了唐肃宗的宠信后，派为李光进的监军。虽然遭遇大败，但因为得到了皇帝的信任，不仅没有受到惩罚，反而还被任命为三宫检责使，左监门卫将军知内侍省事。

乾元元年（758 年），安庆绪遭遇李光弼和郭子仪大军的猛烈攻击，在相州一带被围困，史思明遂从范阳前来相救，由于鱼朝恩的胡乱干涉，诸军行动紊乱，结果交战失利。为了拱卫东都洛阳，唐肃宗遂让郭子仪在洛阳留守，并且任命他为东都畿、山南东道、河南诸道行营元帅。在郭子仪的努力下，叛军前进的步伐终于停住。

郭子仪立下如此大功，不仅没有得到奖赏，反而遭到了鱼朝恩这个卑鄙小人的嫉恨，将相州兵败的责任悉数推给了郭子仪。如此无稽之谈，唐肃宗竟然也听了进去。郭子仪被调到了长安掌控，并且被解除了一切职务。

然而郭子仪的失势并没有使鱼朝恩感到满意，似乎他一定要将郭子仪置于死地才能安心。于是当吐蕃进犯，郭子仪在外御敌时，鱼朝恩为了找借口陷害郭子仪，完全不顾国家危亡，竟然派人挖了郭子仪的祖坟，试图以此来激怒郭子仪做出过激行为，这样鱼朝恩就可以找到把柄将郭子仪治罪。

好在郭子仪深明大义，不肯为了这个奸诈小人将自己的性命和国家安全置于险地。于是当他回到京师时，虽然从皇帝到朝臣都十分担心他一怒之下挥师攻打长安，但是郭子仪既向唐代宗强调了自己的损失，又委婉地提醒唐代宗自己为大唐立下的功勋，四两拨千斤地化解了鱼朝恩对自己的陷害。

广德元年，仆固怀恩遭到宦官陷害，为求自保，与吐蕃、回纥等军队联合，向长安浩浩荡荡地杀来。唐代宗只能仓皇逃到陕郡，鱼朝恩却因为保驾有功，被封为天下观军容宣慰处置使，并统率京师神策军，成为京师防卫的掌权人物。

取得了京师警备大权之后，鱼朝恩加紧讨好皇帝，不久便加封了国子监事，兼鸿胪、礼宾等使，朝廷大权也落入了他的掌中。从此，他便大肆干涉朝政，连皇帝都不放在眼里，为了个人私欲，不断鲸吞国家财产，搜刮民脂民膏，置狱北军，人称地牢，陷害忠臣良将，惹得百姓群臣敢怒而不敢言。

后来鱼朝恩还擅自勾结同华节度使周智光，控制禁军的宦官与控制军队的藩镇节度使相互勾结、互为内应，使唐代宗感受到了极大的威胁。鱼朝恩的专横跋扈逐渐引起了唐代宗的不满，于是便与宰相元载密谋伺机除掉这个国家的祸害。

大历五年（770 年）三月初十，唐代宗在宫中设宴，大宴群臣百官。鱼朝恩赴宴，被唐代宗捕杀。为了掩人耳目，唐代宗命人假称鱼朝恩是自缢而死，并赐钱予以厚葬。

搬起石头砸自己的脚

大历十四年（779 年）五月，唐代宗李豫因病驾崩于长安宫中。皇太子李适遵遗旨在父亲的灵前继位，次年改元建中，即唐德宗。

刚刚继位的唐德宗在服丧期间就迎来了一次"考验"，也正是因为这次的事件使他收获了他在位期间内的第一位新宰相——崔祐甫。这件事的起因是，唐代宗在遗诏中有"天下吏人，三日释服"的要求，意思是说臣子们在他驾崩之后，为了不耽误国家大事的处理，只需为他服丧三日即可。但宰相常衮认为臣子们为表对先帝仁爱的感激，也应该像皇子们一样服丧二十七天。不仅如此，他还以身作则，在灵前不时放声大哭，让其他人都进退两难，不知如何是好。

不管是出于什么原因，常衮如此怀念和尊敬唐代宗本是无可厚非的，但如果所有的大臣都像他一样，未免会影响国事的处理，更何况他的这些做法在别人眼中未免有些矫情和做作。为了这件事，当时的中书舍人崔祐甫就和他发生了争执，于是举朝上下就臣下们的"丧服期限"展开了讨论。

朝会上，常衮坚持自己的看法，他认为当初汉文帝将臣子服丧三年的古制改为三十六日，那是为了从权变通。虽然从本朝开始，臣下只需为君主服丧二十七天。当年唐玄宗、唐肃宗也在遗诏中说臣下"三日释服"，但当时的臣子们也是二十七天之后才除去丧服。正因如此，代宗朝的臣子们也应照例为先帝服丧二十七日。

虽然常衮振振有词，但崔祐甫也有自己的看法，他认为先帝在遗诏中说，"天下吏人，三日释服"，因此应该尊崇先帝的遗志，三天之后除服。常衮和崔祐甫二人一人出于"情"，一人出于"礼"，双方你来我往，闹得不可开交。常衮见崔祐甫态度强硬，丝毫没有退让之意，便率先将这件事告知了唐德宗，他说崔祐甫轻易改变礼法，有悖为臣之道，希望唐德宗下旨把他贬为潮州刺史。唐德宗听了常衮的奏报后非常震惊，但崔祐甫所说也是为国事考虑，不无道理。

那么身为一朝宰相的常衮为什么偏偏和一个小小的中书舍人过不去呢？原来他二人早在代宗朝便有过节。常衮此人虽然刚正，但喜欢擅用职权，虽为宰相，却喜欢斤斤计较。崔祐甫刚任中书舍人的时候，常衮就经常利用宰相的权势来干涉他的工作。

崔祐甫是个不畏权势的人，对于常衮的做法更是不以为然。为了刁难崔祐甫，常衮让他管理吏部选官的事宜，但对于他每次上报的人选，常衮不仅不予赞同还经常斥责崔祐甫，说他选人不当。又有一次，幽州节度使朱泚的手下赵贵的家中发生了一件奇怪的事，"猫鼠同乳而不相为害"。猫和老鼠本来是水火不容的天敌，又怎么会相处甚恰呢？且不管这件事是真是假，朱泚也是深以为罕，便将这件事作为一件祥瑞之事上表了朝廷。

　　闻得出现祥瑞，初为君主的唐代宗自然十分欣喜。常衮见龙心大悦，便率领百官向天子祝贺。此时，崔祐甫又"独树一帜"，他认为"猫鼠同乳"是违反常理的，是不祥之兆，根本不值得庆贺。不仅如此，他还向皇上上书道，"须申命宪司，察听贪吏，诫诸边境，无失儆巡"。崔祐甫的说法得到了唐代宗的认可，这无疑是对常衮的一个巨大的讽刺。因为这件事，常衮对崔祐甫的偏见和恨意越发加深了。

　　常衮和崔祐甫之间的瓜葛唐德宗显然是不知情的，但对于一个刚登基不久的帝王来说，如何处理眼前的这件事可以说是对他的一个"考验"。此事一旦处理不好，不仅会使忠良的臣子受到冤屈，更严重的是会影响君王在臣下们心中的形象。经过多番考虑，唐德宗采取了一个折中的办法，他并没有听取常衮的意见将崔祐甫贬为潮州刺史，而下旨将崔祐甫降职为河南少尹，以此作为他"轻论礼制"的惩罚。

　　常衮的做法本来就有很多人看不过去，只不过是崔祐甫率先站了出来。如今常衮又添油加醋地向皇帝告状，这更是引起了很多大臣的不满。再加之崔祐甫此人为人刚正，在朝中口碑不错，所以降职的诏书一下发，就引起了朝臣们的议论。就在唐德宗左右为难的时候，一封奏疏使这件事情发生了转机。

原来此时朝中虽是常衮主政，但依据唐朝三省共同审理政事的原则，朝中还有两位宰相，那就是德高望重的汾阳王郭子仪和大将军朱泚。这二人虽然不太干预朝政，但遇事时奏章还是需要三人联合署名方能上奏君主。因为当时常衮是在政事堂处理事务，所以都是由他代郭子仪和朱泚署名，但此次弹劾崔祐甫之事，常衮并没有知会郭、朱二人，只是为了意气之争擅作主张。所以贬斥崔祐甫的诏书下发之后，郭子仪和朱泚便联名上书力保崔祐甫无罪。

　　看着郭子仪和朱泚的奏疏，唐德宗一头雾水。他召来二人，问道："卿等早先说崔祐甫有罪，现在又言其无罪，这到底是为什么？"郭、朱二人对皇帝说当初常衮弹劾崔祐甫之事，他二人并不知情。唐德宗听后大怒，如此一来，常衮不仅是欺君罔上、独断专行，而且利用职权之便诬告同僚，罪不可恕。唐德宗大怒之后，局势一时天翻地覆，宰相常衮在众目睽睽之下被贬到潮州，而崔祐甫则被调回长安担任门下侍郎、同平章事，职同宰相。

　　在回京途中的崔祐甫陷入深深的忧虑之中，他本来就是个刚正不屈的人，更不会为了权势取悦主上，一旦入朝为相，以他的性格势必引发很多争端。

　　唐德宗在少年时期经历的苦难使他立志做一个有所作为的君王，而此时他新君登位，信心满满，精力尤其充沛，再加上他对国家政事充满了抱负和激情，正是他大展拳脚的时候。于是在崔祐甫进京之后，唐德宗便很快召见了他，向他询问治国良方。崔祐甫毕竟是两朝的臣子，对于唐代宗时期的种种弊端他更是深有体会。面对唐德宗的询问，他从容地答道："陛下君临天下，首先应该将前朝的旧弊一一革除，只有开创新风才能有治世的指望。"

崔祐甫此言正中唐德宗下怀，便问他对于"革除旧弊，开创新风"有什么具体的计策。崔祐甫答道："皇上首先要做的是广开才路，选拔有才能之人。因为只有人才充裕，国家才能兴旺。前朝常衮为相之时，为了防止天下人贿赂官员的弊病，所以规定非登科第者不得进用，这是因噎废食，因小失大。"

　　唐德宗又问他道："朕近来罢废了梨园和宫廷乐工三百余人，并下旨免除了四方对皇宫的进献，不知天下反应如何呢？"崔祐甫答道："陛下此举可谓是民心大悦，如今朝野内外，俨然是耳目一新。尤其是陛下下旨免除四方贡献一事，臣在入京途中，就听过往行人说过。听说现在河北各藩镇的士兵都感叹陛下是明主出世，不敢再有反意了。"

　　纵观唐德宗的一生，可以说他是一位充满着悲剧色彩的皇帝，他的前半生为了改革而励精图治，唯一的理想便是在自己在位期间内使唐朝恢复以往的盛世气象。这位果敢的皇帝为了实现自己的政治理想采取了很多措施，但不幸的是都收效甚微。

　　"安史之乱"后，唐朝在各方面都积重难返，是当时的社会现实更是历史发展的局限，也是人力不可能轻易变更的。政治上的挫折使得这位曾经雄心壮志的皇帝逐渐变得力不从心，于是他的锐意改革之心也在晚年逐渐消失殆尽。

　　皇太子李诵到了德宗后期便患有严重的疾病，身体状况一直很不好，根本不能承担繁重的政务。据《旧唐书·顺宗本纪》记载，唐德宗在贞元二十年（804 年）患上了中风，后来甚至到了不能说话、不能行走的地步。

　　唐德宗病危的时候，诸位皇子都在父亲身边侍奉汤药，唯独太子李诵因为身体有病不能前来。而唐德宗在临死之前因为想见太子而不得见，涕咽久之。

贞元二十一年（805年），唐德宗驾崩。两天后，皇太子李诵继位，改元永贞，是为唐顺宗。

天黑请闭嘴

唐顺宗李诵也是一个饱受战争之苦的皇帝。正是因为如此，年轻时的他就下定决心做一个圣贤的君主，成就一番大事业，为天下苍生造福。因为李诵宅心仁厚且胸怀大志，所以在他还是太子之时身边就环绕着很多有识之士。这些东宫官员时常和李诵探讨国家大事，是李诵在政治上不可或缺的支柱。而在众多的东宫官员中，尤以王叔文最得李诵的信任，可以称得上东宫集团的核心人物。

出于对朝政和民间疾苦的关心，同时也是为了实现自己心中的政治抱负，德宗时期，大批南方的有识之士跋涉到长安，而王叔文就是其中之一。

王叔文是越州山阴人，因为棋艺精湛而被唐德宗选中，担任东宫待诏一职。王叔文虽然是因棋艺发迹，但其擅长的还有为政之道。自进入东宫的那一天开始，王叔文就忠贞不贰地陪伴在李诵的身边，为李诵出谋划策。李诵的太子之位在唐德宗末年之所以能够保全，主要得益于两个人，一个是宰相李泌，另一个就是王叔文。

众所周知，皇帝和太子之间的关系是十分微妙的，他们虽为父子，但又是君臣。皇帝一方面希望自己的接班人能够在各个方面超越自己，成为让世人敬仰的君主；另一方面又害怕储君功高盖主，借机篡夺皇位。正是因为这微妙的关系和地位，历朝历代的东宫都是个多事之地，在这里不知发生过多少父子、兄弟相残的惨剧。所以不论是东宫的官员还是它的主人皇太子，处事都需万分小心，一不小心就会面临杀身之祸。

唐顺宗李诵二十六年的太子生涯可以粗略地划为两个部分，从他的表现和处事态度来看，之前的李诵在政治上还是较为主动的，遇事也敢于向君主进谏因而得到了韩愈"居储位二十年，天下阴受其赐"的评价。例如，当年唐德宗十分宠信裴延龄和韦渠牟，想任用他们为相，但李诵早就听说这两个人没有什么才华且声誉不佳，所以便找准机会力劝唐德宗。正是因为李诵的努力，裴、韦二人一直没有得到重用。

有一次，唐德宗在鱼藻宫大摆筵席，命宫女们在彩船上戏水游玩，齐唱船歌，又命乐官大奏乐曲，好不热闹。唐德宗十分高兴，兴致勃勃地问一旁的太子："今天宴会如何啊？"李诵没有多言，只是说了一句"好乐无荒"。这句话语出《诗经》，意为劝谏人不要沉湎于享乐。

李诵的所作所为虽然得到众人的称赞，王叔文却颇为担心，如果太子锋芒过露，一定会引起小人的嫉恨。再加上唐德宗到了晚年猜忌心很重，对太子并没有之前那么信任，更有不少人对太子之位虎视眈眈，所以眼下最为要紧的是"韬光养晦"，用低调的态度来保住自己的地位。王叔文虽然想到了这一点，却一直没有找到合适的机会来劝说太子。也是机缘巧合，因为当时宦官们引发的宫市弊政，李诵才明白了王叔文的一片良苦用心。

唐德宗晚年好敛钱财，所以大量地任用宦官。这些宦官打着皇上的旗号贪污腐化，流毒甚广，造成了当时著名的"宫市之弊"。因为宦官们深得皇帝的信任，所以御史和谏官们也是敢怒不敢言。一天，李诵和东宫官员们谈到这件事，可谓群情激奋。

李诵见众人都义愤填膺，但惧怕威势不敢进谏，便有意担起责任，请求唐德宗革除这一弊端。众人见太子如此为国为民着想，纷纷称赞他贤德，只有王叔文一人坐在旁边默默不语。等到众人都散去之后，李诵特意将王叔文留下，询问他刚才为何一言不发。

王叔文对李诵说道："微臣蒙太子信任，自是'知无不言，言无不尽'，请问太子，身为国之储君应当以什么为重呢？"李诵不解其意。王叔文接着说："太子侍奉皇上，关心的应该是皇上的饮食起居，他事又何必过问呢？如今陛下在位已久，倘若有小人从中挑唆，怀疑太子以此来收买人心，您又如何向皇上解释呢？"

听了王叔文的一番话，李诵恍然大悟。因为他在之前就已得罪了宦官，如果这次再出面建议罢废宫市，等于就是公开和宦官宣战了。想到这里，李诵吓出了一身冷汗，他对王叔文说："如果不是先生提醒，我怎么会知道这件事，险些铸成大错啊！"

自此之后，李诵就奉行王叔文所教导的"韬光养晦"之术，在东宫闭门休养，尽量不参与政事，以免给人以把柄。也是因为这件事，李诵对王叔文越发地敬重，将他引为心腹，事无巨细都与他商议。为了报答太子对自己的信任，王叔文为其详细地分析了朝中的势力发展，并建议他继位之后对朝政做出一番改革。

得到了太子的支持后，王叔文便开始了实际行动，确切地说就是为太子网罗人才，为将来做准备。王叔文暗中结交了大批在当时大有前途的人士，并经常向李诵推荐何人可以为相、何人可以为将。不仅如此，他还有意结交了许多军事将领，希望这些人能在关键时刻力保太子。

在王叔文的努力下，李诵身边很快就集结了许多才德兼备之人，陆淳、吕温、李景俭、韩晔、韩泰、陈谏、柳宗元、刘禹锡、韦执谊等人都在其列。这些人多是年轻的文人，平均年龄不超过三十岁，官职不高，所以并不引人注目。他们以"二王"（王叔文和王伾）为核心，经常在一起讨论时政，结成了生死之交，为了共同的政治理想而努力。

　　在东宫集团中，较为有名的除了王叔文和王伾，就要数刘禹锡和柳宗元了。这二人在文坛上颇负盛名，在政治上也是顺宗朝不可忽视的人物。

　　韦执谊是德宗时期的翰林学士，出生于名门望族，自幼就聪敏过人。年纪轻轻的他因为才华横溢深受唐德宗的喜爱。唐德宗喜欢诗歌，韦执谊便常常陪侍左右，与之唱和。韦执谊在德宗朝后期的地位是较高的，作为皇帝的亲信，他可以自由地出入皇宫。一次恰逢唐德宗的寿辰，无论是皇亲国戚还是官僚贵族都要向皇帝进献贺礼，而作为皇太子的李诵当然也不例外。李诵自青年时期就喜好佛学且颇有建树，而这次他进献给父皇的礼物便是一尊佛像。收到佛像的唐德宗很是高兴，马上命韦执谊为之作了一篇赞词。

　　这篇赞词文辞优美，唐德宗于是下旨皇太子赐缣帛给韦执谊表示谢意。按照惯例，接受答谢的韦执谊来到东宫谢恩。韦执谊虽然是唐德宗的宠臣，却和裴延龄、韦渠牟二人不同，很受太子的倚重。趁此机会，李诵郑重其事地对韦执谊说："学士你对王叔文熟悉吗？他的确是个有才之人啊！"而对于韦执谊，王叔文也是耳闻已久，二人相见恨晚，自此之后关系日益密切。

　　除了拥有韦执谊这样的天子近臣，东宫还结交了宫中的宦官李忠言。这些人在李诵最困难的时期陪伴和扶持着他，如果没有他们，在唐德宗病重的那段时间里，身患重病的李诵很可能就与皇位失之交臂。

李诵在贞元二十年（804年）九月患上了严重的风疾，面容扭曲，口不能言。不久之后，唐德宗也因为年老多病而卧床不起。因为两宫都身患重病，不能互通消息，朝中也因此产生了恐慌。就在唐德宗生病的这段时期内，是王叔文陪伴在李诵的身边，为他传递消息。李诵虽然不能说话，但看着师傅的一言一行，对朝中大事的发展也有了大概的了解。后来宦官俱文珍等人见李诵病重，并以此为借口，想立舒王李谊为帝。

唐德宗驾崩后，俱文珍等人秘不发丧，准备谋取李诵的皇位。就在这个关键的时刻，是王伾和宦官李忠言偷地将这个消息告知了王叔文，让他们早做准备。得到消息后的王叔文马上找来了刘禹锡、柳宗元等人商议对策，也是他们想尽办法取得了朝中大臣的支持，最终击败了俱文珍等图谋不轨的宦官，保住了李诵的皇位。

最终，李诵克服了种种困难，拖着病体在太极殿继位。自此，东宫众人的努力终于收到了成效。

唐顺宗登基之后，一场声势浩大的改革即将拉开帷幕，那便是历史上著名的"永贞革新"。

新皇帝，新风尚

唐顺宗的病情并没有因为继位之事的顺利进行而好转，随着时间的推移，他的中风越来越严重，面目扭曲，身体不能动弹，只能靠点头和摇头来处理政务。贞元二十一年（805年）三月初二，新继位的唐顺宗第一次召见了百官，大臣们见皇上病体如此，也没有人敢当面奏事。既然皇帝不能理政，那么大权自然而然地落入了原来的东宫集团的手中。对于王叔文和王伾等人来说，一展抱负的时机终于到来了。

正所谓"一朝天子一朝臣"，唐顺宗继位，王叔文等人得到重用也是意料之中的事。但此时王叔文等人要面对一个十分尴尬的问题，那就是他们的职务，也就是官衔。因为资历不够，恐不能服众，王叔文和王伾只能担任翰林学士和翰林待诏的职位。虽然职位上不是宰相，但所有的实权都是掌握在王叔文手中的，所以说此时的王叔文是以翰林之名担宰相之职。

顺宗朝这种官位和实权不相等同的现象或许在历朝历代的历史上都是极其少见的，这种尴尬的身份不仅使王叔文等人无所适从，更为严重的是影响了他们与重病皇帝的直接交流。

身为手握实权的官员，王叔文却因为官职低下，奏事都要通过王伾，极为不便。为了防止大权旁落，王叔文推荐韦执谊为相。韦执谊出身望族，在前朝又颇受唐德宗的宠爱，论资历论声望都可以胜任。实际上，韦执谊这个宰相可以说是有名无实，只不过是负责传达皇帝的诏令而已。

除了"二王"和韦执谊外，东宫集团的其他成员如柳宗元、刘禹锡、吕温、陆质等人都得到了重用。在其后的时间内，这些大臣以"二王"为核心，颁行了一系列的改革措施，因这段时间后来改元"永贞"，所以历史上便称其为"永贞革新"。

此时的唐顺宗虽然病重，却没有忘记心中造福苍生的理想，所以不遗余力地支持着这场革新运动。

"永贞革新"以贬黜道王李实为开端，包括了控制财政、抑制宦官、裁减藩镇等方面的内容，在当时产生了极大的轰动效应。道王李实是皇室成员，是道王李元庆的玄孙。他为人刚愎自用且为政十分残暴，当初在山南节度使李皋的麾下效力，身为判官却故意克扣士兵的粮饷。

　　对于他的这种行为，将士们十分气愤，群起而攻之，差点儿把他杀死。李实从山南逃出之后，凭借自己的皇室身份又获得了京兆尹一职。原以为李实会"吃一堑长一智"，做些好事为百姓造福，没想到他不知悔改，反而变本加厉。

　　贞元二十年（804年），关中大旱，粮食歉收。当唐德宗问及京兆的情况时，李实竟然回答道："今年虽然大旱，但庄稼收成良好，并不影响秋稼。"他不仅不减轻百姓的赋税，反而为了向皇帝邀宠，继续督征租税，以此来向唐德宗进贡。

　　当时有个叫成辅端的优人，就此事编了几句歌谣，李实就说他"诽谤国政"，将他杀死了。监察御史韩愈也因为此事上书弹劾他，最终被贬职。贞元二十一年（805年）年初，唐德宗还是知道了京兆的灾荒情况，为了安抚受灾的百姓，他下旨免除了京兆百姓的赋税。而李实却阳奉阴违，逼着百姓卖田缴税，并因此残害了几十个百姓。永贞元年（805年）二月，唐顺宗据李实的种种恶行，将他贬为通州长史。李实被贬之后，"市人争怀瓦石邀劫之，实惧，夜遁去，长安中相贺"，可见当地百姓对他的恨意。

　　贬斥李实本来是一件小事，却显示了朝廷一改旧弊的决心。自此之后，一系列的改革措施如火如荼地铺展开来。王叔文等人首先做的是罢废"宫市"，这也是他们一直想做而没有做到的一件事。"宫市"这个名称产生于唐德宗后期，来源是皇帝任用宦官为自己采购所需之物，而这些宦官却假借皇帝的名义在各地敛财，造成了极坏的影响。唐代著名诗人白居易的名作《卖炭翁》描写的就是当时宦官盘剥百姓的真实情况，这些宦官表面上说是采买，实际上就是强取豪夺，百姓对其都是恨之入骨。

除了罢废"宫市"之外，"永贞革新"中还有许多内容是针对宦官的，目的就是抑制宦官的权力，防止他们专权。而在这之中，较为重要的就是罢"五坊小儿"。"五坊小儿"中的小儿指的是为宫廷的雕坊、鹘坊、鹞坊、鹰坊、狗坊服务的差役，这些人终日无所事事，专以刁难和危害百姓为乐。这些人被罢废之后，百姓无不欢欣鼓舞，拍手称快。

其后，朝廷又下旨释放了宫女和教坊女乐共九百人；蠲免了民间对政府的五十二万六千多贯石匹束的旧欠。为了将改革进行到底，唐顺宗还下旨废除了各地的"月进"和"日进"，为百姓减轻了负担；降低了全国各地的盐价，使百姓不必再为买盐而苦恼。

以上措施都出现于"永贞革新"初期，完成了这些准备工作后，王叔文等人就着手向财政和军事等问题进发了。自德宗朝以来，财政问题就一直是让人头疼的大问题。财政是国家振兴的关键，唐德宗在位的时候虽然也对此花费了很多心思，但一直也没有得到妥善的解决。

唐顺宗登基之后，下决心要兴除利弊，彻底地解决这个棘手的问题。唐顺宗命杜佑为"度支"和"盐铁使"，主持帝国的财政。杜佑是当时的理财名臣，声望很大，唐顺宗选择他自然是经过一番深思熟虑的。为了保证财政改革政策的推行，唐顺宗又派王叔文为他的副手，表面是协助杜佑，实际是将大权掌控在当年的东宫集团手中。

控制了财政之后要做的便是夺取宦官的兵权和抑制藩镇了，这也是所有改革措施中最为艰难的。至于到底如何进行，王叔文等人花费了很多心思，经过详细的讨论，终于达成了共识。永贞元年（805 年）五月，朝廷封右金吾大将军范希朝左右神策、京西诸镇行营兵马节度使，希望借助范希朝的威望夺回宦官手中的兵权。

除了任命范希朝外，王叔文等人还任命度支郎中韩泰为左、右神策军行军司马，目的是进行对神策军的控制。唐朝的神策军虽是禁军，却分别驻扎在禁中和京西北诸镇，而驻扎京西北的神策军的指挥部设在奉天。所以范希朝和韩泰接到诏令之后，便火速赶往奉天。不料这个消息传到了宦官俱文珍等人的耳中，这些人感觉到大事不妙，马上下密令，命神策军的将士们不许听从范、韩二人的命令。等到范希朝和韩泰赶到奉天的时候，根本没有人前来拜见。至此，夺取宦官禁军兵权的计划也无果而终。

不仅夺取兵权没能成功，其后的裁抑藩镇也因为实施不利，同样宣告流产。

总之，这场革新运动中的许多措施都触及当权的大宦官和各地节度使的利益，这些人对改革派非常不满，想尽一切办法阻挠改革。再加上改革派自身后来也出现了一些问题，所以"永贞革新"和历史上很多的革新运动一样，最终不得不以失败告终。

改革派分裂之后，眼见大势已去，王叔文主动上书辞官，理由是要回家为母亲丁忧。但王叔文并非完全放弃，按照他离开长安之前的议定，王伾在王叔文走后请求追回王叔文，并拜他为相。这一招"以退为进"并没有达到预期的效果，王叔文的离开是宦官们日夜盼望的，怎么会再将他召回呢？在王叔文之后，改革派的另一核心人物王伾也因病辞去了官职。王叔文和王伾一走，整个朝廷马上变成了宦官们的天下。

第三天子

由于宦官把持朝政，唐顺宗此时重病缠身，根本没有任何能力与之抗衡，唐顺宗退位之后，太子李纯登上了皇位，是为唐宪宗。唐宪宗原名李淳，后改为李纯，是唐顺宗的长子。

贞元二十一年（805年）八月初九，他将年号改为"永贞"，一年后改为"元和"。

刚登基的唐宪宗马上便开始制裁顺宗时期推行革新运动的王叔文集团，唐宪宗这么做表面上是为了打击当年阻碍他顺利当上太子的王叔文等人，从而也给支持他的势力做一个交代。确实，因为王叔文等人，他在当储君的那几个月的心情是十分煎熬的。但从实际意义上来看，他迫不及待地处理"二王八司马"（二王：王叔文、王伾；八司马：刘禹锡、柳宗元、韦执谊、陈谏、韩泰、韩晔、凌准、程异）的深层次原因是因为他想迅速地将处理国家大事的权力从王叔文集团的手中夺回。毕竟，作为一个刚登基的皇帝，为自身的统治积累力量是十分重要的。

虽然解决藩镇问题成为唐宪宗登基后首先要解决的大问题，但他很清楚地知道，想要将天下藩镇的大权都重新收归朝廷所有，战争是不可避免的。一旦要开始大战，如果财力、物力跟不上的话，那一切都是空谈。鉴于此，他在处理藩镇问题之前，先着手处理国家运作的核心——财政问题。

唐宪宗将宫中的剩余资财悉数转入左藏库，左藏库是国家的正库，这样一来，这些皇帝私有的财产就转为公有。这些钱财不做别用，是防备以后不时之需的，由国家统一管理。紧接着，他又下旨任命李巽为盐铁转运使，掌管江淮财物的整顿。李巽是当时的名臣杜佑所推荐，在财政方面很有自己的主张和见识。

元和四年（809年），在宰相裴垍的建议下，唐宪宗下旨改革赋税制度。唐宪宗之所以要改变原有的赋税制度，其目的无非是为了增加国家的财政收入，使中央的实力不断加强。在元和初期，各地的地方税收是由三个部分组成的，分别是上供、送使和留州。意思就是说地方的财政收入除了要上交国库和留下自己使用之外，还要留出一部分作为送使钱物，而这一部分往往是不必要的。

唐宪宗改革之后，三部分并为两部分，原来的送使钱物则归入了国库。不仅如此，新的政策还规定，各地政府所需的费用从当地首府所在州的税收中支取，如果不足才可以征收其他州县的赋税。这样一来，不仅削弱了地方的财政实力，也使国库日渐充盈起来。

自古以来，无论哪个朝代、哪位皇帝想要增强国家的财政实力，途径无非两条：一是开源，二是节流。唐宪宗做到了"开源"，那如果同时做到"节流"，他改革财政的收效也就会成倍增长。和历史上许多初登宝座的君主一样，唐宪宗首先做的也是罢废四方进贡，给百姓减轻负担，使他们专心于农业生产。

他还曾经向当时的宰相李藩寻求过这方面的意见，和他探讨节俭和足用的关系。李藩向唐宪宗进言道："自古以来足用无不来源于节俭。倘使君主不以珠玉为贵，一心一意地对百姓劝课农桑，那么那些所谓的'奇技淫巧'就没有作用了。"唐宪宗若有所思，李藩接着说道："如果天下百姓富足了，天子怎么会不富足呢？反而言之，如果百姓尚食不果腹，君主想要富足也是不可能的。"

对于李藩的看法，唐宪宗表示十分赞同。他说道："勤俭节约之事是朕诚心诚意想追求的，而天下贫富的关系与你所说的也丝毫不差。所以我们应当上下齐心，方能保住此道。"正是因为明白了这个道理，唐宪宗在元和初期就多次拒绝了地方进献给他的歌舞乐伎，理由是这些人会消耗巨额的财富，不能为了他一己之乐，就使国家"剥肤槌髓"。

虽然唐宪宗致力于做一个勤俭节约的好君主，也曾下旨罢废过四方进贡，但各地的官员还是照旧将各种奇珍异宝送入皇宫。对于这些珍宝，唐宪宗几乎是来者不拒，但有时迫于舆论的压力，就将所收的这些财物转交到度支库，受国家财政的统一支配。例如在元和三年（808 年），山南西道节度使柳晟和浙东观察使阎济美按照惯例来到长安述职。但他们这次来除了公事之外，还带来了一批进贡给皇帝的珍宝。

按照皇帝之前所颁布的诏令，柳晟和阎济美是违反了规定的，按照律令，应该受到相应的惩罚。但对于他二人这次所带来的财物，唐宪宗不但从容不迫地收下了，还赦免了他们的违例进贡之罪。御史中丞卢坦看不下去，便上书弹劾他们，希望朝廷能够给他们应有的惩处。

唐宪宗对此事却回复说，他已经下旨赦免了他二人的罪，君无戏言，如果按照卢坦的说法，那就会失信于天下臣民。事情发展到了这个地步，皇帝的态度已经很明显了，如果是一般的臣子也就会到此为止，但这个卢坦偏偏是个执拗的性格，他认为错的事情就一定要辩个清楚，就算对方是高高在上的皇帝也不能例外。

卢坦认为，当初唐宪宗为了天下百姓下旨罢废四方进贡这是"大信"，而这次收取供奉本来就是违反了当初的诺言，而且赦免柳晟和阎济美只是"小信"，不能因小失大。无奈之下，唐宪宗只好将这批财物交归国库。

自此之后，凡有反对他收取进贡之物的，他便将所收取的财物交到国库，并没有按照之前说的拒绝纳贡。正是因为皇帝的这种做法，所以在元和年间，各地的供奉还是源源不断地送入长安。而各地的官员为了收集各式的奇珍异宝来讨好主上，也是加紧盘剥任下的百姓。

别逼朝廷对付你

在万事俱备之后，宪宗与藩镇之间的斗争就要拉开帷幕，他的目光首先落到的是一个叫西川的藩镇头上。西川原来的节度使叫韦皋，韦皋任节度使之时，西川尚能听命于朝廷。但唐宪宗登基后不久，韦皋就突然暴毙而亡。

韦皋死得很不寻常，关于这件事，历史上的猜测颇多。很多人都认为这背后隐藏着许多不可告人的秘密。更为蹊跷的是，当年韦皋上表之时，河东节度使严绶和荆南节度使裴均都先后向朝廷递上了内容和韦皋差不多的表章。再加上当时敦煌壁画《胡商遇盗图》中透露出的线索，不少人都认为是当时掌握大权的大宦官为了逼迫唐顺宗退位而指使这些节度使上表，事成之后便将这些知情者杀人灭口，而韦皋就是其中之一。

韦皋的突然死亡，引发了一场在当时影响颇大的叛乱。事情的起因是韦皋的节度副使刘辟在其死后没有申报朝廷批准就擅自作为留后，事后才上了一封奏疏向朝廷报告了此事。

刘辟之所以敢这么做也是有原因的，因为当时藩镇的势力增加了之后就不把中央的政令放在眼里，而这种做法也是各藩镇之间产生了默契的。不仅如此，刘辟又怂恿自己的部下联名向朝廷上书，希望朝廷能将他封为新一任的西川节度使。

对于刘辟的要求，唐宪宗当然不会答应。唐宪宗下令命中书侍郎同平章事袁滋为剑南西川节度使，至于刘辟则调入长安任给事中。从地方到中央本来对官员来说是无上的光荣，但刘辟接到调任的诏书之后居然拒不奉召，不肯入京。此时的唐宪宗才刚刚登基，地位还不够稳定，他虽然不想答应刘辟的请求，却又并不想因为此事引起过多的争端。于是唐宪宗主动妥协，下旨封刘辟为西川节度副使和知节度事，暂时主理西川的事务。

此事引起了许多朝臣的不解，当时的右谏议大夫韦丹认为这种"姑息养奸"的做法只会留下后患，没有任何的好处。他对唐宪宗说："如今一旦赦免了刘辟的罪行，其他藩镇一定会效仿他的这种做法。到时候朝廷就会只剩下东、西二京，还会有谁听从朝廷的指令呢？"

唐宪宗也明白如此不是长久之计，但此时削藩的时机还未成熟，只有卧薪尝胆，日后方能成就大事。但从此事中，唐宪宗也看到了韦丹等大臣对藩镇问题的态度。于是，唐宪宗命韦丹为东川节度使，用东川的势力暂时压制住刘辟，并着手准备讨伐西川的事宜。

唐宪宗这么做已经是仁至义尽，但不知好歹的刘辟又提出了新的要求。元和元年（806年）正月，刘辟再一次向朝廷上书，希望他能够兼领包括西川、东川和山南西道在内的"三川之地"，这也是韦皋当年在王叔文那里求而不得的东西。此时东川节度使韦丹还未上任，刘辟不顾朝廷任命就提出如此无礼的要求。

唐宪宗闻之后大怒，马上严词拒绝了他。朝廷的态度发生了如此巨大的改变，刘辟一时难以适应。可能他认为是西川方面给中央的压力不够大，所以他马上将西川的兵马召集起来，随后就围攻了东川节度使驻扎的梓州，并将原东川节度使李康囚禁了起来，想又一次来个先斩后奏。此时，距离唐宪宗继位也仅仅只有三个月而已。

但刘辟万万没有想到的是，三个月的时间已经让新皇帝的地位日渐稳固，此时的唐宪宗根本不会再买他的账。在唐宪宗看来，刘辟之前就贪婪无度，如今竟敢起兵造反，完全不把朝廷放在眼里，自己当然要还以颜色。而对付这种无耻小人的办法只有一个，就是用武力消灭他们。就在唐宪宗决定出兵讨伐西川的时候，又有许多臣子站了出来。

虽然唐宪宗一再向他们说明，这次出兵一定会小心谨慎，不会再像德宗时期那样轻举妄动，但他们还是认为巴蜀之地地势险峻，易守难攻，且刘辟的军队在西川多年，对当地的地形和民风肯定是了如指掌，此战于朝廷是大大的不利，所以请皇帝三思而后行。这些大臣之所以反对以武力攻打西川，一方面是出于上述的原因，为朝廷考虑战机；另一方面就是多年的藩镇割据状况已经使他们心中对藩镇产生了一种恐惧感。如果这次征讨失败，不仅不能够平息叛乱，反而会引发天下藩镇的动乱，很有可能会因小失大。

即便如此，当时的宰相杜黄裳还是站在唐宪宗一方的，因为他清楚地知道，藩镇问题如果还不下狠心去解决，必定是后患无穷，前朝受藩镇割据之苦受得还不够多吗？正是因为有这样的想法，所以他曾经对唐宪宗说过这样的话："当年德宗皇帝在经历了藩镇战乱之苦后采取了妥协的政策，对藩镇姑息而不再使用武力。各地藩镇的节度使死后，朝廷曾派中使前去视察，看谁有才可以继承节度使的位子。那些想要自立的人往往用钱财贿赂这些使者，让他们回来之后在皇帝面前为他们说好话。那时德宗皇帝不知就里，几乎都采纳了中使的意见，所以朝廷再没有向各地派出过节度使。如今国家想振立纲纪，必须用一定的法度来制裁藩镇。只有这样天下才能得到治理。"

杜黄裳的一番话正中唐宪宗的下怀，也正是因为有杜黄裳的鼓励，唐宪宗解决藩镇问题的决心更加坚定了。

虽然有许多大臣持反对意见，但决心已下的唐宪宗还是力排众议，决定出兵讨伐刘辟。而宰相杜黄裳不仅支持唐宪宗，还将神策军使高崇文推荐给了皇帝。高崇文虽然资历尚浅，在当时不为人所知，却是个文武双全之人，此去定能不负所托。对于杜黄裳的做法，当时的翰林学士李吉甫也表示十分赞赏。

元和元年（806年）正月二十三日，唐宪宗颁布了《讨刘辟诏》，下旨命左神策行营节度使高崇文为统帅，宦官刘贞亮为监军使，率唐朝中央大军前往西川平叛。这次朝廷派出的兵马势力十分强大，除了有高崇文亲率的五千精兵为前军之外，还有神策军京西行营兵马使李元奕率领的两千骑兵殿后。不仅如此，山南西道节度使严砺也发兵兴元，和朝廷的两路大军一起直指西川。

前方的道路虽然艰险重重，但大军分斜谷和骆谷两路终于顺利地进入了蜀地。"安史之乱"后唐朝中央的实力虽然有所减退，但毕竟还是有一定的基础的，再加之唐宪宗之前的财政整顿，给这场战争提供了充足的后备力量。所以对西川的战役一开始，唐军就以绝对的优势占据了主动地位。主将高崇文也没有辜负朝廷的一番重托，在他的率领下，唐朝大军兵分二路，浩浩荡荡地向西川的治所成都开去。与此同时，山南西道的军队也与之相呼应，声势更加浩大。

在如此强劲的攻势下，刘辟的西川军不堪一击，不久之后就败退下来。无奈之下的刘辟只得带着自己的残兵败将向吐蕃逃去。但刘辟还没有到达目的地就被活捉，随后被押送长安问罪，最后被斩首示众。

就这样，唐宪宗平定藩镇的计划成功地向前走出了第一步。在唐宪宗多年的努力下，"安史之乱"后分崩离析的唐朝基本上归为统一。

一死成谜

唐宪宗崇佛，尤其到了晚年，甚至到了不顾一切的地步。元和十二年（817年）四月，唐宪宗为了礼佛，特意下旨修建了通往兴福寺的专用通道。这条通道从芳林门西开始，直接连接了大明宫和兴福寺，耗费了右神策两千军士的人力，其中所消耗的物力更是不言而喻。

在唐宪宗的倡导下，不仅京城的王公贵族，包括许多的平民百姓都开始信仰佛教，一时掀起了一股施舍奉养的潮流。在唐宪宗的崇佛历史中，最有影响力的当属"法门寺迎奉佛骨"。为此，大文豪韩愈还特上《论佛骨表》一文，表达了自己对举国礼佛的不满。

法门寺历史悠久，始建于4世纪的东汉，地处长安以西的凤翔府（今陕西扶风）法门镇。法门寺原来叫"阿育王寺"，隋文帝时期改名为"成实道场"，唐高祖武德八年（625年）更名为"法门寺"。法门寺之所以能够享誉天下，是因为寺内有一座砖塔，塔中供奉着佛骨舍利。相传天竺阿育王是个崇佛之人，他在佛祖释迦牟尼涅槃之后，将其遗骨分为了八万四千份，分别埋葬在世界各处。凡是埋葬佛骨的地方，都会建造一座佛塔，而法门寺"因塔置寺，寺因塔著"，自然而然就成了佛教圣地，闻名天下。

在唐代，迎奉佛骨是极其隆重也是最高的礼佛形式，而法门寺作为皇家道场，自然成为皇帝礼佛的不二之选。迎奉佛骨先是要将佛骨从法门寺迎到都城长安，在皇宫供奉之后，再送往其他的寺院，一切仪式结束之后再送归法门寺。

元和十三年（818年）十一月，主管佛寺供奉的功德使进奏"凤翔府法门寺所藏佛骨舍利，相传三十年一开"，更有传言说这佛骨舍利可以使"岁丰人和"。功德使说明年就是开塔的时间，所以请奏宪宗皇帝下旨开塔迎奉佛骨。听了功德使的奏报，唐宪宗欣然同意了迎奉佛骨的建议。

在唐代的诸多皇帝当中，唐宪宗并不是从法门寺迎奉佛骨的第一人。唐太宗李世民就曾经在岐州刺史张亮的建议下，将佛骨舍利从法门寺迎出，"遍示道俗"。唐太宗这次的礼佛行动使"京邑内外，奔赴塔所，日有数万。舍利高出，见者不同"。

除了唐太宗之外，唐高宗显庆四年（659年）、武则天长安四年（704年）、唐中宗景龙二年（708年）、唐德宗贞元六年（790年）都有过开塔迎佛的活动，但规模都较小，影响力也不显著。

元和十三年（818年）十二月，唐宪宗下旨命中使开始筹备迎佛仪式，并昭告了天下百姓。与此同时，他还召集了长安各大寺院中的高僧，由朝廷特派的中使带领，前往凤翔法门寺迎接佛骨舍利。元和十四年（819年）正月，佛骨顺利地抵达了长安以西的临皋驿。

因为皇帝的大肆倡导，再加之佛教在唐朝时期的鼎盛，所以京城的达官贵族和百姓对于此次佛骨的到来望眼欲穿，企盼之情犹如久旱盼甘霖。为了表达自己对佛祖的信仰，以此来求得佛祖的庇佑和恩泽，一些信徒甚至将家产变卖，恨不得将自己所有的财产都用来供奉佛骨。

自从唐宪宗宣布开塔迎奉佛骨的那一天起，整个长安就陷入莫名的狂热氛围之中。尤其是在皇帝命宦官杜英奇率宫人手持香花，将佛骨从临皋驿迎接到大明宫供奉之时，整个长安都沸腾了。一时间，无论是王公贵族还是平民百姓，都纷纷拿出自己的钱物。为了表达自己的虔诚，有些人甚至在街市上嚎叫爬滚，局面十分混乱。

　　除了信奉佛教之外，唐宪宗还非常迷信长生不老之术。早在元和五年（810年），宦官张惟则从新罗回来之后，唐宪宗就开始相信世间确有神仙和长生不老之术。在此之后，他就广招天下术士为自己炼制丹药，其中较为有名的便是术士柳泌。柳泌虽然读过一些医书，实际上却是个官场骗子。他以炼药为名，让唐宪宗赐予他台州刺史的职位。虽然此举遭到了群臣的反对，但为了长生，唐宪宗义无反顾地给柳泌加官晋爵，命他专门为自己炼制丹药。

　　自从开始服用丹药之后，唐宪宗的身体每况愈下，终日浑身燥热，焦渴难耐。身边的大臣也曾劝谏过他，让他不要听信这些术士之言，不料唐宪宗大发雷霆，于是便再无人敢提及此事了。到了元和十五年（820年），唐宪宗的身体越来越差，甚至连常规的朝会都无法出席。

　　元和十五年正月二十七日，唐宪宗暴毙。宦官王守澄等人便拥立太子李恒登基，是为唐穆宗。

游乐比政务更重要

　　继位之后的唐穆宗马上将朝臣进行了一次大换血，他将唐宪宗以往的宠臣和亲信都以这样或那样的方式贬斥或杀死。对于扶持过自己的人，唐穆宗则给予了不同的赏赐。更换朝臣之后，唐宪宗为了报答母亲多年来为他的苦心经营，下旨册立郭氏为皇太后。不仅如此，郭氏的母亲升平公主和父亲郭暖也分别被册封为齐国大长公主和太傅，郭氏家族的地位在穆宗朝可谓是如日中天。

常言道："一朝天子一朝臣。"新帝登基，重组朝廷，建立一个适宜自己的统治的新官僚组织本是无可非议的。但唐穆宗并非一个胸怀大志的皇帝。唐穆宗继位之时已经二十六岁，正是一展抱负的最好时机，但他对政事毫不关心。再加上当时的政权被宦官们所掌握，他也乐得清闲，终日将时间耗费在饮宴游乐之上。

唐穆宗的游乐无论是在时间还是数量上都没有限制，早在唐宪宗的丧期，他就根本不掩饰自己对奢靡生活的向往之心。就在其父唐宪宗下葬景陵后不久，唐穆宗就兴致勃勃地带着亲信去皇家园林狩猎去了，丝毫没有表现出对父亲去世的悲伤之情。按照规矩，新帝登基后当大赦天下。然而，就在他刚在丹凤门城楼宣布此事之后，他就在门楼之后搭起了戏台，观看起歌舞表演来。在这之后，他还是不能尽兴，于是数天之后又来到神策军营观看将士们搏斗。

一个月之后，皇太后郭氏移居到兴庆宫。太后移宫的当天，唐穆宗带着六宫的侍从在兴庆宫大摆酒宴。自此之后，唐穆宗每隔三日就要到宸晖门、九仙门等处观赏杂戏和角抵表演。不仅如此，他还在宫中大摆筵席，对钱财更是挥霍无度。转眼间就到了唐穆宗登基以来的第一个寿辰。为了给自己庆祝生日，他特别设计了一套庆祝仪式，只是因为大臣们反对，最后才作罢。

唐穆宗不仅喜好游乐，生活还极度奢靡浪费。他在宫中大兴土木，修建了宝庆殿和永安殿等宫殿，不知耗费了多少人力、物力。据说在修建这些园林宫殿时因为假山倒塌，使许多工匠丧了命。永安殿修好之后，唐穆宗大喜过望，马上下旨在那里上演百戏，极尽欢愉之能事。不仅如此，他还花重金修葺了长安城内的许多寺院，为的就是等吐蕃的使者前来观看时自己能有面子。

长安宫中有个鱼藻池，但因为没有定期得到修缮，到了宪宗时期湖面早已淤积。唐穆宗登基之后便命神策军派两千人前去疏浚鱼藻池，疏通之后便大摆筵席，并让宫人们撑船在池上竞渡，自己则在岸上观看。

到了九月份，唐穆宗游乐的兴致丝毫没有减退。这一次，他又想借着重阳节之名大宴群臣，以显示天子的富足与大度。对于皇帝的种种荒唐行为，大臣们实在看不下去了，于是拾遗李珏等人纷纷上奏，劝阻道："陛下您才初登大宝，年号还未更改。况且先帝园陵尚新，倘若此时就在宫中大肆庆祝，恐怕于情于理都不合适。"可气的是，唐穆宗非但没有听从这些劝告，反而更加张扬。重阳节那天，他不仅大宴群臣，还将众多皇亲国戚全部召集到皇宫之中，在宣和殿饮酒作乐。

在大臣们看来，皇帝虽然无道，但自己也要好言规劝，这才不失为人臣子之道。而唐穆宗虽然昏庸，但是臣子们劝告他时他并不生气，更不会给予他们惩罚，但就是不听，这种态度真是让人哭笑不得。

穆宗时期劝阻皇帝停止大肆游乐的臣子很多，其中较为突出的是谏议大夫郑覃。郑覃联合一些大臣上了一道奏疏，苦口婆心地对唐穆宗说："陛下您宴乐过多，败游太盛。如今外寇压境，边境战事吃紧，如果有前线紧急军情要奏报皇上，却不知道皇上在何处，这要如何是好呢？而且皇上您整日和一些倡优在一起，将百姓的血汗钱没有节制地赏赐给他们，这又是何道理呢？所谓'非有功者不可赏'，如今国库虽然充盈，但希望陛下能够爱惜。万一四方发生事件，万万不可再让地方官员为了此事前去扰民。"

唐穆宗以前没有见过这样的奏章，所以觉得很新鲜，便问宰相这些上奏章的是什么人，宰相说这都是一些谏官的肺腑之言。唐穆宗听后若有所思，不仅对郑覃等人大加赏赐，还对他们说"当依卿言"。但令人无奈的是，唐穆宗一转身就将此事忘得一干二净，依旧每日寻欢作乐。

他非常欣赏柳公权的书法，于是便下旨将柳公权提拔为翰林学士和右拾遗。柳公权来到宫中之后，唐穆宗便询问他为何书法练得如此精妙，柳公权回答道："用笔在心，心正则笔正。"柳公权这句话可谓一语双关，直指唐穆宗的痛处。唐穆宗也知道他的意思，虽然当时自己觉得十分惭愧，但过后就忘，依旧投身于享乐之中。

因为皇帝的饮宴无度，当时在官场和民间都形成了一种风气，那便是整日沉迷在酒色之中，竞相吃喝玩乐。然而这种奢靡之风在唐穆宗看来是百姓安居乐业的象征，可见其昏庸至极。一日，唐穆宗又在麟德殿大宴群臣。享用着美酒佳肴，欣赏着音乐歌舞，唐穆宗飘飘欲仙，兴奋地对身旁的丁公著说："朕听闻百官们也经常在家饮宴，这说明如今天下太平无事，老百姓安居乐业，朕心甚慰矣！"

不料正直的丁公著反驳道："臣认为凡事过犹不及，这恐怕并不是一件好事。譬如前代的名士，他们遇到良辰美景之时，有人置酒欢宴，有人清谈赋诗，这都是极其雅致之事。然我朝自天宝之后，渐有奢靡之风，酒宴也多以喧哗沉湎为乐。一些位高权重之人竞为游宴，不顾身份反而和一些杂役们一起饮酒，真是毫无羞耻之心。以致上行下效，逐渐演变成一种不良的风气，百职全废，陛下您怎么能不担心呢？如今只有稍刹此风，这才是天下百姓之福啊。"和上次对待郑覃一样，唐穆宗也表示赞成，但事后依旧是我行我素。

穆宗时期正值西北少数民族侵犯边境，正是战事紧张之时，唐穆宗却突然要前往华清宫游兴。当时御史大夫李绛和常侍崔元略跪在延英殿外苦苦哀求，希望他以国家大事为重。无奈唐穆宗穆宗一意孤行，第二天一早就离开了大明宫，带着豪华的仪仗和众多皇亲国戚，浩浩荡荡地前往华清宫游乐去了。

打马球也会出人命

因为唐穆宗将所有的心思都放在如何享乐之上，所以对于朝廷政事，他从来不放在心上。为了给自己的游乐铺设一条平坦的道路，从一开始他就任用宦官，用以压制以宰相裴度为首的朝臣。唐穆宗的这种做法不但大大助长了宦官的嚣张气焰，还导致大臣和宦官势不两立，水火不容。譬如当时与白居易并称"元白"的大诗人元稹，只因为是通过宦官崔潭峻向唐穆宗进献了《连昌宫词》，从而从江陵士曹参军升为祠部郎中、知制诰就被同僚们排挤。武儒衡甚至将元稹比为苍蝇，将他视为异类。

不仅朝臣和宦官之间斗争激烈，大臣们内部也是钩心斗角，关系极不融洽。例如，元稹和裴度之间的矛盾不仅导致二人关系不睦，还影响了政事的处理。对河北藩镇的战争失利之后，唐穆宗一气之下将两人的相位都予罢黜，重新任用兵部尚书李逢吉为相。李逢吉是个妒贤嫉能之人，为了防止当时的浙西观察使李德裕与他争夺权力，他又向唐穆宗推荐了牛僧孺。自此之后，朝政由李逢吉和牛僧孺把持，虽无甚起色，倒也相安无事。但可悲的是，他二人官至宰相之后还不满足，为了争权夺势，甚至排挤朝中刚正的大臣，致使朝中到了无人可用的地步。

至于宦官方面，此时掌握大权的是大宦官王守澄。王守澄虽是宦官，但手中权力甚至要超过宰相李逢吉和牛僧孺。再加上唐穆宗不问国事，大小事都交由宦官处理，王守澄一时间可谓"一人之下，万人之上"。

王守澄利用职权收受贿赂，贪赃枉法，坏事做尽。他的家门口经常是门庭若市，热闹非凡，但都是一些前来递送钱财、求取权势之人。正因为如此，穆宗朝的大臣和宦官终日都忙于互相争斗之中，根本无心处理朝政，政治局面可以说是混乱不堪。

就这样，时间就在歌舞和酒宴之中浑浑噩噩地一天天流逝。到了长庆二年（822年），这场荒唐的游戏终于迎来了它的归期。唐穆宗的兴趣爱好很多，其中有一项就是打马球。他非常热衷这项运动，以致经常和宦官们一起以此为戏。

长庆二年十一月的一天，唐穆宗又与宦官们一起打马球。没想到突然有一个宦官不幸坠马。唐穆宗因为此事受到了惊吓，马上停止了活动，回到大殿休息。突然间，唐穆宗感觉头晕目眩，双脚无法履地行走。这是典型的中风症状，从此之后，唐穆宗就卧病在床，终于停止了之前近乎疯狂的游乐行为。

自这次中风之后，唐穆宗就为自己的不问朝政找到了新的借口。他经常称自己身体不适，不能上朝，后来甚至连宰相都不愿意召见。由于朝臣们不知就里，反而认为皇帝的风疾加重，一时间朝廷上下都陷入恐慌之中。为了防止意外的发生，宰相李逢吉等人接连上书请求唐穆宗立太子。然而此时的唐穆宗年纪尚轻，根本不愿早立皇嗣。无奈大臣们不知所以然，还是接二连三地向他奏请，唐穆宗烦不胜烦，于是便答应了他们的请求。

唐穆宗的中风本来就不是十分严重，经过御医的诊治和一段时间的精心调养，到了年底就基本痊愈了。唐穆宗病好之后，宫中的嫔妃、皇子、公主，还有一干皇亲国戚都到寺庙为天子斋戒祈福。为了感谢上天的恩泽，唐穆宗下旨大赦天下，将长安城中的囚犯悉数放归家中。长庆二年十二月，唐穆宗正式在大明宫宣政殿下诏，册立他的长子，也就是景王李湛为皇太子。

新年因为皇帝的康复和太子的册立变得格外喜庆，到了长庆三年（823年）正月初一，群臣们按照惯例来到皇宫向皇帝朝贺新年。但令人失望的是，唐穆宗根本没能来接受百官的朝贺，原因是他又生病了。对于唐穆宗这次的病情，大部分人都理所当然地认为他是风疾复发，但事情的真相真是如此吗？实际上唐穆宗患病是真，但原因并不是上次打马球引发的风疾，而是因为服用了过多的丹药。

其实唐穆宗服用丹药也并非什么秘密，早在唐宪宗离世之后就已经开始了。帝王们服食丹药几乎都是为了一个目的，那就是长生不老。

唐代皇帝中服食丹药的人也不在少数，被称为"千古明君"的唐太宗就是其中之一，余者更有唐代宗、唐宪宗等。既然皇帝服食丹药已有先例，甚至可是说是公开的秘密，那么唐穆宗为什么还要为此遮遮掩掩呢？

事情的起因还要追溯到元和末年的唐宪宗之死。当年唐宪宗暴毙，官方的解释是因为服食了过多的丹药，因此，唐穆宗继位之后还特意下旨诛杀了柳泌等一干术士。唐宪宗真正的死因现在不得而知，但很多情况都显示他并不是死于丹药，而是死于一场宫廷政变。

至于唐穆宗为什么杀死柳泌等人，其实是在暗示天下人自己的父亲确实是死于这些术士之手。这件事情虽然给唐宪宗之死做了一个很好的掩护，却给自己服食丹药造成了一个阻碍。就是因为这个原因，所以唐穆宗一直都不愿意他服用丹药之事为人所知。

其实唐穆宗多年不问政事，除了喜好游乐之外，还有一个重要的原因，那就是因为服用丹药身体状况一直欠佳。这样看来，当时的那一场风疾就是他数年病症的一次爆发。新年过后，唐穆宗的病情进一步恶化，最终他服用丹药一事也变得人尽皆知，但纵使是这样也没人敢劝谏皇帝。

到了长庆四年（824年），终于有一个叫张皋的布衣给唐穆宗上了一封十分特别的奏疏。

张皋的奏疏有理有据，不仅引用了医家名言，还以刚过世不久的唐宪宗为例，劝告唐穆宗爱惜身体，不要重蹈先帝覆辙。在奏疏最后，张皋表明自己并非以此来邀宠，而是以忠义之名。张皋的话虽然句句出自肺腑，但唐穆宗此时已经是病入膏肓，再也无法振作了。

长庆四年（824年）正月二十日，唐穆宗再次病倒在床，两天之后已近弥留。他自知时日不多，于是下旨命太子李湛监国。李湛此时只有十五岁，年纪尚幼，宦官们为了能够继续把持朝政，于是便草拟了一封诏书，请求郭太后临朝称制。然而郭氏身居皇室多年，她知道这些宦官不过是想利用她罢了，所以她毫不犹豫地拒绝了宦官们的请求，还当面撕毁了诏书。

不仅如此，她还义正词严地对宦官们说："昔日武则天称制，几乎将大唐社稷毁于一旦。我郭家世代忠良，不是武氏所能比拟的。如今太子虽然年幼，但有贤明的宰相们来辅佐。如果你等不干涉朝政，我又怎么会担心国家不安定呢？况且自古哪有女子为天下主而能致唐、虞的道理啊！"一番话彻底击碎了宦官们的念想。

正月二十二日晚，年仅三十岁的唐穆宗因病离世。唐穆宗在位四年，可以说一无是处，唯一值得称道的是批准了户部尚书杨赞陵关于财政方面的建议，既保证了国家的财政收入，也适当地减轻了百姓的负担。唐穆宗死后第四天，皇太子李湛正式登基称帝，是为唐敬宗。

死于宦官之手的皇帝

相比唐朝的诸多皇子，唐敬宗这个皇位来的还是比较顺利的。可以说，唐敬宗不仅没有经历过兄弟间的皇位争夺，也没有为皇位等待太长时间，从他当上太子到登基才一年多的时间而已。

和其父唐穆宗一样，唐敬宗也是个胸无大志的皇帝，甚至可以说到了"有过之而无不及"的地步。

唐敬宗继位之后便尊祖母郭氏为太皇太后，母亲王氏为皇太后。唐敬宗从不过问政事，将所有的事情都托付给宰相李逢吉，终日只知游宴享乐。从继位的第二个月开始，唐敬宗的游乐生活就从来没有停止过。唐敬宗从继位始就开始任用宦官，他不分昼夜地赏赐给宦官各种钱财和官爵。据《资治通鉴》记载，唐敬宗"或今日赐绿，明日赐绯"，宫中财物不够之时便"悉贮内藏，以便赐与"，简直是荒唐至极。

唐敬宗还喜好奢靡，继位不久后就下旨大兴土木。为了给皇帝修建宫殿园林，不少工匠没日没夜地劳作，一时间怨声载道。他先是嫌长安宫不够宽广，于是便下旨另修宫殿。吏部侍郎李程以为此事不妥，在他的力谏下，唐敬宗才转而将修建宫殿的材料运送到唐穆宗的陵寝给唐穆宗修建陵墓。重建新宫作罢后，唐敬宗又打算为游兴洛阳修建行宫，后来因为藩镇的参与，他害怕惹怒藩镇，最后不能收场才终了此念。

正是因为皇帝近乎疯狂的玩乐，不久之后就爆发了叛乱之事。长庆四年（824年）四月的一天，唐敬宗正在清思殿打马球，染坊有个叫张韶的役夫伙同卜者苏玄明一起带着数百人杀进了右银台门。听到这个消息后，唐敬宗惊慌失措地逃到左神策军躲避，其行状极其狼狈。等到左神策军兵马使康艺全带领军队进入皇宫平乱的时候，张韶等人已经攻打到了清思殿，并且坐在御榻上吃着东西。

苏玄明本是个身份低微的卜者，为何敢做出如此大逆不道之事？原来唐敬宗每日忙着游玩，很多时间都不在宫中，于是苏玄明便对张韶说："依我来看，你有做皇帝的面相。如今皇上日日夜夜忙于打马球，大事可成。"这件事情发生之后，出于对皇帝安全的考虑，不少大臣都上书劝谏皇帝不要沉迷于享乐，以免给这些贼子可乘之机。但唐敬宗听过就忘，依旧是我行我素。

唐敬宗也对鱼藻宫的池塘十分感兴趣，经常在宫中观看龙舟表演。一天，他又别出心裁，想于端午节之时在宫中上演一场规模浩大的龙舟竞渡。于是他即刻命盐铁使从全国各地调运木材，为他铸造二十艘龙舟。将二十艘船的木材运到长安，再加上人力，一共要消耗掉国家转运经费的一半。为了这件事，大臣们没少费口舌，最后唐敬宗也只答应将造船的数额减为十艘。

除了终日游宴，喜好奢靡之外，唐敬宗还纵容手下的宦官胡作非为。五坊小使倚仗权势在外无辜殴打百姓，当地的县令崔发见状，便下令将这些小使抓起来审问。唐敬宗得知此事后，不问青红皂白就将崔发送到御史台。御史台的官员为了讨好皇帝和宦官，居然将崔发痛打一顿，随后丢进大牢。

自封建君主制产生以来，历朝历代都有上早朝的习惯，唐朝自然也不例外。到了穆、敬二朝，皇帝上早朝已经从一件司空见惯的事变为不可常见的奇观。之前的唐穆宗就经常以各种理由不上早朝，继位后的唐敬宗也是一样。

皇帝虽然荒诞，但臣子们还是要履行自己的职责。按照朝廷的规定，每位大臣都需要在规定的时间来到皇宫参加当日的朝会。有的大臣为了早朝甚至天还未亮就要起床准备，辛苦程度自不必言。对于臣下的辛苦，唐敬宗毫不理会，依旧是我行我素，经常日上三竿还不见人影。所以在敬宗朝的朝会上有一种奇怪的现象，就是经常有大臣因为等待迟迟不来的皇帝而在朝堂上晕倒。对于唐敬宗的荒唐行为，大臣们中提出劝谏的也不在少数，谏议大夫李渤就是其中的一个。

果真是"有其父必有其子"，唐敬宗不仅爱好享乐和唐穆宗一样，对待劝谏的态度更是和父亲如出一辙。左拾遗刘栖楚为了打动君主，甚至在龙墀之上叩头不止，以致头破血流。他对唐敬宗进言道："宪宗和先帝都是年长之君，四方尚且叛乱不断。陛下您初登大宝且又年纪尚轻，理应励精图治。然而陛下每日迷恋声色，贪睡不起。况且现在国丧之期还未过，宫中却整日锣鼓喧天。正所谓'好事不出门，坏事传千里'，微臣恐怕这样下去，社稷终将不保！"

听了刘栖楚的直言力谏，唐敬宗震惊之余也表示很受感动。他下旨擢升刘栖楚为中书舍人，并赐给他绯袍银鱼袋。对于刘栖楚的话，唐敬宗是转身就忘，毫无悔改之心。刘栖楚见皇帝如此无道，甚是失望，自知再怎么劝谏也是徒然，便拒绝了皇帝的官职，离开长安前往东都洛阳去了。

宝历元年（825年）十一月，唐敬宗见祖上多住于华清宫，便突发奇想要去骊山游玩。大臣们怕他一去之后便乐于此道，纷纷上书劝阻。当时拾遗张权舆跪在大殿之上，叩头进谏："自周幽王以来，游幸骊山的君主从来都没有好结果。秦始皇就是因为葬在骊山，所以秦二世而亡。我朝玄宗皇帝因在骊山修建行宫，后来就爆发了安禄山之乱。而先帝自去骊山后不久就因病而亡！"

张权舆本意是劝阻唐敬宗不要游幸，没想到唐敬宗反而兴致勃勃地说道："骊山果真如此凶险？若是这样，那朕就更应该前去，看看你等所说是否属实。"就这样，唐敬宗不顾众人的反对，乘着銮驾前去骊山游玩。回到皇宫之后，他对身边之人言道："这些叩头劝谏的大臣们所说的话也并不可信。"自此之后，他更不把大臣们的劝谏放在心上了。

唐敬宗喜欢打马球，为了自己能够尽兴，他命令所有的禁军将士和宫人们都要参与其中。宝历二年（826年）六月，唐敬宗亲自组织了一场盛会。在盛会之上，马球、摔跤、杂戏等活动无奇不有，几乎整个神策军和后宫都参与进来，陪着皇帝玩耍。唐敬宗对自己的成果非常满意，这场大会一致延续到半夜才停止。

除了打马球之外，唐敬宗还有许多爱好，比如饮宴、打猎，等等。他经常在宫中大摆筵席，耗费的钱财数不胜数。至于打猎，唐敬宗更是热爱到无以复加。除了白天的游猎之外，他还在深夜带着随从"打夜狐"，这样方能尽兴。

为了满足自己的享乐之欲，唐敬宗专门从各地召集了一批力士，日日夜夜都陪伴在他的左右。对于陪伴他玩耍的力士和宦官，唐敬宗的要求是十分严格的。因为他自己就是一位游戏高手，马球、摔跤、手搏等都是他的强项，再加上他性格急躁，所以这些人稍有闪失就会受到严厉的惩罚。

唐敬宗的荒淫无道使得后宫之人终日担惊受怕，苦不堪言。宝历二年十二月初八夜间，唐敬宗和往常一样带着随从出去"打夜狐"。可能是当夜收获可观，所以回到皇宫之后，唐敬宗依然兴致不减，于是便下旨召集了众多宦官和击球军将前来饮酒作乐。

酒酣之时，唐敬宗感觉浑身燥热，于是便进入内室更衣。不料此时大殿之上的烛火骤然熄灭，宦官苏佐明和刘克明等人便趁着黑暗将唐敬宗杀死。

他也曾经有理想

827年年底，江王李涵改名李昂，正式继承了哥哥的皇位，改元太和，是为唐文宗。唐文宗出生于元和四年（809年）十月初十，与唐敬宗同年。他之所以能够继承皇位，完全是因为宦官们之间的互相争斗。当时刘克明拥立李湛为帝，对于王守澄一派来说的确是一个突发事件。为了和刘克明一争高下，王守澄在仓促之中只得选择了李昂。

唐文宗继位之后也尊祖母郭氏为太皇太后，居住在兴庆宫；奉自己的亲生母亲萧氏为皇太后，居大明宫；唐敬宗的生母王氏为宝历太后，居义安殿。唐文宗本想任用外戚来牵制宦官，但无奈的是萧太后父母早亡，只有一个弟弟，且已经失去联系多年。萧太后是闽人，唐文宗为了找到这位舅舅，曾特意派福建的官员暗中寻访，却无果而终，最后这件事只好作罢。

因为唐文宗的特殊身份，所以文宗朝三宫太后并存。唐文宗为人恭顺，对三宫太后都十分孝顺，对太皇太后郭氏尤为尊敬。他不仅自己经常到兴庆宫给太皇太后问安，还要求大臣和后宫嫔妃也要在宫门之前请安。唐文宗每五天就会亲自去给各宫每位太后问安，遇到节庆之日更是不敢怠慢。除此之外，每次臣下进献了什么珍稀之物，唐文宗肯定是先奉太庙，然后再送到各位太后的宫中，从来不会先行享用。原来有司在将四时蔬果送到后宫时都称之为"赐"，唐文宗认为这是对太后的不敬，所以便将"赐"改为了"奉"。

唐文宗对长辈的尊敬之心着实令人感叹，他之所以能够如此敬谨恭顺，也和他自幼爱好学习有着莫大的联系。唐文宗从小便聪敏好学，尤其喜欢阅读《贞观政要》，心中最佩服的人就是先祖唐太宗。

唐文宗读书的习惯一直到登基之后也没有更改，每当退朝之后他便手不释卷，很少饮宴，也不近女色。他曾对身边的侍者说过这样的话："如果我不能在甲夜亲自处理政事，乙夜博览全书，又怎么能做好天下之主呢？"唐文宗十分热爱文学，对那些有学识的臣子十分欣赏。他经常和翰林学士柳公权一起讲谈经义，还留下了"人皆苦炎热，我爱夏日长。熏风自南来，殿阁生微凉"的佳句。

历经三朝的唐文宗早在当江王的时候就深感时代的弊政，心中便产生了"中兴唐室"的想法，只是碍于身份，才华不得施展。"天将降大任于斯人也"，突如其来的皇位对他来说是一个从天而降的机会，一个帮助自己完成多年夙愿的机会。正是因为心中多年的理想，所以唐文宗登基后不久就开始对唐朝的弊政进行大规模的改革。

穆、敬二朝虽然只有七年时间，但因为两个皇帝的昏庸无道，整个朝廷已经是面目全非，了无生机。为了改变穆、敬二朝奢靡成风的现象，他继位之后便将后宫多余的宫女释放回乡，人数达到了三千之众。接着他下旨将五坊内各种珍稀的观赏动物都放归山林，大有仁君之风。唐敬宗在位之时喜欢大肆封赏，宫中的财物都被他挥霍殆尽。唐文宗废除了这一制度，宣布无功不受禄。他还免除了四方进贡，并将皇宫强占百姓的土地全部归还，而且停止了唐敬宗时期一切无用的享乐设施的修建。

之后，唐文宗还拟订了裁撤朝廷冗员的计划。唐文宗继位之初，朝廷各个机构冗官的现象较为严重，不少官员尸位素餐，不仅浪费国家的财政收入，还大大降低了政府部门的办事质量和效率。唐文宗在统计了各部门的官员人数后，下旨将一千二百多名官员遣放还乡。

除此之外，唐文宗还身体力行，用自己的实际行动给天下臣民做出了表率。作为一个皇帝，唐文宗的日常生活十分简朴，史称"恭俭儒雅，出于自然"。他经常身着粗布素服，对臣下和皇亲国戚也是如此要求。

以往的皇帝每逢自己的生日都要大肆庆祝，而唐文宗却将自己的生辰定为"庆成节"，不许屠杀牲畜，只许食用蔬果，也不许臣下饮宴祝寿。每当各地发生了水旱灾荒，唐文宗都是痛心疾首，主动要求削减自己的膳食。唐文宗的种种做法都是在向天下人宣示他的决心，那就是：他是一个勤俭的皇帝，而他的朝代将不会再有不合时宜的靡靡之音。

和唐敬宗的慵懒懈怠不同，唐文宗十分勤勉，对政事也非常关心。自从他继位，便下令恢复了原来皇帝单日听朝、双日放朝的制度，并付诸实践，风雨无阻。不仅如此，他还特意将节庆之日安排在双日，这样就不会影响到单日上朝的时间。

为了了解民间的困苦，为治理寻找良好的办法，他将臣子们都召集起来，一起讨论治国之道。到了太和九年（835年）十二月，唐文宗还下旨铸造了"谏院之印"，赋予了谏官们权力，让他们能够充分发挥匡扶社稷的作用。因为他的努力，文宗朝俨然形成了一种多年未出现的政治清平的氛围。当时的宰相裴度眼观唐文宗的种种表现，激动得热泪盈眶，大呼"太平可期"。在群臣和天下百姓看来，拥有了这样一位好皇帝，那盼望多年的太平盛世还会远吗？

零分作文

对于新帝的振作，王守澄等人并没有放在心上。在他看来，唐文宗所做的这些裁减后宫和官员、罢免进贡之事只不过是每个皇帝刚继位之后都会做的笼络民心的小伎俩。王守澄依旧我行我素，对裴度、韦处厚等朝中大臣不屑一顾，经常和他们对着干。不仅如此，他倚仗自己拥立有功，从来不把唐文宗放在眼里。王守澄这么做虽然有损唐文宗的尊严，但这也未尝不是给唐文宗积蓄力量提供了一个良好的时机。

然而理想虽然美好，现实却极端残酷。唐文宗虽然锐意进取，为了朝政宵衣旰食，但他自己心里也很清楚，以他的一己之力又怎能如此轻易地消除唐朝多年的积弊呢？以他多年的观察来看，要恢复大唐帝国原有的万千气象，有三个问题亟待解决，那就是藩镇割据、宦官专权和朝廷内部的党争。

藩镇割据问题本来在宪宗朝已经基本解决，虽然有些藩镇是表面归顺，但总体还是保持了统一和稳定的局面。但到了穆、敬二朝，因为皇帝的无能，藩镇问题又死灰复燃，已经不是那么容易解决的了。对于这种态势，唐文宗一时也想不出什么好的解决之道，于是他运用了软硬兼施的办法，尽量将全国的政局稳定在可以控制的范围之内。只要藩镇不爆发叛乱，那么基本上不会牵制到他在朝廷内部的改革。

　　至于党争问题，此时历史上著名的"牛李党争"已经悄然拉开帷幕。唐文宗在万般无奈之下只得陆续将这两派的官员调离中央，这样就减少了两党发生冲突的概率。这么做虽然不是万全之策，但还是取得了一定的效果。

　　稳住了藩镇和朋党之争后，唐文宗将要面临的是一个巨大的挑战，那便是多少年来也没能解决的宦官专权问题。虽然说在唐文宗的登基过程中，宦官立下了不少功劳。甚至可以说没有王守澄，唐文宗根本不可能坐上皇帝的宝座。但唐文宗并不想成为宦官手中的木偶，所以他在继位之初就下定决心要解决"天子受制于家奴"的问题。

　　根据分析，唐文宗之所以对宦官们如此深恶痛绝，除了他作为一个皇室成员，亲身感受到了宦官专权给国家带来的危害，还有两个十分重要的原因。

　　其一是王守澄虽然拥立他为帝，但也不过是出于自己利益的考虑。在他登基之后，王守澄将他看成和唐穆宗、唐敬宗一样的傀儡皇帝。王守澄不仅对他毫无尊敬之意，而且气焰越来越嚣张，简直到了不可一世的地步，这大大损害了唐文宗作为一个皇帝的尊严。

　　其二是自己的哥哥唐敬宗虽然是个荒唐的皇帝，但他的确死于宦官之手，这是个不争的事实。不仅唐敬宗如此，之前的唐宪宗和唐穆宗的死都和宦官脱不了干系。然而更为荒唐的是这些犯了大罪的宦官们不仅没有受到任何惩罚，反而依旧过着逍遥的日子，这怎么能不让唐文宗气愤，要杀宦官而后快呢？

唐文宗想要铲除宦官专权的想法一经提出，马上得到了朝廷上下的一致赞同。在不久之后的一次考试中，一位考生的对策就充分显示了士大夫阶层与宦官们日益激化的矛盾。

太和二年（828年）三月，朝廷照例举行考试，以贤良方正与直言极谏问策取士。在这次考试中，幽州昌平人刘蕡的对策如平地惊雷，震撼了整个朝野。在这篇对策中，刘蕡详细论述了宦官专权乱政的弊端，言辞十分犀利。

刘蕡的对策条理十分清晰，他先是指出了本朝宦官擅权的现象，称宦官"褒近五六人，总天下大政，外专陛下之命，内窃陛下之权，威慑朝廷，势倾海内，群臣莫敢指其状，天子不得制其心，祸稔萧墙，奸生帷幄"，使得"海内困穷，处处流散，饥者不得食，寒者不得衣，鳏寡孤独不得存，老幼疾病不得养"。随后他又指出出现这种状况的原因是朝廷的法度不能统一，而且任用官员的方法也有问题。最后，他甚至说宦官问题如果不彻底解决，势必会"宫闱将变，社稷将危，天下将倾，海内将乱"，可见当时天下人对宦官是何等恐惧和憎恨。

刘蕡的对策一举击中了时代的弊政，在当时影响极大，大家都争相传阅他的这篇惊世之作。不仅如此，朝中很多官员都对刘蕡的观点十分认可，连当时主持对策的主考官冯宿也认为这篇对策堪比汉代晁错与董仲舒的对策。

大宦官王守澄得知有个叫刘蕡的进士写了这样的对策后简直是怒

不可遏，当场大骂刘蕡："何其狂妄乃尔！"另一个宦官仇士良甚至当着满朝文武的面质问当年进士科录取刘蕡的杨嗣复，为什么会录用刘蕡这个疯汉。杨嗣复本是个书生，见仇士良气势汹汹而来，一时不知所措，于是只能说："当初刘蕡进士及第之时尚未疯癫！"听杨嗣复如此回答，仇士良又恶狠狠地望向裴度和韦处厚，他二人在这种局面下也是只有沉默。宰相都如此惧怕宦官，其他的大臣更不敢多说一句话了。最后，冯宿和庞严只得将刘蕡的对策暗中压下，并没有递交给唐文宗。

虽然刘蕡一语大快人心，才华和眼光也被世人所肯定，但考官们因为惧怕宦官的权势，都不敢录取刘蕡。三月初九，朝廷的诏制颁行天下，该年的"贤良方正科"共取了二十二人，杜牧、裴休都在其列，就是没有语惊天下的刘蕡。

刘蕡落榜之后，朝中的许多官员都上书为他鸣不平。就连此次考试被录用的河南府参军李郃也认为："刘蕡下第，我辈登科，诸位能不羞愧？"于是便上书唐文宗，称自己的对策远远不如刘蕡，没有资格上榜，愿意把自己的名额让给刘蕡。但奇怪的是，这封奏疏直递中书省后，便如泥牛入海，杳无音讯。

宰相们也知道朝中上下对此事的议论很大，但为了稳定局面，不至于引发事端，只好大事化小，小事化了。在当时的四位宰相中，裴度和韦处厚一直对此事没发表态度，窦易直资历不如裴、韦，更不敢站出来说话。至于王播，本来就是因为和宦官交好而获得的宰相之位，就更不可能为刘蕡说话了。不仅如此，王播还对愤愤不平的御史们说："刘蕡这个人就只会招黄门之怨而已，怎么能解救得了呢？国家开科取士，本来就是为了求辅弼之才。这些人一定要识大体，岂容狂犬吠日？所以说刘蕡不取也罢。"

唐文宗没听到刘蒉的任何对策，也没看到李郃等人为其鸣不平的奏疏，但对这件事他也是有所察觉的。无奈当时宦官权势熏天，而他又羽翼未丰，地位尚不稳定，根本没有办法公正地对待此事。但这件事情也让唐文宗看清了朝中大臣们的态度，加速了他一举铲除宦官的决心。

刘蒉虽然没有被录用，但他的名声已经传遍天下，不少人都仰慕他的大名。其后刘蒉先后在令狐楚、牛僧孺的任下做过幕府，被授予秘书郎一职。但好景不长，不久之后他就因被宦官诬告被贬为司户参军，最后死在了柳州任上。

刘蒉虽然惨遭毒害，但他的事迹还是被载入史册，为后世所敬仰。唐朝的许多诗人，如李商隐等，都先后为他作过哀悼的诗文。

泄密的代价

刘蒉的事情让唐文宗感到了一股无形的压力和推动力。在此之后，他便开始在朝廷上下物色可靠的、与自己志同道合的人才，准备逐步将他的计划付诸实践。朝廷虽是天下人才会聚的地方，但很多时候也会出现"无人可用"的现象，唐文宗此时面临的就是这样一个局面。唐文宗本来十分看好对他拥立有功的宰相韦处厚，但不幸的是韦处厚因为横海镇留后的问题太过操劳，已经去世了。

韦处厚死后，窦易直也罢职，由翰林学士路随接替宰相之职。不久之后，李德裕从地方回到了长安，在兵部任侍郎之职。朝中元老裴度非常欣赏李德裕的才华，并向唐文宗举荐他为宰相。但当时的宰相李宗闵和李德裕的父亲李吉甫有过节，所以便想尽办法把他从长安的政治圈子中排挤出去。李德裕无奈之下只得前往义成去担任节度使，随后又被调到偏远的西川。

李德裕走后，李宗闵为了进一步掌控朝中大权，便推荐了牛僧孺为相。牛、李二人结成一派，排除异己，连裴度这样的重臣都被迫离开长安去往地方。裴度一走，整个朝廷就变成了牛、李二人的天下。与此同时，文宗朝大臣之间的朋党之争也愈演愈烈。这些大臣为了争权夺利往往和当权的大宦官们勾结在一起。唐文宗既不能依靠他们，还要为他们之间的斗争费心费力，真是烦不胜烦。就在唐文宗苦于没有人才可用的时候，一个人走到了他的面前，那就是时任翰林学士的宋申锡。

宋申锡，字庆臣，出生于普通家庭。宋申锡自幼就失去了父亲，靠着自己个人的努力才得以入朝为官。宋申锡考取进士后，曾经很长一段时间在外地节度使的幕府中任职，后来才辗转回到长安，先后做过起居舍人、礼部员外郎、中书舍人等官职，最后才官至翰林学士。

宋申锡为人忠厚且办事十分谨慎，这也正是唐文宗看重他的原因。而唐文宗之所以最终选择了宋申锡，还有一个原因，就是此时大部分朝臣陷入党派斗争之中，宋申锡却不在朋党之列，政治背景比较清白。

一天，唐文宗将宋申锡召来为他讲解《贞观政要》。其间唐文宗为了试试宋申锡的心意，便故意叹了口气。宋申锡不知皇帝为何如此，便站在一旁，默默不语。唐文宗问他："你每日与朕一起讲经论道，难道还不了解朕的心意吗？"宋申锡心中也知道唐文宗为何事烦恼，但也是十分无奈，除了请罪之外无话可说。

唐文宗见他如此，便说道："如今宦官如此强势，元和、宝历年间的弑逆之徒仍然活在世间。朕每日受他们逼迫，如果就此下去，还有什么脸面见列祖列宗？"话说到这个地步，宋申锡不得不表态了，他哽咽地说道："陛下且宽圣怀，不必为此事太过烦恼。微臣虽然不才，也愿为陛下效死力！"

君臣互表心意后，唐文宗又秘密召见了宋申锡，与他探讨解决宦官问题的办法。承蒙君主的信任和厚爱，宋申锡毫不掩饰地表达了自己对宦官的厌恶，并向唐文宗提出了具体的解决办法。宋申锡的想法和自己不谋而合，于是唐文宗下诏加封宋申锡为尚书右丞，不久之后又加同平章事，委任他来解决这个令人头疼的问题。太和四年（830年）七月，唐文宗正式拜翰林学士宋申锡为相，一场大的变革就要上演。

太和五年（831年）年初，经过了种种商讨，唐文宗终于决定开始着手解决宦官问题。一次成功的变革除了要有好的领导者和良好的措施之外，还需要有大批的人来对改革的计划付诸行动，而宋申锡再怎么有才华也难以一个人担当此重任。

此时的唐文宗和宋申锡不仅要面临手中无人的局面，还面临一个非常可怕的现实，那就是对方是手握禁军大权的王守澄，而自己手中既没有兵马也没有任何的后援。在这种情况下，想要撼动王守澄就只有一个办法，那就是获得京兆尹的绝对支持。京兆尹是长安城的行政长官，手中掌握着长安的兵权，是整个行动的关键人物。正是因为京兆尹如此重要，所以宋申锡经过反复考虑，举荐了时任吏部侍郎的王瑶出任京兆尹一职。

王瑶本来不知就里，升任京兆尹之后他才得知自己的任务是要和宰相宋申锡一起铲除宦官专权。为了不打草惊蛇，唐文宗和宋申锡的计划基本上是没有其他人知道的。但是王瑶得知了此事，觉得风险太大，所以便将此事透露了出去。很快，这件事便传到了大宦官王守澄的耳中。

王守澄得知此事之后，对宋申锡恨之入骨。他马上指使自己的手下、神策军将领豆卢著向唐文宗递上了一份奏章，内容是宰相宋申锡图谋不轨，想要推翻唐文宗，拥立其弟漳王李凑为新帝。很显然，这是一封诬告的奏折，但唐文宗并没有多加审查，就听信了豆卢著的话。

唐文宗之所以会对宋申锡产生怀疑，完全是因为漳王李凑在朝中有些声望，所以他早就对其有猜忌之心，而豆卢著此时所报之事与他心中的想法不谋而合。但因为心中还是有一些疑虑，所以唐文宗也没有马上下决断，而是让王守澄将此事调查清楚再说。但王守澄回到神策营后马上就召集了兵马，准备到宋申锡家大肆屠杀。

就在这个时候，飞龙厩使马玄亮站了出来。他虽然也是宦官，但颇具正义之心，他对王守澄说道："如今宋申锡的罪名还没有坐实，倘若你杀了他全家，会引起众怒的。如果长安因为此事乱了起来，我们也没办法收场。当务之急是和众位宰相商议该怎么处理，最好不要轻举妄动。"

王守澄觉得马玄亮的话也在情在理，于是便派人将宰相牛僧孺等人召集到延英殿商量此事。当时宋申锡并不知道事情已经泄露，作为宰相之一的他也来到了中书省。众位宰相陆续进入了东门，只有宋申锡被挡在门外。到了这个时候，宋申锡才隐隐感觉到不妥。但此时他尚不能肯定，于是就望着延英殿，以笏叩头而退。

虽然朝中大臣都觉得宋申锡谋反一事不可思议，但几乎没有人敢站出来说几句公道话。为了将宋申锡的罪名坐实，王守澄逮捕了一些漳王府的人，用屈打成招的办法让他们告发宋申锡。意图谋反是诛灭九族的大罪，宋申锡落到了王守澄的手中，纵有千般本事也解释不清楚。审问还没有开始，就传来了唐文宗罢相，贬宋申锡为太子右庶子的旨意。

事情发展到了这个地步，马玄亮又一次站了出来，他跪求唐文宗要慎重处理此事。唐文宗也有此意，于是便将牛僧孺等人召来商议。牛僧孺此时也说："做人臣的官不过宰相，宋申锡如今已为宰相，有什么理由谋反呢？我看他应该不会做这种事。"而王守澄一方也害怕再闹下去反而横生枝节，所以便就此作罢。

在大臣们的百般求情之下，最终唐文宗免除了宋申锡的死罪，将他贬到开州去做司马，漳王李凑也被贬为巢县公。就这样，第一次铲除宦官的行动还没有实施就宣告流产。

其实从深层次上来分析，以唐文宗的判断力应该不会轻易相信所谓的"谋反"之事，何况状告宋申锡的还是神策军中人。那么唐文宗会做出将宋申锡贬到地方的举动就只有一个原因，那就是他不想过早地暴露自己，无奈之下只能选择放弃宋申锡。

这个医生是危险人物

宋申锡一事给唐文宗的打击很大，就在此后不久，党争问题又一次浮出了水面，弄得唐文宗无所适从。宋申锡一案发生在太和五年（813年）三月份，到了九月，大唐与吐蕃的边境上发生了纠纷。当时朝廷派李德裕前往边境指挥作战，本来李德裕觉得应该对其采取强硬的措施，好借此机会稳定住边境的少数民族，但牛僧孺因为意气之争，坚持不让李德裕这么做，而是要"和平"解决这个问题，将维州投诚朝廷的吐蕃将士送还给吐蕃军。

吐蕃人见唐廷不敢作战，居然将维州投诚将士在边境之上全部处死。牛僧孺所说的"和平"表面上冠冕堂皇，实则就是一种妥协策略，最后边境纠纷虽然得以解决，但朝廷却因此丢尽了脸面。

两个月之后，原西川监军王践言回到了长安。他向唐文宗汇报了吐蕃大斩投诚者之事，并对朝廷的举措表示十分不理解。他对唐文宗说："将这些投诚者送回去，那岂不是断绝了以后来向我朝投诚人的道路吗，这怎么会是个好办法呢？"唐文宗听王践言所言后也沉默不语，对当朝的几位宰相简直是失望透顶，甚至当朝责问牛僧孺等人到底闹到何时天下才能太平。

唐文宗本来只是发发牢骚，没想到牛僧孺居然和他顶撞了起来，说道："如今四夷没有侵犯我朝，百姓也没有流离失所。我朝虽非大治，也可以说达到了小康。陛下您还要求取别的太平，那不是臣等所能做到的。"牛僧孺一番话让唐文宗一时不知说什么是好，同为君臣多年，牛僧孺不但不理解他的苦心，反而用这种话来搪塞他，难道作为一个皇帝想让自己的国家富足、百姓安康，还有什么过错吗？

不久，唐文宗将牛僧孺罢相，召西川节度使李德裕回长安接替他的位置。太和七年（833 年）二月二十八日，唐文宗拜李德裕为相。这一天，干旱了多时的长安居然下了一场瓢泼大雨，众人都认为这是新宰相带来的吉兆，天下大治有望了。听闻此事后，唐文宗也对自己做出的决定暗暗高兴。

然而此时位极人臣的李德裕不得不面对一个问题，那就是朝廷之内的党派之争。除此之外，还有权势熏天、顽固不化的宦官们。自从宋申锡被贬后，王守澄一派更加肆无忌惮，朝中根本无人敢与之对抗。

牛僧孺虽然离开了长安，但朝中还有一个李宗闵。李宗闵对李德裕一直就心存不满，他在自己身边聚集了一大批亲信，目的就是为了和李德裕一较高下。李德裕深知朋党之害，所以拜相后不久就向唐文宗提出要清除朝中的朋党。他还指出杨虞卿、杨汝士、杨汉公三兄弟和给事中萧澣以及中书舍人张元夫公开结党，已经引起了朝臣的猜测和不满。

李德裕所说的这些人都是李宗闵一手提拔起来的，而且都是李宗闵的亲信。所以说李德裕虽然表面是指责杨氏三兄弟等人，其实是直指李宗闵。唐文宗不是不知道这个情况，于是他对李宗闵说："据朕所知，杨虞卿、张元夫、萧澣等人确有结党之实。"李宗闵一时下不来台，开始还否认他提拔杨氏三兄弟等人，但在李德裕的追逼下，他不得不承认了这个事实。

在证实了此事后，李德裕将这些人陆续贬出长安，同时建议将原来被牛僧孺和李宗闵打压的郑覃擢升为御史大夫。李德裕这么做等于是公开向李宗闵宣战，李宗闵又岂会坐视不理？在李德裕提出要将郑覃升任后，李宗闵马上觐见唐文宗，表示此事万万不可。唐文宗以前就非常欣赏郑覃的才华，所以完全没有理会李宗闵的反对意见，最后任命郑覃的诏书根本就没有通过中书省就直接宣布了。

郑覃一事让李宗闵大为恼火，但从中他也看出了唐文宗的态度和偏向。太和七年（833年）六月，李宗闵罢相，到山南西道做了节度使。七月，右仆射王涯进入中书省，掌管了帝国的财政大权。不到一年的时间，朝中的局势可以说发生了翻天覆地的变化。

李宗闵走后，李德裕终于可以放开手脚。在这之后，他也的确是施行了不少改革举措，例如，变革科举考试的内容等。由于李德裕在之前打压李宗闵的过程中得罪了不少人，这些人也就成为继牛僧孺和李宗闵后新的与之对抗的力量。所以说，此时朝廷中潜伏着的危机还是巨大的，时时刻刻都有可能爆发。

　　也是因为接连发生的一系列事件，唐文宗一直有一股郁结之气在胸中难以抒发。太和七年（833年）十二月十八日，身心俱疲的唐文宗患上了风疾，后来竟然发展到了口不能言的地步。在王守澄的推荐下，神策营行军司马郑注前来为皇帝诊脉。

　　郑注是山西翼城人，因为家中十分困苦，所以便四海游历，以行医谋生。他本来姓"鱼"，所以又被称为"鱼郑"。郑注在治病方面有些手段，曾经在地方上治好了许多官员的病，所以名声渐渐大了起来。后来徐州的一个牙将把他推荐给了徐州节度使李愬。郑注不负所望治好了李愬的病，随后就被推任为徐州节度使官署的衙推。

　　郑注自恃有些才能，当官了之后就对徐州的军政有些看法，但他的这种做法却惹怒了当时在徐州担任监军使的王守澄。王守澄想让李愬把郑注赶出军营，李愬却把郑注推荐给了王守澄，并说他是一个值得一用的奇才。

　　王守澄虽然大惑不解，但因为有李愬的推荐，他还是同意和郑注谈一谈。这一谈，王守澄大喜过望，两人气味相投，简直是相见恨晚。其后，王守澄被调回长安任知枢密，郑注也随他一起来到了都城。

　　起初郑注只是在王守澄手下做些杂事，但随着人际关系越来越宽广，郑注在长安也结识了不少权贵。加上他为人圆滑，能讨人欢心，这些人看他是王守澄的亲信也不能不买他几分面子，久而久之，郑注就在长安做了不少不法之事，名声很不好。

郑注仗势欺人的行为很快就引起了朝中正直官员的不满，不久之后就有个侍御史上书弹劾他，请求将他法办，并且在十天之内连上十几封，在当时造成了很大的影响。王守澄怕会惹出祸端，便将郑注藏在神策军营里，但郑注在那里也受到厌弃。当时左军中尉韦元素、左右枢密杨承和与王践言对王守澄很不满，于是对郑注自然也没有好脸色。左军将官李弘楚知道韦元素等人的心思，便向其献了一计，想置郑注于死地。

郑注是以医术闻名，于是李弘楚就让韦元素谎称有病，让郑注前来诊治，趁机将他杀死。韦元素认为此计可行，于是就诈病召郑注前来。郑注认为韦元素等人与王守澄素有嫌隙，知道此去凶多吉少。但他"临危不惧"，见到韦元素后就扑在地上大哭，滔滔不绝地讲述了一番他的苦难经历。韦元素见他如此可怜，心一软就放弃了杀他的念头，二人交谈了一番后便把郑注放了回去。郑注走后，李弘楚叹道："大人你今日不杀郑注，日后肯定会受其祸的！"

郑注的医术十分高明，半个月之后便将唐文宗的风疾治好了。太和八年（834年）正月初五，唐文宗召见了群臣，满朝文武悬着的一颗心终于落下了。

唐文宗病好之后，对郑注十分感激，以至于在后来的时日里对他十分宠信。郑注一时间成为皇帝身边的红人，前来巴结他的人更是络绎不绝，而贪财的郑注对于这些人所送的财物全部照单全收。在这些行贿之人中，有个名叫李训的流放之徒，他送了大量的钱财给郑注，希望郑注能在皇帝面前为他多说好话。李训原名李仲言，出身名门，是李逢吉的侄子。在钱财的诱惑下，郑注便向王守澄引荐了李训。在王守澄的安排下，李训很快就来到了唐文宗身边。

李训不仅长得一表人才，风流倜傥，而且才识过人，尤其精通《周易》，这大大合了唐文宗的心意。王守澄引荐郑注和李训本来是为了间接地控制唐文宗，然而唐文宗不知就里，反而将他二人引为知己。在多日的相处之后，唐文宗便将他心中的苦闷倾诉给了郑、李二人。

郑注虽然是个贪财之人，但也有些见识，而李训自不必言，他费尽心力回到长安就是为了一展抱负。所以他二人听了唐文宗的倾诉之后都表示愿意为主上担当起诛灭宦官的重责。唐文宗觉得自己又一次找到了得力的人才。于是他便下旨拜李训为相，擢升郑注为凤翔节度使，又一次将自己的理想付诸行动。

大权在握之后，李训首先想到的是解除宦官手中的兵权。这一步十分关键，只要没有了兵权，宦官们可以说就丧失了安身立命之道。对于李训的想法，唐文宗十分赞成，于是他下旨将王守澄调任神策军右中尉，而命宦官仇士良接替了他之前的左中尉之职。

仇士良本就和王守澄有过节，所以也同意帮助李训等人除去这个心头大患。分割了王守澄的兵权之后，李训等人旧事重提，将当年唐宪宗的死又翻了出来。而仇士良更是十分肯定地说，唐宪宗就是被陈弘志和王守澄害死的。李训的本意是将陈弘志调来长安指证王守澄，陈弘志却在不久之后莫名其妙地被人杀害了。

这个计划落空之后，唐文宗又将王守澄调升任为六军十二卫观军容使，目的是把他调离出他的根据地——长安。失去兵权之后的王守澄毫无还击之力，随即就被唐文宗用毒酒赐死，对外却宣称"暴病身亡"。与此同时，韦元素、王践言、梁守谦、杨承和等宦官也先后被赐死或者流放。

苦涩的甘露

王守澄虽然已死，但他多年经营的势力依旧存在着。为了彻底铲除这股势力，李训和舒元舆等人商量了不少对策。他本想让郑注在王守澄的葬礼上率兵将他的余党一起缉获，但又怕如此一来郑注的功勋会超过自己，所以这个计划最后竟然作罢。

为了进一步掌控局势，李训又把自己的心腹们分派到各大重镇去担任节度使。其后，他召集了金吾使韩约、太原节度使王璠、邠宁节度使郭行余共同商议如何处理王守澄的遗留问题。

在李训的示意下，太和九年（835年）十一月二十一日，韩约在朝堂之上向唐文宗奏报说金吾厅出现了难得一见的祥瑞，后院的石榴树上降下了甘露。听闻祥瑞出现，唐文宗大喜过望。李训和舒元舆等人趁势向皇帝祝贺，并请求唐文宗前去观赏。处在兴奋状态中的唐文宗马上下旨命文武百官前去观赏，这其中当然也包括了当时掌权的宦官。实则甘露祥瑞是假，李训等人想借此机会除掉宦官是真。

一行人到了含元殿后，唐文宗先是派了李训前去金吾厅看看情况。李训回来报告说甘露已经不是很明显了，但叫唐文宗不要宣扬出去。唐文宗对此事深表怀疑，便命身边的仇士良和鱼弘志带着宦官们前去看个究竟。

仇士良和鱼弘志出去后，李训马上召集王璠和郭行余等人进入含元殿布置行动。然而此时王璠已经吓得全身发抖，根本无法动弹。最后是郭行余带着自己数百名亲兵来到了丹阳门外等候诏命。

与此同时，仇士良等人已经进入了金吾厅的后院。众宦官纷纷围到石榴树下看祥瑞何在。因为树上本就没有所谓的祥瑞，再加之计划还未施行，所以韩约的情绪十分紧张，甚至汗流满面。韩约的反常很快就引起了宦官首领、神策左、右军中尉仇士良的注意，就在仇士良询问他身有何故的时候，金吾厅后院突然刮起了一阵狂风。

就是这阵风吹起了幕帐的一角，早早埋伏在里面的将士就这样暴露了。机警的仇士良知道情况有变，马上带领众人回撤到含元殿。他来到唐文宗的前面，说金吾厅有人作乱，请皇帝赶紧回宫避难。李训见计划被打乱了，马上下令手下将士们提前动手。他命金吾厅的卫士们赶快前往含元殿保护唐文宗，并许诺到时候给每人赏钱一百缗。

就在此时，宦官们率先带着唐文宗迅速从含元殿撤离。李训见状，马上拦住唐文宗御驾，奏报说："臣尚有要事禀报，望陛下留步。"然而仇士良根本不容许他说话，气势汹汹地称他要谋反。唐文宗事先知道此事，于是便想挣脱宦官们的控制。就在混乱之中，仇士良和李训扭打到了一起。然而李训孤掌难鸣，最后宦官们还是抬着唐文宗的御驾进入了宣政门。

等到众人等人率兵赶来，宣政门已经紧紧关闭。李训等人知道大势已去，便开始想要出逃。气急败坏的仇士良怎会放过他们？他马上派神策军将领魏仲卿和刘泰伦从三面包围了朝官们办公的场所。大臣们不知何故，纷纷来问当值的宰相。当时值班的宰相王涯和贾餗并不知情，所以便请百官们回去。但此时宫门已经全部关闭，没能出宫的官员全部被当场斩杀，人数多达六百余人。

因为李训、舒元舆等人在事发之后就逃出了皇宫，所以在宫内的大屠杀之后，仇士良马上又派了千余名神策军在长安城内外大肆搜捕。一时间，整个长安陷入骚乱之中。其后，李训、王涯、舒元舆纷纷被捕。李训被抓之后不想忍受宦官们的侮辱，于是就恳求押送自己的官军说："现在朝廷的禁军在到处搜捕我，是因为抓到我就能得到朝廷的重赏。倘若禁军们见到我，肯定会抢先领功。你们还不如把我杀了，拿着我的首级去长安领赏吧！"这些人听李训如此说，便将他杀死，并把他的首级递上长安。

到了第二天清晨，朝会照常举行，但皇宫内外都有全副武装的禁军把守，气氛十分严峻。文武百官聚集在大殿之上，都噤声不语。唐文宗见状，便询问道："怎么不见王涯来上朝？"站在一旁的仇士良马上站出来禀报："王涯等人意图谋反，罪无可恕，已经被禁军逮捕入狱。"唐文宗此时已经失去了人身自由，在接到仇士良递上来的"谋反"罪状后，他只得命令狐楚和郑覃代行宰相之职。其后，令狐楚和郑覃便依令拟写了宣布李训、王涯等人"谋反"之罪的诏书。

太和九年（835 年）十一月二十三日，王涯、舒元舆、郭行余等一干人被斩杀。在这之前，仇士良还让禁军挑着李训的人头在长安城中游街示众。这场事件前前后后持续了十几天，共有六七百个朝臣被诛杀，这便是文宗朝著名的"甘露之变"。

"甘露之变"的发生标志着唐文宗多年来想要铲除宦官的理想破灭，在这之后，唐文宗一改以前的强硬态度，对宦官问题变得不闻不问，任其发展。而宦官们在"甘露之变"后更是提高了警惕，为了保障自己的人身安全，他们一边将唐文宗软禁起来，一方面想尽各种办法巩固自己手中的权力。

836 年正月初一，唐文宗宣诏大赦天下，改元开成。

在开成年间，天空之中频频出现彗星，用古人的说法就是凶兆不断，这对封建王朝的统治是有很强的影响的。与此同时，全国各地出现了多年未遇的自然灾害。在自然灾害的影响下，粮食减产，严重的时候甚至颗粒无收，不少百姓都流离失所。为了安抚灾民，唐文宗下发了很多赈济的诏书，但都没有收到什么成效。

开成四年（839年），旱灾波及长安。六月，唐文宗派出许多使者去各处祈雨，但都没有收获。对于这种状况，唐文宗极度灰心。他召来宰相们说："如果上天再不降雨，朕就退居兴庆宫。你等另选贤明之主吧，朕也不再做这个皇帝了。"十二月，唐高宗和武则天合葬的乾陵竟发生了大火。

因为这些事情的接连打击，唐文宗的意志逐渐消沉，原本已经痊愈的风疾也复发了。他无心问政，终日饮酒消愁。一天，唐文宗和翰林学士周墀共饮，他问周墀："朕可以和前代的哪位君王相比呢？"周墀回答道："此事不是臣所能评价的。但依臣所看，陛下您堪比尧、舜。"

唐文宗惨淡地说道："朕怎敢和尧、舜相比。我问你，朕比之周赧王和汉献帝如何？"周赧王和汉献帝都是历史上著名的亡国之君，唐文宗这么说，周墀无言以对。唐文宗继而说道："周赧王和汉献帝被诸侯钳制，如今朕却受制于自己的家奴。这样说来，朕连他们都不如。"

唐文宗的一番话道尽了他心中的苦闷，"甘露之变"给予他的不仅仅是打击那么简单，他的自信、他的尊严、他登基时的意气风发都随着金吾厅里的那场刀光剑影而灰飞烟灭。如今的他已经不再是那个雄心壮志、挥斥方遒的皇帝，而是变成了一具自暴自弃的行尸走肉。

唐文宗带着自己未完成的理想，惨淡地度过了自己的余生。开成五年（840年）正月初四，唐文宗崩逝于太和殿。

不得不死的太子

　　唐文宗驾崩后，唐武宗继位。唐武宗本名李瀍，登基之后更名为李炎。他是唐穆宗第五个儿子，也是唐文宗的弟弟，继位之前的封号是"颍王"。唐文宗驾崩时虽然只有三十三岁，但已经册立过太子。所以说唐武宗的继位又是一场不正常的权力斗争的产物，这当然也与晚唐的宦官专权乱政有着推脱不掉的干系。

　　唐武宗李瀍二十七岁时登上皇位，在此之前，作为唐穆宗第五子的他可以说是根本和皇位无缘的。事实上李瀍心里也清楚这个事实，所以一直本分地做着他的王爷，任凭皇位频繁地在父亲和哥哥手里转来转去，对自己没有抱太大的希望。正是出于这种想法，唐武宗在做王爷之时便一直寄情于山水之中，将所有的心思都花在颐养性情上。

　　不仅如此，他还经常与道士相往来，也炼制一些丹药。李瀍性情爽直，与哥哥唐文宗的关系颇好。但即使是这样，他也没有引起皇帝或者当权者——宦官们的过分关注。而这在那个宦官当道、权力纷争的年代，不得不说是一种幸运。所以说唐武宗最终能够登上皇位，也和他当时的这种幸运有着莫大的联系。

　　唐文宗的儿子并不多，只有长子李永和次子李宗俭，分别被册封为"鲁王"和"蒋王"。李永乃王德妃所生，因为是自己的长子，所以唐文宗十分重视对其的教育和培养，从朝中才德兼备的大臣中选了不少师傅来教导他。

　　虽然唐文宗对李永倾注了很多的心血，无奈"子不类父"，李永不仅不爱学习，甚至可以说胸无大志，每日只知游玩嬉闹。对长子的希望破灭之后，唐文宗便将目光转到了晋王李普身上。李普是唐敬宗之子，但其为人谨慎，深得唐文宗的欢心。唐文宗甚至一度想将他过继为自己的儿子，但现实又一次给予唐文宗以打击。

太和二年（828年）六月，年仅五岁的李普夭折了。当时唐文宗十分伤感，并追赠李普为皇太子。也是因为这些事情的接连打击，唐文宗对自己的子嗣问题一直是很苦恼的，所以一直都没有册封太子。

唐文宗是个胸怀大志的皇帝，欲改革却心有余而力不足。"甘露之变"失败之后，朝廷完全落入了大宦官仇士良、鱼弘志等人的掌控之中，就连册立太子这种关乎帝国未来的事，唐文宗都没有实权。到了太和六年（832年），在大臣们接二连三的请求下，唐文宗才不得不依照"嫡长制"的规矩将鲁王李永立为皇太子。

既然已经册封鲁王为东宫太子，那么唐文宗就不得不对这位国家下一代的君王负起责任。为了让太子李永改掉之前终日无所事事的毛病，唐文宗特意挑选了当时有名的萧俛为太子少师，翰林侍讲高元裕为太子宾客，又命给事中韦温、兵部尚书王起等人充任太子的侍读。

虽然唐文宗为太子费尽心思，但"江山易改，本性难移"，李永还是像往常一样终日沉迷于享乐之中。韦温看不过去太子的这些做法，就好言相劝道："殿下您正处于盛年，应当每日早起，向周文王学习，鸡鸣时问安西宫。"然而习惯了享乐生活的李永又怎么会听取韦温的意见呢？最后，韦温实在看不下去就辞官回乡了。

唐文宗虽然对太子不满意，但事已至此，他也没有好的解决办法。但奇怪的是，到了开成三年（838年）十月，唐文宗突然下旨将太子李永赐死。这件事情发生得十分突然，史书都没有记载具体的原因，只说李永"暴薨"。但根据当时的情况分析，李永的死和后宫中两个女人有关，一个是他的母亲王德妃，另一个是当时唐文宗的宠妃杨氏。

关于这件事的前因后果，《旧唐书·庄恪太子永传》中有较为详细的记载。当时李永的母亲王德妃晚年失去了文宗皇帝的宠爱，而宠妃杨妃又对太子李永十分不满意，害怕其一旦登上皇位，自己将无任何地位，所以总是费尽心机想要废掉他。

正因为如此，颇有心机的杨妃便经常在唐文宗面前说李永的不是。唐文宗对太子本来就是"恨铁不成钢"，听了杨妃的话，就对李永母子日渐疏远了。而此时杨妃的心中早有下任皇帝的人选，那就是安王李溶。至于这一人选是她自己的想法，还是受到仇士良、鱼弘志的唆使，就不得而知了。

开成三年（838年）十月的一个风雨交加的夜晚，太子李永暴毙，死因不详。李永死后，唐文宗悲恸不已，追赐其为"庄恪太子"。根据史书中的记载，唐文宗确实和李永的死有着密切的联系，而且在其死后他是十分后悔的。一天，唐文宗召尚书左仆射牛僧孺入朝。当时李永刚死不久，牛僧孺便和唐文宗探讨了有关父子君臣的人伦道理。据说当时唐文宗在谈到此事时竟然泪流不止，可见他对当初草率地处理李永的行为深有悔意。

李永的死使唐文宗十分伤感，甚至抑郁成疾。在开成四年（839年）的一次宴会上，唐文宗甚至感叹自己枉为天子，竟不能保全儿子的性命。说完这番话后，他便将东宫的乐官刘楚材和一干宫人叫上前来，怒骂道："都是你们这些小人让朕妄害了太子，如今有了新的太子，你们是不是还要重蹈覆辙？"盛怒之下的他便下旨将这些乐官和宫人全部处死，这件事情说明当时的后宫也不能避免地受到朝堂纷争的波及。

太子一死，杨妃终于如愿以偿。随后她便极力向唐文宗推荐安王李溶为皇太弟，并希望唐文宗能将皇位传给他。其实除了李永，唐文宗还有一个儿子，那就是蒋王李宗俭。但不幸的是这个皇子也在开成初期就去世了，所以唐文宗此时也不得不考虑杨妃的意见了。正当唐文宗犹豫时，宰相李珏力劝唐文宗立唐敬宗第六子、陈王李成美为太子。开成四年（839年）十月，唐文宗立李成美为皇储。但是还没有来得及行礼册封，唐文宗就一病不起，随后便匆匆离开了人世。

唐文宗一死，继承人问题马上就成为整个朝廷的头等大事。唐文宗生前虽然有意立陈王李成美为太子，但仪式还没有举行，难免还存在着变数。其实在唐文宗弥留之际，他曾密旨召宰相李珏与宦官、枢密使刘弘逸等奉太子，也就是李成美监国。但是宦官、神策军左右护军中尉仇士良、鱼弘志心中另有打算。

从他们的立场来看，一旦李成美顺利登基，宰相奉旨监国，那么他们就很有可能地位不保。所以为了贪拥立之功，他们竟置圣旨于不顾，以陈王李成美年幼多病、难以掌管国事为由，要求更换皇太子。当时的宰相李珏虽然反对他们这么做，但无奈的是手里没有兵权，根本无法跟大权在握的仇士良和鱼弘志相对抗。最后仇士良等人便伪造了圣旨，准备册立安王李溶为皇太弟，并迅速派出神策军前往十六王宅迎请李溶继位。

但是，最后被神策军迎入宫中，在唐文宗枢前继位的并不是安王李溶，而是颍王李瀍。这又是为何呢？说到此事，就不得不提及颍王背后的一个女子了。这位女子姓王，原本是一名歌妓，是颍王一次去邯郸游玩时偶然结识的。这个王氏不仅生得花容月貌，而且歌舞俱佳，深得李瀍的喜爱。而正是这位能歌善舞的美人在这个关键时刻发挥了巨大的作用，从而改变了颍王李瀍后半生的命运。

被女人推上皇位

李瀍十分喜欢出宫游玩，早在他还是颍王时，就游历过众多的名山大川、历史名城，而风景秀丽的邯郸就是其中之一。邯郸东临滏阳河，西倚太行山，不仅自然环境得天独厚，而且风土人情别致，古风犹存，颍王当然得去看看。李瀍到达古城不久，就听说当地有一个非常有名的王姓歌妓，不仅长得美艳惊人，而且歌舞俱佳。

当时的李瀍正是年少风流，得知有这样一位美人存在，便想去一探究竟。当李瀍见到王氏之后，马上发觉坊间的传闻非虚。王氏相貌出众，其歌舞更可以用"缓歌慢舞凝丝竹，尽日君王看不足"来形容。李瀍自与王氏相识之后，二人彼此中意，相谈甚欢。随着时日的增加，李瀍对王氏的了解逐步加深。更让李瀍惊喜的是，王氏不仅举止谈吐得体，而且才学冠绝，绝非一般风尘女子所能比拟。

对于这样一位奇女子，颍王又怎能抗拒？于是不久之后他就决定为她赎身，迎娶她进府。好在唐朝当时世俗婚姻观念相对开放，王爷娶一位歌妓并没有遭到太多非议，婚后王氏便随同李瀍一起住进了十六王宅中的王府。他二人婚后的感情一直很好，即使李瀍后来成了皇帝，依然对其宠爱有加。

李瀍的颍王府位于长安的十六王宅，这是唐朝王爷们的聚居之地，而当时的安王府也坐落于此。唐文宗在世时，颍王李瀍和安王李溶都受到哥哥唐文宗的喜爱。

此时的大唐宗室正处于水深火热之中，宦官掌权，帝王病危。本来李瀍只是个普通的王爷，本本分分。因为在他的前面有众位哥哥，而他也非嫡出，所以说皇位对于他来说是遥不可及的。而正是这位他最挚爱的王氏，通过自己的胆识，在关键时刻抓住了机会，将自己的丈夫推上了皇帝的宝座。

据《唐阙史》记载，唐文宗病重时，突然决定立陈王李成美为太子，但还未册立便快不省人事。仇士良等人在杨妃的帮助下趁机篡改圣旨，同时派出了神策军前去迎接安王李溶，欲偷梁换柱。但这其中突然出现了一点小波折，这个突如其来的状况发生之后，唐朝的大局便开始朝新的方向发展。

由于当时事发突然，仇士良于匆忙之中派去十六王宅的神策军是一帮没文化的粗人。当他们一大群人浩浩荡荡地来到十六王宅时，却连要迎接哪位亲王都没弄清楚。仇士良得知此事后，马上派自己的亲信赶了过去。这个匆忙赶到的宦官脑子里清楚嘴上却讲不明白，居然大喊道："迎接大的！迎接大的！"意思是接年长的安王李溶进宫继位。但是此时的神策军根本听不明白他的意思，依旧是一头雾水，不知道该接谁进宫。

同住在十六宅里面的安王和颍王此时虽然都听到了外边的喧哗声，但是在没有最终确定之前谁都不敢贸然行动，气氛就这样僵持着。就在这千钧一发之际，颍王在邯郸带回的王氏突然做出了一番出人意料的举动。王氏之所以敢这么做，一方面因为她遇大事机敏而有胆略，另一方面因为考虑到自己是歌妓出身，地位卑贱，所以无所顾忌，而正是因为她的勇敢和决断，在那个混乱的时刻起到了决定性的作用。

只见王氏从容地走到此时乱作一团的神策军将士和宦官面前，用自己清亮的嗓音完成了唐朝历史上最成功的一次忽悠："你们听着，'大的'说的就是颍王殿下。你们看颍王殿下身材魁伟，连当今皇帝都称他为'大王'。"见众人愣住的刹那，王氏继续说道，"颍王与你们的上司仇中尉还是生死之交，经常一块儿喝酒的。拥立新君可是头等大事，你们可要谨慎，一旦出了岔子可是要满门抄斩的！"众人一听完全辨不出真假，王氏毫不含糊，接着转身把隐藏在屏风后边的颍王李瀍推了出来。

果然，李瀍生得高大魁梧，和王氏所说无异。当时时间紧迫，丝毫耽误不得，神策军便即刻拥李瀍上马，护送至少阳院。仇士良看到站在少阳院里的李瀍完全不知道怎么回事，经过一番询问才知道迎错了人。虽然宦官们发现了，但此时已反悔不及，时局已经容不得再做任何改变，仇士良只好将错就错，拥立颍王为皇太弟。

几天之后，被立为皇太弟的李瀍就在哥哥的灵前继位，是为唐武宗。李瀍登基称帝之后，依然对王氏宠爱有加，并封其为王才人，还时不时地带着她去乐坊酒肆歌舞宴饮。"才人"虽然在后宫妃嫔中品阶不高，但对于歌姬出身的王氏来说已经是无尽的恩宠了。

唐武宗继位后，将已过世的生母韦氏追册为皇太后。

唐武宗非常喜爱骑马游乐，豪爽不拘小节。唐武宗经常会带着王才人到教坊与乐人谐戏，饮酒作乐，就像普通百姓家的宴饮一般。

唐武宗读书虽然不如唐文宗，但是因长年在外游历，接触到社会现实较多，观察社会的机会也更多些。正因为如此，他更为知人善任，同时也少了一些迂腐的书生意气，更加能够面对现实，为百姓着想。唐武宗为人十分谦虚，也能够虚心接受臣下中肯的建议。很多时候他都敢于放下身份，向宰相当面认错，这在历朝历代的皇帝中都是十分少见的。

常言道"一朝天子一朝臣"，几乎所有的新帝在登基之后都要进行一番人事任免，以此来建立适宜自己统治的权力机构。正是出于这个原因，唐武宗在继位之后便马上下旨罢免了一些官员，例如，曾经反对他继承大统的宰相杨嗣复和李珏就在这一时期被罢黜。唐武宗之所以解除杨、李二人的宰相之职，并不单单是因为他二人曾经站在自己的对立面。

以唐武宗的眼光来看，杨嗣复和李珏的能力、威望和资历都有限，实在不能满足他对于新任宰相的要求。更何况唐武宗一直受到宦官集团的势力压制，他想要摆脱、打压宦官，这些人显然是靠不住的。

杨嗣复和李珏罢相之后，唐武宗便起用崔铉为相。但在他的心中有着极其远大的政治抱负，单单凭一个崔铉是不足以帮助他成就大业的。唐武宗此刻急需一个人来帮助他重振李氏王朝的雄风，这个人首先必须有出色的才华，其次必须有卓著的威望，与此同时还必须拥有多年的从政经历。因为只有在这样的人才的帮扶之下，才有望一扫文宗时代的孱弱萎靡之风。

一朝天子一朝臣

唐武宗的愿望虽然是好的，但是想找这样一个人又谈何容易呢？幸运的是，在武宗朝确实有这样一位全才，那就是时任淮南节度使的李德裕。事实上，李德裕此次拜相，很大程度上还得益于宦官杨钦义。李德裕任淮南节度使时，杨钦义也在淮南任职，是他的监军使。唐武宗继位之后，杨钦义很快就被召回长安。至于皇帝为什么突然将杨钦义召回，人们也是议论纷纷，都猜测杨钦义是否将出任新一任的知枢密。

虽说当时有杨钦义高升的传言，但李德裕为人一向清高，从来不巴结宦官，所以此时对杨钦义仍未见丝毫礼待。而杨钦义虽然为此大为恼火，但也奈何不了他。不知为何，几天之后，李德裕居然主动设宴款待杨钦义。李德裕在宴席之上恭贺其高迁，而且从头至尾都礼遇甚周。席罢之后，李德裕还赠送给他珍玩数床。李德裕的态度在数天之内转变得如此之快，这让杨钦义大喜过望，对他也非常感激。

但出乎意料的是，杨钦义启程后刚行至汴州，唐武宗便一道圣旨让其返回淮南。君心难测，杨钦义觉得自己入主中枢无望，遂将李德裕所赠的礼物悉数奉还。可李德裕坚持不收，这让杨钦义大为感动。其后杨钦义终于如愿以偿地回到了长安，并当上了枢密使。杨钦义的心中一直就对李德裕十分感激，所以便不遗余力地举荐李德裕为宰相。唐武宗对李德裕的才能早就有所耳闻，如今再加上枢密使的举荐，唐武宗心中拜他为相的想法就更加坚定了。

开成五年（840 年）九月初四，李德裕被唐武宗重新征召回朝，就任中书侍郎兼同平章事，成为大唐王朝的第一宰相。说起李德裕，他在文宗朝就一度活跃在政坛之上，虽然执政能力无可挑剔，但是作为众所周知的党派领袖，他的回归是否会给朝野带来新的一轮党派之争呢？

其实李德裕心里如明镜般清楚，如果入朝为官无依无附，以一人之力是根本无法立足的。毕竟是在政坛混迹多年的人物，当年不是吃了这份亏，他也不至于被人排挤出朝廷。或许正是因为这个原因，他才突然改变了自己的从政策略，看准时机，主动对杨钦义示好。不仅如此，李德裕也很明白该如何与宦官集团打交道，对此他有自己的原则和策略。

虽然此次拜相很大程度上是因为与枢密使杨钦义这批宦官中的新

贵保持深厚私谊的结果，但他不会去刻意讨好宦官，反而让杨钦义感受到同僚般的情谊。李德裕不会向宦官低下自己的姿态，双方只是互利互惠而已。而对于仇士良这种根深势大、一手遮天的强权宦官，李德裕绝不妥协，千方百计地与其抗衡。因为他深知，一旦向这些人示好，就很有可能沦为其手中的傀儡，违反自己的初衷。

李德裕回到长安之后，唐武宗马上召见了他，二人就朝局和国事深谈了一番。

一向自命清高的李德裕表示自己将一心一意侍奉君王，洁身独立，绝不与奸佞小人结为朋党。如果陛下能提拔贤能，罢黜奸邪，倚重宰相，则必能大治天下。李德裕的这番话无疑是一封决心书，这让唐武宗大为感慨，也为自己任用了这样一位贤才为相而甚感欣慰。

虽说李德裕这番话说得有些言过其实，也着实令人不敢恭维，但是他所要的效果不久之后就见了分晓。此次谈话之后，唐武宗对李德裕表现了超出寻常的信任，当然这也是看重他的能力而产生的。总而言之，唐武宗之所以能成功地开创"会昌之治"，除了源自他的知人善任，其中还有一个十分重要的原因，那就是他能够充分信任自己的臣子。

李德裕入相后，以宰相为中心的中书省充分发挥了其作用。他加强了宰相的权力，其目的在于提高朝官的声威，抑制宦官权力扩张，保证中央集权统一管理。自打回到长安的那天起，李德裕就几乎站在了仇士良的对立面。与唐武宗一样，他并不会主动去和仇士良等人相抵抗，而是通过壮大自己的势力，来慢慢削弱对方的势力。虽然李德裕的强权有党朋之争的嫌疑，但是事实证明了此做法大体上来讲收效显著，也给后来的"会昌中兴"创造了条件。

唐武宗对李德裕除了信任之外还十分尊重，几乎可以说到了言听计从的地步。当初唐武宗将前宰相李珏、杨嗣复贬谪罢黜，本已下令将二人处死，但李德裕上表力谏，唐武宗也就依他的意思，赦免了他们。

　　唐武宗在继位之初，就下旨罢免了前宰相杨嗣复和李珏。到了第二年正月，新帝改年号为"会昌"，同时依照惯例宣布大赦天下。但仇士良心里不甘就此罢休，担心已被贬为地方观察使的杨嗣复和李珏有朝一日东山再起，便决意斩草除根。

　　当年三月，等到赦令的有效期一过，他便再次拿起屠刀对准这两个政敌，并不断对天子施加压力，上表请求除掉二人。唐武宗派出了两路宦官前去诛杀二人，当时的杨嗣复身处潭州（今湖南长沙市），而李珏任职桂州（今广西桂林市）。

　　李德裕在第一时间就获知了此事，立即召集大臣到中书省紧急磋商，并请枢密使杨钦义入宫面奏皇上，反对诛杀二人。与此同时，他还联络另外三位宰相，在唐武宗下诛杀令的第二天采取行动，一天之内三度向唐武宗递交奏书，劝唐武宗不要听信仇士良之言，杀杨、李二人。

　　李德裕对唐武宗说："当年德宗皇帝就是因怀疑大臣刘晏唆使太子谋反，仓促地就将其诛杀了，使朝野上下皆替其喊冤。两河流域的藩镇官吏甚至以此为借口不服朝廷的管治，德宗皇帝其后也为此后悔不已，只得录用刘晏的子孙为官来作为补偿。先帝文宗也曾因猜疑大臣宋申锡与亲王串通谋反，将他贬谪流放，致使其客死他乡，事后也是追悔不已。倘若杨嗣复与李珏真的有谋反之心，也只能再次贬谪。无论如何应当先行审讯，等到罪证确凿，再杀他们也为时不晚。而今陛下不与百官商议便派人诛杀二人，朝中臣子无不震惊。恳请陛下能登临延英殿，允许我们当面陈述！"

此时的李德裕很清楚，如果这次仇士良得逞，那么其气焰会越来越嚣张。杨嗣复和李珏虽然不是他一党的成员，但为了与仇士良对抗，也得拼尽全力保住他们的性命。唐武宗在接到李德裕等人的上疏之后，当天傍晚便宣他们上殿。几人上殿时，神情异常激动，含泪劝谏："陛下请慎重考虑，三思而后行，以免做出后悔之事！"

唐武宗断然没有想到，他眼下宠信的臣子居然如此重视两个前朝旧臣。几乎所有人都知道他当时为何罢黜杨、李二人，难免心生不悦，便说道："朕不后悔！众爱卿都请入座！"言下之意是让他们不必再劝他了。唐武宗没想到自己连说了三遍，李德裕等人还依然直挺挺地站着。虽然皇帝面有怒色，李德裕还是再次劝说："臣等希望陛下下旨免除二人死罪，不要因其之死而让天下人皆喊冤。陛下若不同意，臣等不敢就座。"

李德裕如此固执己见，唐武宗大惑不解。但此时他也看出了李德裕眼中的决心，仔细思量许久，觉得为了两个无足轻重的人而跟宰辅闹僵，实在是不值得，何况这本来这就是仇士良出的主意，自己也不是非杀他们不可，于是便挥挥手说："罢了，看在众爱卿的面子上，就免除他们的死罪吧！"随后，两路使者被追回，二人性命得以保全。但"死罪可免，活罪难逃"，杨嗣复被贬为潮州刺史，李珏被贬为昭州刺史，此事就算告一段落了。

仇士良虽然对这样的结果极度不满但又无计可施，因为此次反对他的势力不可小觑，其中既有李德裕这样的资深政治强人，又有明摆着要与他分庭抗礼的宦官新贵杨钦义，最重要的是唐武宗对他们的话非常重视，自己也不能与之相比。虽然仇士良明白李德裕等人不好对付，但他也不会就此罢手。

之后，李德裕向唐武宗提出了"政归中书"的政策，并公开让唐武宗简政放权。对于李德裕的意见，唐武宗当然欣然接受。唐武宗虽然重用李德裕，但也不是完全失去自我，盲目崇拜。

而对于李德裕来说，他之所以能够将他的政治才能充分地发挥出来，还得感谢唐武宗为他搭好了一个宽广的政治舞台。纵观李德裕的一生，最辉煌的时期就是唐武宗在位的六年。在这六年的时间里，他帮助唐武宗内制宦官、外平回鹘，而且汰冗官、助灭佛，可以说功绩赫赫，几乎可以称为晚唐之时最著名的宰相。而他们君臣之间的合作则被史学家称颂为"君臣相知成为晚唐之绝唱"。

游戏皇帝的治世

在唐武宗的内心深处，他还是很想在自己在位期间有一番作为的。唐武宗曾经特意去兴庆宫拜见他的祖母郭太后，诚恳地询问她如何能当好一位天子。郭太后早就知道这个孙儿的所作所为，但她对于唐武宗所做的荒唐之事只字未提，仅说了一句话，就是要他学太宗皇帝虚心纳谏。

唐武宗听了祖母的话后如醍醐灌顶，回去后马上将高积在案的谏书全部读了一遍，并发现这些奏疏中很大一部分是劝他节制玩乐的。在此之后，唐武宗好像瞬间长大了不少，外出游玩的次数明显减少了，也不再随意赏赐五坊中人。例如，唐武宗有一次到泾阳狩猎，有大夫高少逸、郑朗进谏说："陛下近日来出猎太频繁，而且早出晚归，出城太远，影响了国事的处理。"唐武宗马上表示接受他们的建议，还擢升了高、郑二人的官职，以此来鼓励臣下积极进谏。

唐朝在举行宴饮时风行酒令，唐武宗也深谙此道。他听说扬州的女伎多才多艺，尤其擅长行酒令，于是命令驻扎在扬州的淮南监军使在当地选取十七名女伎献入宫中。为了逢迎君主的喜好，监军使要求当时的淮南节度使杜悰在进献皇帝要求的女伎之外，再加选一些良家美女，教她们练习行酒令之后一起进献到长安。

杜悰为人颇为正直，所以表示拒不参与此事，不管监军使再三要求，杜悰始终不从。监军使见他如此固执，一怒之下就上表唐武宗弹劾杜悰。唐武宗接到状表后，沉默了许久，终于说道："朕命淮南藩臣选女伎入宫，岂是圣明天子所能有的作为！杜悰能够不附从监军之意，真是宰相之才。与他相比，朕实在惭愧啊！"

说完这番话后，他便下令淮南监军停止选美的活动。不久之后，淮南节度使杜悰入朝拜相。唐武宗召见了他，并对他说："贤卿不从监军使之言，朕才知道你有让朕成为圣君之意。今以卿为相，如得一魏徵。"由这件事可以清楚地看到，唐武宗为人还是较为知人善任的。率直的他能够从容地面对现实，比唐文宗少了些迂腐，又比唐敬宗多了些正气，颇有些唐太宗李世民的遗风。

唐武宗在位期间最成功的一大举措就是重用了宰相李德裕。可以说他中兴大唐的统治，有很大一部分是李德裕帮他完成的。在良相李德裕的帮扶之下，千疮百孔的大唐终于重振雄风。

唐武宗在李德裕的帮助下于会昌年间进行了一系列的改革，其中较为有效的就是对吏治的整顿。为了提高朝廷各部门的行政效率，节省国库的开支，李德裕在征求了唐武宗的同意后，开始大刀阔斧地裁减冗余官员。李德裕认为："省事不如省官，省官不如省吏，能简冗官，诚治本也。"此举虽然于国于家都是有利无害，却触及不少既得利益者的痛处，因此一经实施就引起了不少人的反对。但是在唐武宗的坚持下，裁减官员的措施还是突破了重重阻碍，推行了下去。

除了对冗官进行了裁减之外，李德裕和唐武宗还对贪污、腐化等行为进行严惩，以此来加强集中管理，提高办事效率。唐武宗为了整顿吏治立法极严，尤其是对官吏贪赃枉法的惩治，更是从严从重，绝不姑息。

因为贪腐的官僚行为一直是百姓痛恨的，为了改善政府在百姓心目中的形象，唐武宗在继位赦文中宣布："自开成五年二月八日昧爽已前，大辟罪已下，无罪轻重，咸蠲除之。惟十恶、叛逆、故杀人、官典犯赃，不在此限。"即将官典犯赃归于十恶、叛逆、故意杀人等罪行之列，排除于大赦范围之外。

李德裕当上宰相后，更是辅佐其加强了廉政肃贪的建设。早在会昌元年（841 年）正月，唐武宗就曾正式下诏："朝廷典刑，理当划一，官吏坐赃，不宜有殊，内外文武官犯入己赃绢三十匹，尽处极法。"二月二十六日，唐武宗再次下诏，官吏贪污满千钱的，处以死刑。从这样严厉的标准不难看出唐武宗廉政改革的决心。之后唐武宗两次大赦天下，但都申明贪污之罪不在赦宥之限，而且还公开说："由是退恶进贤，化行令举，刑奸赃之吏，破黩货之家，此宗社降灵，助成时政。"

除此之外，唐武宗还限制官员大办丧事。因为如果大办丧事，难免有人会借机变相行贿受贿。贪污腐败自古以来一直都是政府的一大棘手难题，而且一味地依靠严刑峻法，并不能从根本上解决问题。唐代官员的俸禄并不高，许多官吏的俸禄甚至不能养家糊口，还有许多地方的俸禄由于种种原因不能及时发放，有些人就难免心生他念。了解到这一层原因后，唐武宗便在加强法制的同时对官员的俸禄进行统筹管理，力图从根本上解决贪污的现象。

有些官吏为了进京赴选，多有举债。虽然他们都说到任填还，但是俸禄就那么多，导致了很多人的贪求。为解决官吏的京债问题，会昌时期增加了这些人的薪俸，同时出台了新的政策，允许国家借款给他们以偿债。此外还给官吏养廉银以促使其奉公守法，"月选官许借支养廉，较当日加给两月俸料，体恤尤厚"，虽不能从根本上解决贪赃枉法的问题，但也有一定的积极作用。

唐代到了后期，进入仕途的方法简直到了泛滥的地步。为了改变这一现象，李德裕提出严格控制官吏的选拔，从官吏来源入手控制官僚腐败。对于李德裕的提议，唐武宗也十分赞同。这次改革首先做的是严格进士科的考试制度，选拔真才实学。

在这之后，朝廷又对新科进士的实授做了较为明确的说明，规定：

"进士初合格，并令授诸州府参军，及紧县簿尉，未经两考，不许奏职。盖以科第之人，必宏理化，黎元之弊，欲使谙详。……近者诸州长吏，渐不遵承。虽注县僚，多糜使职。苟从知己，不顾蒸民，流例寝成，侵费不少。况去年选格，更改新条，许本郡奏官，便当府充职，一人从事两请料钱，虚占吏曹正员，不亲本任公事，其进士宜至合选年，许诸道依资奏授州县官，如奏授州县官，即不在兼职之限。"

也就是说新科进士除了考理论文化知识还得考时政，方可实授；限制地方奏官的人数，减少国家财政负担的同时也防止地方集权。

不仅如此，新的诏令还对利用门荫特权入仕者进行了限制。中晚唐时期，滥用、冒用门荫特权取仕已成为吏治一大弊病，许多豪门子弟往往是凭借家族的功绩"自幼授官，多不求学，未详典法，颇有愆违"的纨绔子弟。所以严格执行用荫标准，明令限制门荫特权，在一定程度上提高官吏队伍的素质。

此外，唐武宗还下敕规定官员兼职不得超过两道，如果情况特殊而兼三四道的，必须接受中央朝廷的监督，以此来防止有的官员兼职太多而无力全面顾及兼领之地的情况，并能有效抑制地方势力的过分膨胀。

针对中唐后期官员游宴无度的现象，唐武宗在改革中也有涉及，会昌时期严禁官员无节制游宴。游宴无度不仅造成物质财富的巨大浪费，还易滋生腐败，更严重的是有的官吏因嗜酒贪杯耽误公事。再加之有的官员利用科举选士以结党营私，所以李德裕便请奏取缔了进士的曲江集宴。

为了扶正社会风气，抑制贪污腐化，这一时期还加强了御史和谏官的权力品级。例如会昌二年（842年），朝廷下旨将御史大夫由从三品提升为正三品，将御史中丞由正五品上升至正四品下。御史台作为古代吏治的监督机关，肩负着监察百官的重任。唐武宗这么做就是为提高其热情，使其更尽心尽职地工作，并充分发挥其舆论监督作用。

谏议大夫在初唐时期一直享有重要的地位，作用就是上疏劝谏、补过拾遗。唐武宗效仿先帝纳谏，从他主动提高谏官品级就可见一斑。武宗会昌年间对吏治的改革，令中晚唐的二十年间受益颇多，虽未能阻止李唐王朝的衰败，但最终使得当时的政治局面达到了相对清明的状况。

由于过分迷信术士，唐武宗最终也服食丹药。长期服用一些金属含量过高的丹药致使唐武宗的性格十分暴躁，且喜怒无常。出于这个原因，后世对于唐武宗的评价也是褒贬不一。

到了会昌五年（845年），唐武宗的身体一日不如一日，但还是很相信术士，依旧服用丹药。到了会昌六年（846年），唐武宗的病体已经无法支撑他上朝议事了。该年三月二十三日，唐武宗驾崩，临死前口不能言，终年三十三岁。继承其皇位的是他的叔叔——光王李忱，即唐宣宗。

装傻装出来的皇位

唐宣宗李忱（原名李怡），是唐宪宗的第十三个儿子。他的生母郑氏本姓朱，润州人，是原浙西观察使李锜家中的一个小妾。李锜之所以纳郑氏为妾是因为在他到达浙西任职之后，有个术士告诉他，郑氏的面相以后会生出天子。其后李锜作乱被朝廷处死，郑氏就随同李锜的家眷没入掖庭为奴。当时唐宪宗的贵妃郭氏看中了她，便把她从掖庭调到自己身边充任侍女。

郑氏天生丽质，不久之后为唐宪宗所宠幸，从一个普通的宫女成为后宫妃嫔中的一员。唐宪宗元和五年（810年）六月二十三日，郑氏在大明宫生下了儿子李怡，这就是后来的唐宣宗。李怡并非唐宪宗的嫡子，而且名次比较靠后，所以几乎是没有可能继承皇位的。长庆元年（821年）三月，继承皇位的唐穆宗封李怡为光王，自此之后他就一直以亲王的身份住在十六王宅中。

和其他朝代亲王驻守各地的情况不同，唐朝自建国始，尤其是唐玄宗之后，亲王们除遇特殊情况，一般不离开长安，这可能也与抑制亲王们的权力发展有关。自从唐朝的继承制度在唐敬宗之后由原来单一的"父死子继"逐渐开始出现"兄终弟及"。

光王李怡从小在智力方面就有些缺陷，而且为人沉默寡言，不善与人交谈。由于李怡的这种特殊情况，所以他在当时成为对皇位最没有威胁的一位亲王。

正是因为他和其他人在政治上几乎没有利益冲突，所以十六王宅中的其他王爷对他的态度也很特别，他们既同情这个呆头呆脑的王爷，又忍不住经常戏弄和取笑他。之后的敬、文、武三位皇帝都是以兄终弟及的方式继承了皇位，李怡就自然而然成了三代天子的皇叔。李怡虽是皇叔，是他们的长辈，但几乎从来没有受到过这几位侄子的尊重。

唐文宗是十六王宅中第一位登上皇位做天子的王爷，他在继位之后还会不时地回到自己的故地，和自己的皇叔以及兄弟们叙叙旧。一日，唐文宗又来到十六王宅与亲王们宴饮，李怡作为皇叔，当然也在其列。宴席之上，众位王爷与唐文宗觥筹交错，欢声笑语不断，只有光王一人在旁默默不语。

唐文宗见他如此，便笑言道："你们谁能让皇叔开口说话，朕重重有赏。"王爷们本来就经常戏弄光王，如今听说皇上有赏便纷纷离席前去逗弄他。但奇怪的是，无论众人怎么捉弄，光王就是一言不发，而唐文宗看着他木讷的样子和其他王爷无奈的表情居然大笑不止。

唐文宗之后的唐武宗性格颇为爽直，对这位皇叔更是无礼，经常以捉弄取笑他为乐。唐武宗在位之时还一度怀疑光王的沉默寡言和那种与世无争的态度都是故意装出来的，其实内心深处有着不可告人的秘密。正是因为有这样的猜疑，所以唐武宗继位之后从内心深处对自己的皇叔产生了一种厌恶感，经常让他难堪，在众人面前下不来台。

为了彻底消除光王对自己的威胁，唐武宗甚至想将他杀死，以绝后患。根据《续皇王宝运录》中的记载，唐武宗为了除去自己的皇叔，偷偷命宦官将光王幽禁起来，并把他沉于宫厕之中。宦官们十分同情光王，就对皇帝说："光王不应被沉于厕中，还不如就此将他杀死吧。"唐武宗听了便同意了他们的做法。其后这些宦官将光王解救出来，并秘密地供养起来，并对上谎称光王已死，这样才保住了他的性命。

也有说是唐武宗借打马球之机，命宦官仇士良趁机将光王杀死。仇士良于心不忍，便让手下的宦官将光王抬出皇宫，并向唐武宗奏报说："光王不小心落马，已经救不活了。"就是因为仇士良的一丝善心，可怜的李怡才保住了一条命。据说为了远离纷争，李怡选择了出家为僧，自此之后他就离开长安，一直在江湖中游荡。但这件事是否属实也存在着很大的争议。

无论如何，唐武宗虽然用尽办法打压和折磨光王，他还是坚强地活在这个世上，而他对生活的乐观态度和对一切人事都豁达的胸怀渐渐地打动了众人的心。这也就可以解释为什么在诸多的记载中，唯一不变的一点就是他人都是因为不忍和同情冒着欺君之罪保存了他的性命。

从光王之前的经历来看，他的人生可谓坎坷不断。但纵观他的一生，他所受到的苦难还远远不止这些。武宗时期，还在做光王的李怡曾经有一次和唐武宗外出。在回来的途中，李怡不慎落马，顿时就昏迷了过去，但周围居然没有任何人发现。

那时正值寒冬，室外更是冰天雪地，李怡的命运又一次悬在了生死之间。也许是上天特别眷顾李怡，二更的时候，他竟然苏醒过来。醒来的他浑身冰凉，没有一点力气，但此时四周空无一人。就在这个危急的关头，一个巡夜之人发现了奄奄一息的李怡。

此时的李怡犹如抓到了救命稻草，对他说道："我是光王，不幸坠马落在此处，能不能给我一碗水喝？"巡夜之人看他实在可怜，便取了一碗水给他。李怡喝了水后，身体逐渐恢复了一些知觉，便跟跟跄跄地自己走回了十六王宅的住所。饱受磨难的光王在唐武宗死后终于迎来了自己的春天。

唐武宗英年早逝，死时长子只有几岁，还是个懵懂无知的幼童。在这种情况下，光王李怡慢慢地走进了人们的视野。其实早在唐武宗病重之时，宦官就已经蠢蠢欲动。因为对于晚唐的宦官来说，皇帝的更替是一次进行权力重组的大好机会。只要在这个关键时刻选准了对象，日后的富贵荣华便唾手可得了。

正是因为这种强大的利益驱使，内侍仇公武首先提出可拥立光王李怡为帝。仇公武之所以提出这样的建议是有其原因的。在宦官们看来，光王李怡是个憨痴之人，继位之后肯定是受人摆布、无所作为的。如果拥立他当上了皇帝，那日后的天下就如同自己的一样了。所以仇公武拥立光王的想法一经提出，马上就得到了左军中尉马元贽的赞同。

会昌六年（846年）三月二十日，唐朝廷向天下人宣布了唐武宗的遗诏："皇子冲幼，须选贤德，光王怡可立为皇太叔，更名忱，应军国政事令权勾当。"意思是唐武宗的皇子年龄太小，而光王李怡贤德，可立为皇太叔，而所谓的"应军国政事令权勾当"就是在正式继位之前代理国事。遗诏公布后的第二天，已经被立为皇太叔的光王李怡在少阳院召见了文武百官。

在之后的日子里，皇太叔李忱开始代病重的唐武宗处理政事，而他举手投足间表现出的自信和果敢与之前木讷呆滞的光王简直判若两人，积压了数月的政务在他的手中都迎刃而解。李忱的出色表现让众人大吃一惊，他们甚至不知该为此高兴还是担忧。群臣高兴和欣慰的是拥有这样英明睿智的皇帝后，国家治理有望；担心和恐惧的是这样一来光王之前是在韬光养晦，真实的目的可想而知，那么新君的心机深重可见一斑。

无论如何，李忱还是在重重阻碍下名正言顺地成为皇位的继承人。唐宣宗登基之后不久便尊称其母郑氏为皇太后，并将她安置在自己的出生地——大明宫，朝夕侍奉，丝毫不敢怠慢。

"小太宗"

虽然在唐宣宗继位之初，朝中的大臣都对这位有些"痴呆"的皇叔没有抱多大希望，但唐宣宗却凭着自己的努力，让天下人对他另眼相看。因为之前的人生经历，唐宣宗的心中一直有重振帝国朝纲的强烈愿望。再加之阅历颇深，他对于朝政和为君之道的成熟看法也是唐朝后期的其他皇帝无法比拟的。

大中元年（847年），刚登基不久的唐宣宗就因为天气干旱，下旨减膳撤乐，并释放宫女五百人。除此之外，又释放五坊鹰犬，停止各处的营建，并且下诏大赦天下。

大中二年（848年）二月，唐宣宗召见了翰林学士令狐绹，与他探讨了唐太宗所撰《金镜》中的治国之道。在这个过程中，唐宣宗对这位翰林学士十分尊重，君臣二人相谈甚欢，而令狐绹也明显能感受到这位皇帝的成熟稳重与其心中对于国家所寄托的希望。

在吏治改革方面，唐宣宗也在武宗朝的基础上做出了自己的努力，而"任贤勿贰，去邪勿疑"正是他所信奉的标准。唐朝的官员人数众多，宣宗年间已有近三千人。为了了解官员们的情况，以便能够将他们的才华用在可用之处，唐宣宗特意命宰相们编撰了一部《具员御览》，并放于案头，以便随时浏览。

唐朝在地方施行州县制，各地的最高长官便是刺史。刺史作为地方的行政长官，直接关系到朝廷政令的推行和百姓生活的好坏，所以对于刺史的任命唐宣宗更是格外重视，以至在宣宗一朝，刺史凡被选定之后一律要经过皇帝的亲自审查方可上任。

前朝的高官太过泛滥，而唐宣宗则十分珍视高官的授予，不是对朝廷有大功劳的是不可能在他手中获得这样的殊荣的。不仅对高官如此，就算一般官吏的任免，唐宣宗也要亲自审查，绝不只听信他人的一面之词。

一次，他到泾阳游猎，恰巧听到当地的一位砍柴之人说泾阳县令李行言为人刚正，不惧怕权势，经常为民做主，是个难得的好官。唐宣宗听后便将此人牢牢记在心中，回宫之后就授予李行言紫服。

唐宣宗任命官员还有一个特点，就是奖惩分明。对于有政绩的官员他肯定给予鼓励，而对于那些贪官污吏，一经发现绝对是严惩不贷，毫不留情。例如，淮南发生了严重的饥荒，百姓流离失所，而节度使杜悰却只知每日游宴，完全不管任下百姓的死活。杜悰身为淮南节度使还兼着宰相的头衔，威望颇高，唐宣宗为了不引起事端就马上把他调离淮南。

唐宣宗为人十分公正，不任人唯亲。他在位期间，有一个叫梁新的医官治好了他的厌食之症，梁新便想以此向唐宣宗求取一官半职。唐宣宗虽然对梁新心怀感激，但还是严厉地拒绝了他的请求，赏给他金银作为补偿。

唐宣宗继位之后曾任命自己的母舅郑光为平卢、河中节度使，但后来发现他无甚才华，而且语多鄙浅，就把他调回长安，留在身边任右羽林统军一职。地方节度使是个美差，右羽林统军当然不能与之相比，于是郑太后就多次对唐宣宗说，希望能将郑光依旧放回地方。唐宣宗虽然是孝谨之人，但却没有因此将没有政治能力的舅舅放到地方，而是赐予了他田地金帛作为补偿。

不料郑光的手下仗自己的主人是皇亲国戚，居然不缴租税。时任京兆尹的韦澳为人十分刚正，将这些人全部抓捕入狱。之后唐宣宗为此事还颇为担忧，怕舅舅知道后闹事，于是还想替其求情，让韦澳看在自己的面子上不要追究此事。

韦澳却劝他道："国舅爷倘若不缴赋税，那么朝廷的律法就是只针对贫户，留之何用？陛下任臣为京兆尹，清理京师之弊是臣的职责，万万不敢奉诏。"最后，韦澳责令这些人补足了所欠税款，并重杖一顿才将他们放归，以儆效尤。而唐宣宗也再未有他言，甚至为之前替舅舅求情向韦澳道歉。

唐宣宗不仅对自己要求严格，对子女的管束也颇为严厉。他十分宠爱自己的女儿万寿公主，并把她嫁给了起居郎郑颢。郑颢有个弟弟郑颛，郑颛病危，唐宣宗特意遣使前去探望。使者回到宫中之后照例要去皇帝面前回复，唐宣宗就问他万寿公主在做些什么。

使者不敢隐瞒，如实回禀道："公主殿下正在慈恩寺戏场看戏。"

唐宣宗闻得此事后大发雷霆，说道："难怪士大夫之家不愿与皇室结为姻亲，原来是因为这个原因！"言下之意是埋怨自己没有教育好女儿。说完之后，他马上下旨召万寿公主入宫。

万寿公主接到诏令之后也知道父亲召见所为何事，于是便匆忙赶去。等到万寿公主来到唐宣宗寝殿之时，唐宣宗对她不理不睬，只让她站在台阶下反省。万寿公主十分惶恐，泣涕涟涟，马上向父皇谢罪。毕竟是自己的爱女，唐宣宗也于心不忍，于是便教育她道："岂有自己的小叔子病重自己还去看戏的道理呢？"这件事情过后，皇亲国戚都谨守礼法，不敢有丝毫越矩的行为。

至于唐朝的边境地区，到了宣宗时期出现了新情况。吐蕃自唐武宗时期发生内乱之后，势力削减了不少。唐宣宗初年，本来被吐蕃所有的秦、原、安乐三州和原州七关都陆续归顺了朝廷，这大大提高了刚继位的唐宣宗的政治声望和资本。

之后，唐朝在宣宗时期还收回了河西走廊的控制权，并在沙州设置了归义军，命领导这次战役的张义潮为沙州节度使。河西走廊和沙州地区收复之后，唐宣宗抑制不住内心的激动，兴奋地说："先皇宪宗皇帝生前有志收复河、湟地区，但因忙于中原藩镇战争，一直没能完成这个心愿。如今朕竟然完成了他的意愿，足以告慰列祖列宗的在天之灵了。"

在唐宣宗的屏风之上书写的是一整部的《贞观政要》，而他自己也是经常阅读此书。他自小就十分仰慕先祖太宗皇帝的为君之道，而他之所以被称为"小太宗"，其中很大一部分原因就是他和唐太宗李世民一样善于纳谏。

他在位期间，不论是朝臣们的意见还是门下省的封驳他都能欣然接受。每逢大臣们提出了良好的建议，他甚至要洗手焚香，大有唐太宗当年的风范。有一次，他想要去唐玄宗修建的华清宫去游玩一下，但大臣阻止，他也就放弃了这个想法。

唐宣宗公私十分分明。每当上朝必然是正襟危坐，不论多久都不露一丝倦怠之意。他甚至经常提醒大臣们："卿等好自为之，朕常担心卿等负朕，日后难以相见。"以至于当时的宰相令狐绹说每次上朝都紧张得汗流浃背，不敢出一丝差错。但公事一旦结束之后，唐宣宗便和颜悦色起来，或谈天说地或一起游玩，和大臣们相处得如同朋友一般。

要命的"长生药"

虽然唐宣宗早期对长生之道持有一定的怀疑，继位之初还亲自下旨将唐武宗宠信的赵归真等人处死。但到了大中后期，他抵挡不住"长生不老"的诱惑，走了先帝们的老路。他不仅拜衡山道士刘玄靖为师，还下令整修武宗时期在大明宫内建造的望仙台，开始崇信道术并服用丹药。

他对这件事的态度之所以会发生转变，是因为对自己后半生的健康产生了担忧。然而唐宣宗虽然开始服食丹药，却并不想让其他人知道这件事情，从而对他产生猜测疑虑之心，所以他一直都是让医官李玄伯和术士们一起为他秘密炼丹。

在道士卢紫芝和山人王乐的指导下，一种名叫"长生药"的丹药诞生了。其实"长生药"没有什么特别之处，无非是用一些丹砂和药材合炼而成。但与普通丹药不同的是，这种"长生药"所含的金属成分十分高，所以药性较之其他丹药更为猛烈。

唐宣宗服用了这种丹药之后，常常觉得浑身燥热难耐，冬天甚至只需要穿一件单衣。见自己能够以这种不同寻常的方式生活，唐宣宗十分开心，便将所有的功劳都归结到术士们身上。随着唐宣宗对道术的热情越来越高，他听信术士服用丹药之事已人尽皆知。在这之后便不停地有大臣们上书劝谏他停止这种荒唐的做法，但唐宣宗丝毫不予理会。到了大中末期，唐宣宗为了获得"长生不老"的秘诀，甚至派人找到了罗浮山人轩辕集，并向他求取"长生之道"。

皇帝如此执迷不悟，做臣下的当然有义务提出规劝。但唐宣宗根本不想听取他们的意见，为了安抚大臣们的心情，他将宰相召来说道："你们替我转告大臣们，朕绝不会被方士所蛊惑。朕只是听说轩辕集乃一代高士，只是和他谈谈治国之道。"大中十三年（859年）年初，轩辕集向唐宣宗请旨说他要回到罗浮山中继续修炼，而且态度十分坚决。唐宣宗自然舍不得他，便以在罗浮山为他修建的道观还未竣工为由，劝他多留一年，但轩辕集还是执意要走。

随着时间的推移，丹药的副作用确实逐渐显现了出来。大中十三年五六月间，唐宣宗因为长期服用超金属含量的丹药，体内毒素淤积，后背长出了毒疽。

两个月后，唐宣宗的病情丝毫没有好转，反而越来越严重。唐宣宗也知道自己朝不保夕，便开始考虑身后之事了。和之前的几个皇帝不同，唐宣宗此时已到中年，而且已经有十几个儿子，可以说是子嗣颇丰，那么他为什么迟迟没有册封太子呢？

其实早在大中十年（856年），裴休就曾请示过立太子一事，却被唐宣宗一口否决。他不想立太子除了不满意稍年长的几个皇子的才华之外，还有一个重要的原因，那就是生性多疑的他根本不能相信自己的储君，所以立太子一事就被搁置了下来。

唐宣宗的病本来就是事发突然，这样一来，册立储君就从一件悬而未决之事变得迫在眉睫了。事已至此，已经容不得再多做考虑，一旦皇帝驾崩而储君未定，那么便不知道会引发出什么腥风血雨了。

在众多儿子之中，唐宣宗还是有较为喜欢的，那就是他的三子夔王。但夔王之前还有两个年长的哥哥，这么做显然不符合规矩，很可能引发众怒，所以必须将此事做到万无一失。大中十三年八月初七，唐宣宗下旨召枢密使王归长和马公儒，以及宣徽南院使王居方前来寝殿商议大事。这几个人一直都颇受唐宣宗的宠信，所以唐宣宗的意愿他们应该会坚决执行。当他们三人奉旨进入皇帝的寝殿时，唐宣宗已经奄奄一息了，而此时陪侍在左右的正是夔王。

当时唐宣宗支撑着病体，指着夔王对他三人说道："朕百年之后，可让夔王继承大统。他经验尚浅，辅佐之事就托付给你们了！"对于病重的唐宣宗来说，这一番话基本上可以说是临终遗嘱了。王归长等人见皇帝将此重任托付给他们，只有流着泪接受。一切交代妥当之后，唐宣宗咽下了最后一口气，离开了人世。

宦官选天子

面对唐宣宗的托孤，三名宦官立刻就明白了这是一个机会。如果把握住了这次机会他们将一生荣华富贵，但是同时这也是一次危机，因为一旦失败，他们就会万劫不复。

王归长等人预见到这场废长立幼的事件会在朝堂之上引起十分巨

大的波澜，所以必须谨慎行事。他们首先想到的就是，现在大臣们因为唐宣宗病重而一直被阻挡在宫门之外，就连宰相也没能见到皇帝，这为他们谋划行事提供了充足的时间。

王归长等人经过反复讨论，认为要在混乱的环境中保证夔王李滋登基，就一定要将军队把持在自己的手中，只有这样才能在斗争中取得有利的地位，令群臣信服。所以王归长等人做的第一件事就是对禁军下手，他们和当时担任禁军右神策中尉的王茂玄联手积极活动，但是当时禁军中的另一个重要人物左神策中尉王宗实和王归长他们有很深的矛盾。王归长等人知道王宗实绝对不会和他们一同扶持夔王李滋，甚至可能将王归长等人的计划全盘破坏，于是他们决定要先解决王宗实。

王归长假借唐宣宗的名义下了一道敕命给王宗实，任命他为淮南监军，这就等于将他外放出京城了。对于这道命令，王宗实虽然有所不解，但也只能老实地接受，于是他很快整顿好行装，准备离开京城。就在这时，王宗实的一名手下，心思缜密的左神策军副使亓元实，对于这道敕命表示怀疑，他认为皇帝是不会在这种局势混乱、形势不清的情况下做出重大的人事变动的，更何况王宗实是保卫皇帝安全的禁军将领。亓元实告诉王宗实这必然是有人假借圣命，因为王宗实妨碍了他们的计划，才想要将他调离京城。

王宗实决定入宫一探虚实，他带领着大量的禁军强行闯入皇宫。在寝宫，王宗实看到皇帝已经驾崩，宫中的侍女和宦官们正在皇帝的遗体周围大声哭泣。这一切都表明了王宗实所收到的圣旨是假的，于是他立刻下令手下将倍受唐宣宗信任、假借皇帝的名义发布敕命的王归长等三人抓了起来。

面对突然出现的王宗实、亓元实等人，王归长等三人完全慌了手脚，他们虽然也做了一些准备，但是在双方悬殊的兵力、掌握着右神策军兵权的王茂玄又不在宫中的情况下，王归长等人只好承认自己假传圣旨，趴在王宗实脚下乞求他饶恕自己的性命。他们的祈求并没有起到作用，王宗实将王归长、马公儒、王居方等人全都处死了。

因为王归长等宦官的失利，王宗实取得了皇宫的控制权，之后他立刻派遣宣徽北院使齐元简将郓王李温从十六王宅中迎出。然后王宗实用大行皇帝的名义发布了遗诏，册封李温为太子，改名为李漼，同时让太子监国。大中十三年（859年）八月十三日，二十七岁的李漼正式登上了帝位，史称唐懿宗。

众人皆醒我独醉

大中十四年（860年）二月，这一年是唐懿宗继位的第二年，他刚刚忙完唐宣宗的葬礼。作为皇帝，他要开始考虑自己的将来了，首先他为自己选定年号为"咸通"。因为刚刚登基为帝的唐懿宗心中向往着成为一个和他父亲一样的明君，于是他选了唐宣宗一首曲子词中的一句"海岳晏咸通"，取了"咸通"二字。

遗憾的是，唐懿宗没能成为一位明君，他的行事作风中完全没有唐宣宗的影子。

唐懿宗不仅荒唐享乐、不思朝政，在官员的任免上也十分随意。他在登基之后所做的第一件事是下令处死当初没有签名同意让他监国的宰相。这道完全出于私怨的命令虽然最终没有被执行，但是从这之后，唐懿宗就不停地更换宰相，他在位期间，一共任用了21位宰相，这些宰相中几乎是庸碌奸诈的人，真正的能臣良相寥寥无几。

唐懿宗继位不久之后，任命的第一任宰相是白敏中，应当说白敏中作为前朝老臣能力非常强。但是这些都不是唐懿宗选择他的原因，唐懿宗选中白敏中的原因只是因为白敏中是一个不能上朝的宰相，他在入朝时不慎摔伤了，四个多月无法上朝办公，对于唐懿宗的任命，白敏中曾三次上表请求辞职，但是唐懿宗都没有批准。

　　宰相作为皇帝的左右手，本应是十分重要的职位，但是唐懿宗拒绝选用能帮助他治理朝政的宰相，一个卧床不起的宰相正好给了他一个肆意玩乐、不理朝政的理由。

　　唐懿宗甚至不顾国家法度，肆意滥杀，他最宠爱的女儿同昌公主因病去世，唐懿宗竟然毫无理智地处死了所有为公主诊治的医官，并且逮捕了他们的家属。这个决定震惊了朝野，当时宰相刘瞻希望谏官能够上表进谏，但是被唐懿宗吓怕了的谏官们不敢进谏，所以刘瞻只好出面，希望劝唐懿宗能够释放那些医官的家属。

　　对于刘瞻的谏言，唐懿宗感到十分生气，于是将刘瞻贬为荆南节度使。这时原本就和刘瞻不合的驸马韦保衡趁机公报私仇，向唐懿宗编造了同昌公主是刘瞻和医官合谋投药毒死的谎言，唐懿宗就将刘瞻连续贬为康州刺史、驩州司户参军，其他与刘瞻关系密切的朝廷官员如高湘、杨知至、魏筜、孙瑝、郑畋、尹温璋等人也受到牵连被贬职，尹温璋更是在被贬之后自杀了。

　　唐懿宗在任命官员上十分随性，与不轻易授人官职的唐宣宗不同，唐懿宗经常会随心所欲地赏赐官职、钱财，而并不在乎所授之人是否有受赏的资格。唐懿宗的授官已经到了毫无节制的地步，可能就连他自己也不知道自己到底给多少人授予了官职。科举制度原本是朝廷取士的重要途径，但是在唐懿宗时期，原本具有崇高地位的进士科也被搞得乌烟瘴气。这是因为只要是懿宗的亲信就可以不参加每年春天由礼部主持进行的科举考试，而以"特敕赐及第"的方式被皇帝直接授予进士出身。进士的选择完全依靠唐懿宗个人的爱憎，他的敕书取代了礼部的金榜。这对于那些寒窗苦读的人十分不公平，同时也导致了奸佞之臣充斥朝堂而贤良之士遗之于野的局面。

在这些人中比较有代表性的就是咸通初年的宰相杜悰和咸通五年（864年）担任宰相的路岩。杜悰能够得到高位完全是凭借身份，作为德宗朝宰相杜佑的孙子、唐宪宗的驸马，他有着足够显赫的身份。而路岩则是一个更加恶劣的人，本就昏庸无能，因为唐懿宗的偏宠成为李唐王朝的宰相，他在职期间大肆搜刮民脂民膏，结党营私，公开收受贿赂，肆意妄为，视王法为无物。更和后来拜相的驸马都尉韦保衡沆瀣一气，他们两人权倾天下，在人们的心中像厉鬼一样阴恶可畏。

骨灰级玩家唐僖宗

唐僖宗李儇出生于唐懿宗咸通三年（862年）五月初八，他是唐懿宗的第五子，最初被册封为普王，母亲是王氏。

按理，作为皇五子，李儇原本是没有资格继承皇位的，他的继位是由当时特定的环境所决定的。那时的李唐王朝已经日薄西山，社会矛盾日益尖锐，朝政腐败，民不聊生。

唐懿宗一生有八个儿子，但是由于这些儿子的母亲都并不很受宠爱，而且唐懿宗的皇后也没有为他生出嫡子，所以唐懿宗在太子的人选上一直拿不定主意，迟迟没有册立太子，这就给了宦官们以可乘之机。

整日沉迷于佛事之中的唐懿宗将朝廷中的政事都交给了韦保衡。这使韦保衡独掌大权，排斥其他宰相，他打击异己，专横跋扈。到了咸通十四年（873年）六月，唐懿宗得了重病，医治无效，七月时病情加重，此时他想要安排后事，但他和外界的联系早已被宦官们完全切断了，皇帝见不到宰相和群臣，选择皇位继承人的权力又一次落到了宦官手中。

唐懿宗病危的当天，在皇宫中权力最大的两个宦官，左、右神策军中尉刘行深和韩文约就开始考察哪一位皇子适合成为方便他们掌控的新君。从唐宪宗时代开始，掌握京城主要武装力量、负责守卫宫城的神策军就成为宫廷政变中最主要的力量，所以左、右神策军统帅的态度对于择立新君十分重要。

刘行深和韩文逐一考察了唐懿宗的几个儿子，他们发现普王李俨既年幼又贪玩且威望不高，既没有足够的能力也没有坚实的后台，非常易于掌控。于是他们选择立李俨为太子，然后杀掉了唐懿宗其他的儿子。就这样年仅十二岁的李俨登基称帝，并改名李儇，史称唐僖宗。

唐僖宗因为是幼年登基，对于什么是国家政事完全不了解，他将国家大事全都交给臣下去做，每天所做的事就是游玩，这也是他庙号僖宗的原因。在僖宗继位的第二年，改年号为乾符，在唐僖宗时期，唐朝的政治变得更加混乱了。

咸通十四年（873年），唐朝西南方的南诏已经发展壮大到了足以威胁大唐的地步，南诏王派大量的军队进攻巴蜀和黔南等地，此时的唐朝军队已经十分腐败，几乎毫无战力，完全无法阻挡南诏军的步伐，南诏军长驱直入，一直到了成都，然后将这座繁荣兴盛的城市抢掠一空，临走时还不忘放了一把大火。

面对唐军的节节败退，朝廷能做的只有不停地更换将领，但是都没有能够成功阻挡住南诏军前进的势头，最后还是派出了功勋卓著的大将高骈，才终于反败为胜，将南诏军打回了云南，收回了失地。唐军还没来得及庆祝击退南诏的胜利，第二年，黄巢起义就爆发了。在黄巢军的逼迫下，唐僖宗被迫逃亡到了成都，直到光启元年（885 年）才得以返回长安。

虽然政局混乱，但唐僖宗一生都没有停止过游乐。

唐僖宗整日醉心于声色犬马、游戏人间，为了使他耽于逸乐而不生出忧心国事、整顿朝纲的念头，宦官们大肆地搜刮财货来供唐僖宗挥霍。唐僖宗年幼登基，长于妇人、宦官之手，本身就不解世事，再加上宦官们的刻意引导，作为天子的唐僖宗完全不了解国家政治黑暗、百姓民不聊生的境地。

因为喜爱游乐，唐僖宗经常在宫中和一众随从亲昵狎戏，玩到高兴之时，他经常会挥金如土地将大量的黄金珍宝赏赐给那些陪他玩耍的乐工和伎儿们。

面对挥霍无度的唐僖宗，本就空虚的国库完全无法承受，同时各地起义蜂拥而起，镇压起义也需要军费。于是唐僖宗便命令地方官员加大搜刮的力度，当时的兵部侍郎、判度支杨严尽全力东挪西凑，甚至用政府的名义向商贾富豪借贷钱粮以筹集镇压农民起义的军费。

尽管如此，筹集到的钱财仍然是杯水车薪，于是朝廷又开始卖官鬻爵，但仍然无法满足唐僖宗和宦官们的需求。以至黔驴技穷的杨严不得不上书请求辞职，但是他已经是朝中最好的财政官员，所以唐僖宗并没有批准他的请求。

面对这种窘境，大宦官田令孜对皇帝说，可以将京城两市商人的货物都征调过来，当时的两市指的是京城中的两大贸易区，东市和西市，西市大多是胡商，东市大多是华商。在唐朝时期，中国的商业贸易十分繁荣，在集市上宝货堆积如山。因此，田令孜认为只要掌握这两市就能缓解国库的亏空。

这种行为无异于杀鸡取卵、白日抢夺，影响十分恶劣。然而为了充实国库，唐僖宗竟然不顾后果地下令实施。这就引起了很多人的反对和不满，对于这种情况，唐僖宗命令宦官作为执行时的监视人，要他们在现场监视那些商人，如果发现有商人对调整令稍有不满就将他捆起来，送到京兆府中乱棍打死。

皇帝的避难所

唐朝末年起义不断，社会矛盾十分尖锐，被生活所迫的人民不断地爆发起义。在唐僖宗统治的时期，不但没有励精图治，反而使政治变得更加腐败，这个时期百姓身上的负担变得更重了，所以在唐僖宗统治时期又爆发了王仙芝、黄巢的起义，这些斗争都给李唐王朝以沉重的打击，使日渐腐朽的政权变得更加摇摇欲坠。

广明元年（880 年），潼关以东的广大地区已经是战火连天了，这些事情无心政事的唐僖宗完全不知道，但是掌控大军的田令孜早就已经知道了当时的大局，所以他提前做好了逃跑的准备。当然，因为皇帝是他荣华富贵的保证，所以他要为皇帝事先准备好逃跑的路线。

十一月，东都洛阳被黄巢军攻下，田令孜知道危机已经临近了，于是当黄巢的起义军兵临长安城下时，唐僖宗在田令孜的引导之下，甚至没来得及通知文武百官，也没有召集军队，就只带着身边的五百名神策军和福、穆、泽、寿四王及几个妃子，从长安城的金光门逃了出去，连一匹马都没有来得及牵。就在他们急忙出逃的时候，遇到了一行骑兵，他们向着唐僖宗喊道："黄巢是来清君侧的，如果皇上西迁，置关中父老于什么境地？请陛下快回长安！"面对这些言论，田令孜急忙命人将这几名士兵处死，然后将他们的马抢了过来，就这样唐僖宗才终于摆脱了步行的窘境。

唐僖宗本身是一个喜好玩乐的人，所以他的骑术十分了得，这一路上他并没有受太多的苦。但是几个嫔妃从小都是娇生惯养、养尊处优的，所以这一路上她们体会到了前所未有的颠沛流离。由于马匹有限，甚至连福、穆、泽、寿四王也只能步行，寿王李杰走不动了停在半路上的一块大石上休息，田令孜担心拖慢行军速度，被起义军赶上，竟然挥鞭抽打寿王，并且呵斥着命他快走。面对着跋扈的田令孜，李杰感到十分愤恨，他狠狠瞪了田令孜一眼，在心中暗暗下定决心，将来一定要报复。之后李杰只能在小宦官的搀扶下继续前进。

十二月十三日，唐僖宗等人终于到达了兴元，这时唐僖宗命令全国的兵马一起进攻黄巢，收复京城。在全国军队的围攻下，黄巢军被孤立在了长安近郊的一块狭小的土地上。然而由于各路官员纷纷赶到，偏僻贫穷的兴元难以支持越来越大的开支，钱财粮草等物资出现了周转不灵的现象。面对这种境况，唐僖宗在田令孜的劝说下又来到了成都，在很长的时间里，这里就成为唐僖宗新的避难所。

田令孜之所以选择这里，是因为他的哥哥陈敬瑄是西川节度使，早已在此处进行经营。在这里田令孜可以最大限度地发展他的势力，拓展他的权力。昏庸的唐僖宗并不知道田令孜的用意，当他知道可以去一个物产丰富的地方时，就满心欢喜地答应了。中和元年（881年）正月二十八日，在长途跋涉之后，唐僖宗到达了成都。在成都安顿下来之后的唐僖宗，完全不懂得吸取教训，他依然独宠田令孜，将所有的权力都交给了他，对于大臣们的谏言不闻不问，任命田令孜为行在都指挥处置使，这就等于将自己在成都的一切事务都交给了他。

唐僖宗最初来到成都时，曾经给蜀军的每个将士赏钱三缗，后来从其他地方进献的金帛越来越多，这时田令孜就私自将这些奖赏给了自己的亲信，而再也不交给蜀军的将士，对于这件事，当时在蜀军中不满的人很多。这种不满达到一定程度就爆发了出来，当时田令孜在宴请诸军将领，在所有将领中只有西川黄头军使郭琪没有接受田令孜的敬酒。他威胁田令孜说，希望蜀军能和其他保护皇帝的军队得到同等的待遇，如果再有赏赐不均的事发生，那么难免会发生变故。

听了这话，田令孜十分不悦，便换了一杯毒酒给郭琪，郭琪明知此酒有毒，但田令孜势大不敢违抗，只能喝了下去。好在此酒毒性不烈，郭琪回家以后延医治疗，保住了性命。郭琪愤怒之下，带兵在城中烧杀抢掠了一番，然后逃出了成都，前去扬州投奔了高骈。

在四川生活的唐僖宗，虽然满意在成都的奢侈生活，但是再怎么说成都和繁华的长安是不能相比的，所以每当他望向长安的方向都会伤心地哭泣，每次多是因为田令孜的安慰，才稍稍得到宽慰。这一时期田令孜为了讨好皇帝，经常拿打胜仗的捷报给唐僖宗看，而对于那些打败仗的战报则是隐瞒不报的。

这时的唐僖宗偶尔也会为朝政费心，当时诸道都统高骈和相邻的镇海节度使周宝之间有矛盾，这直接对与起义军的作战产生了影响。为了使他们尽快和解，唐僖宗这一次亲眼看了大臣们给高骈与周宝写的诏书，他一连看了几份翰林学士起草的诏书，都觉得不是十分满意，最后田令孜找人代笔写了一份诏书，才博得了唐僖宗的欢心。

中和四年（884年）七月二十四日，黄巢起义失败之后，唐僖宗在成都举行了一场盛大的献俘之礼，然后带着官员们高高兴兴地准备返回长安。因为黄巢军队对长安造成了非常严重的破坏，所以很多宫殿都需要整修，再加上官员们大都忙于争权夺势，所以唐僖宗真正从成都启程返回长安的日期是中和五年（885年）的正月。在历经千辛万苦之后，唐僖宗在三月二十二日回到了已经离开四年之久的京师，然后宣布大赦天下，并改元光启，希望从此以后唐王朝的统治能够和平稳定。但是遗憾的是这样的愿望最终并没有实现。

数年的惊魂还没来得及稳定，便又遭遇了新的动荡。田令孜无奈之下再次带着唐僖宗于光启元年（885年）十二月逃亡到凤翔（今陕西宝鸡）。

经过几番折腾，光启四年（888年）二月，唐僖宗终于得以返回长安，只是此时他已经在长期愁苦忧患的颠沛流离中重病缠身了。回到长安的唐僖宗拖着沉重的病体，用繁复的礼仪拜谒了太庙，然后下令改元"文德"，并大赦天下，希望以此来稳定民心，一扫过去的风烟尘迹，开启一个崭新的时代。然而，一个月后，年轻的唐僖宗就在武德殿"暴疾"而终。

唐僖宗年轻而崩，生前并没有立过太子，也没有成文的遗诏指定下一位皇帝的人选，所以唐僖宗一驾崩，朝臣和宦官们就开始考虑拥立谁来继位的问题了。唐僖宗有两位皇子，只是他们年纪幼小，不通世事，所谓"国赖长君"，何况又是如此叛乱纷起、内外交困的乱世，无论是朝中大臣还是实际上掌握皇权的宦官集团都不愿拥立这两位小皇子，而倾向于在唐懿宗诸子中择立新君。

三月初五，唐僖宗进入弥留之际，已经不能言语，杨复恭对卧于榻上的唐僖宗提出立寿王李杰为皇太弟，让其继承皇位，命垂一线的唐僖宗不知是表示同意还是无意识地略点了一下头，杨复恭就认为已经得到了唐僖宗的恩准。

于是杨复恭立即命人下诏立寿王李杰为皇太弟，监理国事，并更名为李敏，并派右神策中尉刘季述率领禁军到诸王聚居的十六王宅去迎接寿王入宫，安置在少阳院。为了给朝臣一个交代，杨复恭派人请来宰相孔纬、杜让等到少阳院参见寿王。其实此时大事已定，无论朝臣对于寿王是否满意，都已经没有变更的余地了。好在群臣见到李杰后发现他"体貌明粹，饶有英气，亦皆私庆得人"，就这样李杰得到了宦官集团的支持和朝臣们的认同，皇位归属就此尘埃落定。

第二天，唐僖宗驾崩，皇太弟李敏在灵柩前继位，又更名为李晔，即唐昭宗。

被挖墙脚的杨复恭

初掌大权的唐昭宗李晔意气风发，他很高兴自己成为大唐的皇帝，掌握全天下至高无上的权力，终于可以为饱受荼毒的李氏王朝以及天下苍生做些什么了。

他一腔热血地准备重整河山，恢复祖宗基业，他礼遇贤臣、重视儒家经典、勤奋地研读经史，力图寻求为万世开太平的治国之术，又招募十万大军，试图以此增强朝廷的军力，以威慑天下各自为王的诸家藩镇。

然而沉疴难返的大唐已经日薄西山，唐昭宗的这剂药即使下得再猛，又怎能治愈病入膏肓的病人呢？百年来诸家藩镇各自为政，在各自的地盘经营势力、延伸触角，盘根错节地扎根在本属于大唐的土地上。而本属家奴之辈的宦官登堂入室，不仅参与政事，甚至可以肆无忌惮地谋杀、废立皇帝，成为皇权的实际掌控者，连受儒家教育熏陶、以忠君爱国为道德准则的朝廷大臣们也与这些宦官们相互勾结，往往牵一发而动全身。

　　泼到他头上的第一盆冷水来自拥立他的"盟友"宦官杨复恭。唐昭宗继位后，杨复恭身兼六军十二卫军容使、左神策军中尉之职，掌握着戍卫京师的禁军，而且自恃拥立有功，不仅独揽朝政大权，凌驾于宰相之上，甚至连皇帝都不放在眼里，将唐昭宗视为他的门生，在唐昭宗面前以座主自居，大失人臣之礼。但是杨复恭权大势大，刚刚登基、实力薄弱的李晔也只能忍气吞声，看着杨复恭在朝廷和后宫横行无忌，还不得不为他的拥立之功赐予丰厚的奖赏，并加封金吾上将军。

　　为了巩固自己的地位、扩大自己的势力，杨复恭广收义子、培植党羽，任命他们为禁军将领、节度使等重要职务，例如其心腹义子杨守立被任命为天威军使、杨守信任玉山军使、杨守贞授龙剑节度使、杨守忠为武定节度使等，这些义子遍布天下，控制着地方上的军政大权，号称"外宅郎君"。此外，还有六百余义子派遣至诸藩镇为监军使，密切杨复恭与藩镇的联系。杨复恭还与河东节度使李克用关系十分密切，有了最强藩镇的守望相助，杨复恭在朝廷的地位就更加稳固了。

　　一次，唐昭宗召宰相入宫，商讨如何解决天下纷起的叛乱，孔纬说就陛下身边就有反叛者尚未剪除，又何谈平定四方呢？唐昭宗便问孔纬指的是谁。

孔纬凌厉地瞪了一眼杨复恭，平静地说："复恭陛下家奴，乃肩舆造前殿，多养壮士为假子，使典禁兵，或为方镇，非反而何！"叛乱是祸延九族的大罪，嚣张如杨复恭也承当不起，于是急忙澄清说："子壮士，欲以收士心，卫国家，岂反邪！"孔纬不再作声，只是看着唐昭宗。于是唐昭宗一声冷笑，说出了一句诛心之言："卿欲卫国家，何不使姓李而姓杨乎？"

这件事就此作罢，因为唐昭宗毕竟还没有除掉杨复恭的实力，但是杨复恭已怀恨在心，不过他也不敢直接对皇帝下手，于是便将矛头对准了皇帝的舅舅王镶，打算杀鸡儆猴。于是杨复恭上奏唐昭宗，请将王镶任命为黔南节度使，让王镶离开繁华的政治中心长安而前往荒僻贫瘠的黔南，已经是形同流放，但是慑于杨复恭的威力，唐昭宗也只能同意。然而杨复恭仍然不满意，于是他又派人追杀王镶，终于在吉柏江上凿沉了王镶的船，可怜王镶和一船人就这样无辜地葬身鱼腹。

痛失亲人的唐昭宗胸中愤懑无人可解，于是更加坚定了除去杨复恭之心，但是羽翼未丰，毕竟不可轻举妄动。

有一天，唐昭宗找来杨复恭谈话说："听说你的义子中有一个名叫杨守立的十分英勇，朕想让他入皇宫来做侍卫。"有了之前在御前说过的"欲以收士心，卫国家"的大话，杨复恭无法拒绝，只好将杨守立派给了唐昭宗。

杨守立并不是一个普通的义子，他任职天威军使，统领禁军，十分勇悍，是杨复恭的得力干将。唐昭宗将杨守立召到身边正是为了剪除杨复恭的羽翼，所以杨守立入宫之后，唐昭宗并没有真的让他做一个普通的侍卫，而是重加厚赏，并赐姓李，改名李顺节。不到一年的时间就将他拔擢为天武都头兼镇海节度使，不久又加封同平章事，当然同平章事这样的宰相职衔只是虚授，并不是真的赋予李顺节宰相的权力，不过唐昭宗命他掌管六军管钥，信任有加。

聪明的李顺节自然明白皇上如此扶植自己的目的，那就是对付杨复恭，他自然不会辜负这个新靠山的期望。于是羽翼渐丰的李顺节开始与杨复恭争权夺势，并且一一揭露杨复恭以前的隐秘情报。有了李顺节的投效，唐昭宗不仅加强了对禁军的控制，削弱了杨复恭的势力，更为杨复恭树立了一个大敌，可谓一箭三雕。

对杨复恭来说雪上加霜的是，与他守望相助的河东节度使李克用被朱全忠、李匡威、赫连铎的联军打得大败，后来唐昭宗也派宰相张潜率军加入攻打李克用的联军，虽然这一次李克用反败为胜，大败官军，但是新崛起的强大藩镇节度使朱全忠站在唐昭宗的一方，这样一来杨复恭在地方上的势力也遭到了打击。

到了大顺二年（891年），唐昭宗自认羽翼已丰，便断然采取行动，免去杨复恭的观军容使、神策中尉之职，贬为凤翔监军。杨复恭自然不甘心就此被赶出京城，便声称自己身染重病要求致仕归家，唐昭宗没有看出贬为凤翔监军与致仕回家的重大差别，便同意了。

杨复恭在长安的家位于昭化里，距此不远便是玉山军营，正好其义子杨守信正担任玉山军使，于是致仕回家之后，杨复恭便与杨守信密切往来，谋划发动叛乱。然而他们的阴谋很快便败露了，唐昭宗收到报告说杨复恭与杨守信密谋叛乱，于是命令天威都头李顺节、神策军使李守节率领手下禁军攻打杨复恭的家。

不甘束手就缚的杨复恭十分勇悍，竟然率领家丁与禁军对抗，杨守信也率玉山营兵加入战团。杨复恭和杨守信的部下不敌不断增援的禁军，很快便败溃逃散，杨守信保护杨复恭逃出京城，来到杨复恭从弟杨复光的养子杨守亮任节度使的兴元，联合一批义子公开造反。

大顺三年（892年），唐昭宗任命凤翔节度使李茂贞为招讨使，联合邠宁王行瑜、华州韩建、同州王行约等出兵攻打兴元所在的山南西道，杨复恭等人大败而逃，途经华州时落到了宿敌韩建手中，杨复恭和杨守信被韩建下令处死，其他党羽如杨守亮等则被送往京师，被唐昭宗下诏处死，一代权监杨复恭就此惨淡收场。

被宦官囚禁的皇帝

从二十五岁开始参加黄巢军的朱温，在天下大乱的混战中不断沉浮，率领着一队人马，东征西战，南讨北伐，其间有胜有败，胜多败少。经过二十余年的苦心经营，到光化二年（899年），四十七岁的朱温已经成为天下最强大的军阀。河南、淮北一带已尽归他所有，淮南的杨行密无意北上；河北的罗弘信已经与之结为同盟；幽州的刘仁恭不足为惧；而李克用这个朱温的一生之敌，在后者两次围攻太原的压力下，堪堪仅能自保而已。

羽翼丰满的朱温野心被撩拨得更加膨胀了，他的志向绝不仅仅是做一个久居他人位下的节度使。下一步，他的眼睛盯上了长安皇宫里那张金碧辉煌的龙椅。朱温在中原大杀四方之时，唐昭宗却在长安城内过着朝不保夕的日子。

此时的唐帝国，甚至连长安附近的地区都无法控制。凤翔、邠宁和华州三镇，就像达摩克利斯之剑一样悬在唐昭宗的头上，让他日夜坐卧不安；而各节度使的骄横自大，更让他气愤难忍。

为了解除藩镇对自己的威胁，唐昭宗曾经组织宗室诸亲王建立军队用以自保，甚至直接派禁军攻打日益强大的藩镇。可是久疏战阵的禁军根本不是从修罗场里杀出来的藩镇军的对手。唐昭宗一次次的努力换来的只是无数次的出奔和被囚。长此以往，唐昭宗终于放弃了无谓的努力。

光化三年（900年），依附于凤翔节度使李茂贞的宦官宋道弼、景务修和宰相王抟勾结，声称宰相崔胤与朱温内外联络，把持朝政，唐昭宗闻听此言勃然大怒，当即将崔胤贬为清海节度使，命其即日离开长安。谁知崔胤即刻给朱温修书一封要他帮忙。

果然，崔胤前脚刚走，后脚朱温的奏折就送来了，声称崔胤是值得信赖的重臣，决不能离开长安，否则将危及朝廷，宰相王抟勾结宦官，祸乱朝廷，理应处死云云。见到这封语带威胁的信，唐昭宗无计可施，只得将崔胤又追回来，重新任命为宰相，同时免去王抟、宋道弼和景务修的职务并流放外地，不久干脆又处死三人。在这场闹剧中，宦官与朝臣攻讦不休，只可怜唐昭宗就像玩偶一样，被藩镇玩得团团转。

外有藩镇不时作乱犯上，内有朝臣钩心斗角。唐昭宗看着这一切，深知李唐皇室的天下就要完了。无可奈何之际，只得整日以醇酒、妇人聊以遣怀，对国事不闻不问，听凭官员们胡闹。右拾遗张道古忠心耿耿，见唐昭宗这样，甚为痛心，毅然上书，耿介直言，不料唐昭宗闻言大怒，立刻将张道古贬职并流放到蜀中。朝臣尚且如此，那些宫内的小宦官和宫女就更是倒霉，他们经常被喝得酩酊大醉而性情大变、喜怒无常的唐昭宗因为丁点儿小事处罚甚至处死。一时间，宫中人心惶惶，人人自危。

唐昭宗没想到，他在宫内大开杀戒，引起了高级宦官们的疑虑和担心。虽然受罚的只是些底层宦官，但谁知道哪一天唐昭宗会不会忽然拿他们出气呢？而且，景务修、宋道弼之死，也让他们大有兔死狐悲之感。于是，以枢密使、神策军左中尉刘季述为首，一个阴谋集团逐渐形成了。

刘季述原本出身低微，后来做了左神策护军中尉刘行深的养子。他在唐僖宗时接替父职，逐渐成为在朝中颇有影响的人物。唐昭宗的继位，就是他和杨复恭合谋的结果。在杨复恭、宋道弼、景务修等人死后，他成为宦官集团的首领。此人素与李茂贞关系密切，又对唐昭宗打击宦官的政策十分不满。

此外，在依靠朱温的崔胤掌握大权之后，朝臣的势力明显见长，而宦官的地位则日渐动摇。刘季述眼见日益危险，便决定先下手为强，打算趁唐昭宗不备，发动兵变，拥立太子李裕为皇帝，逼迫唐昭宗逊位，并联合李茂贞和匡国节度使韩建等藩镇，对付可能有所动作的朱温。在刘季述的串联下，右军中尉王仲先，枢密使王彦范、薛齐偓等宦官都参加了密谋。

光化三年（900年）十一月初四，唐昭宗到城北的皇家苑囿狩猎，收获颇丰。兴高采烈的唐昭宗当晚大宴群臣，觥筹交错，甚是开心。直到夜半时分，酒足饭饱，酩酊大醉的唐昭宗跌跌撞撞地回到寝宫，顺手又杀了几个躲闪不及的小宦官和宫女，然后沉沉睡去。

由于唐昭宗喝得烂醉，一直到第二天天光大亮，他还在呼呼大睡，自然，皇宫的大门也就没有开启。这本是十分正常之事，但在刘季述看来，这是个天大的好机会。于是，他假作关切地对正在中书省的崔胤表示，宫门紧闭，万一出事，做臣下的当如何自处？不如我们进去看看如何？崔胤不疑有他，便同意了刘季述的要求。没想到，刘季述却趁机调集千名禁军，裹挟着崔胤，打破宫门，长驱而入，将皇宫围了个水泄不通。

刘季述同崔胤进得宫来，自然看到了昨夜殒命的几个宦官、宫女尸横满地的惨状。崔胤正在皱眉想解决之法，早有准备的刘季述却缓缓地发话了："眼看皇上如此荒唐，如何君临天下，治国理政？倒不如废了这昏君，另立太子为善。为了国家社稷，你我也顾不得许多了。"

崔胤也不是笨蛋，他立刻明白了这一切都是刘季述早就安排好的，故意叫原本与其不睦的自己进宫当个唐昭宗"荒淫无道"的见证人。原本崔胤还打算反驳两句，可是当他看到四周弓上弦剑出鞘杀气腾腾的禁军时，就一下子什么都说不出来了，只好唯唯诺诺地附和刘季述的意见。

拿住了崔胤的刘季述迅速以崔胤等朝臣的名义写了一份联名状，要求唐昭宗逊位，请太子监国，此时崔胤已是身不由己，只好联合百官在上面一一签名。得到这份联名状的刘季述胆子更大、底气更足了。于是，已经做好万全准备的刘季述一面召集了文武百官入宫见驾，一面授意禁军在进入皇宫后大声鼓噪。唐昭宗在思政殿甫一坐定，耳边听到的却都是士兵的喊杀之声，唐昭宗当即吓得面无人色，从龙床上直跌下来，手脚并用地就想逃走。

刘季述看着狼狈至极的唐昭宗以及闻讯赶来的皇后，脸上泛起一丝冷笑。他拿出那张联名状，对唐昭宗说道："陛下不必惊慌，这是群臣看陛下每天喝酒作乐，似乎不想做皇上了，因此百官一致建议陛下退位，请太子殿下监国呢！"唐昭宗闻听此言，还想狡辩，便道："昨天和百官喝酒，只是喝多了些，怎么就弄成这个样子！"

刘季述哪里还容得唐昭宗辩解，便上前一步，正言厉色道："这是南衙文武百官的一致意见，老奴也没有办法。陛下还是先避避风头，等过了这阵子再说吧！"无奈的唐昭宗只得命皇后何氏将传国玉玺取出交给刘季述，随即同何皇后及十几个内侍在小宦官和禁军的"护送"下，被软禁在了少阳院。

被囚禁起来的唐昭宗一行人，受到了刘季述极其严苛的对待。刘季述对唐昭宗积怨已久，好容易抓到这个机会，便把唐昭宗骂得狗血喷头。

刘季述离开之时，命令左军副使李师虔率兵把守，又亲自将少阳院关门落锁，并将锁眼以锡水封死。只是在墙上凿了一个小洞，用来递送饮食，其余物品一概不得递送。

由于事起仓促，唐昭宗随身的物品携带极其有限，甚至连换洗衣服都没有。至于衣衫单薄的女眷，更是冻得发抖，每日号啕不止。唐昭宗先后想要点儿银钱布匹和笔墨纸砚，都被刘季述一口回绝，至于剪刀针线更是不许递进去。唯恐这位昔日的大唐天子一时想不开自杀了。刘季述的意思很明白——让唐昭宗求生不得，求死不能。

解决了唐昭宗的问题，刘季述接着又带兵直扑太子所在的东宫，对此事毫不知情的太子李裕还不明白是怎么回事，就被刘季述裹挟着来到了宫中，随即被立为皇帝，改名李缜。同时唐昭宗被"尊"为太上皇，少阳院也被改为问安宫。

政变就这样发生了。政局似乎重新回到了宦官当政的时代，新皇帝似乎在刘季述的扶植下也坐稳了宝座。然而，事情并没有这么简单，在沉默的局势底下，各方势力正在暗暗较劲，这场动乱的高潮，方才拉开帷幕。

二虎相争，朱温得利

光化三年（900 年），太子李裕在懵懂中被扶上了皇帝的宝座，但是，这位甚至没有在历史上留下帝号的皇帝自然不可能成为真正的掌权者，在幕后策划这一切的刘季述才是那个操控一切的人。

大权在握的刘季述自然也知道自己的政变并不得人心，为了巩固政权，刘季述一方面大肆为百官加官晋爵，又大赦天下，妄图收买人心；另一方面，对平素和自己不睦的朝臣以及唐昭宗以前的亲信，则举起屠刀，大开杀戒。大量的方士、僧人、道士、宫人、随从被杀害，就连唐昭宗的弟弟，贵为睦王的李倚也未能幸免。

刘季述每夜杀人，白天就用车子将尸体拉出宫去。为了立威，他命令每车只装一两具尸体，造成一种血雨腥风的气氛。刘季述杀得性起，甚至一度想要将崔胤处死，由于崔胤与朱温平素交好，所以一时没敢动手。正在犹豫的时候，司天监胡秀林看不过眼，痛斥刘季述滥杀无辜。刘季述自知理亏，又惧怕朱温的势力，最终还是放了崔胤一条生路，只是免去了他的度支盐铁转运使等职务，崔胤照旧当他的宰相，只不过无权无势。

刘季述深知，光在朝廷大动干戈还是不能保证自己的地位安如磐石，要想永保荣华富贵，当今之计唯有联合藩镇，以武力作为后盾。刘季述想来想去，只有势力最为强大的朱温值得投靠。于是，刘季述派自己的义子刘希度赶赴汴州，向朱温详细说明了此次政变的原因，并许诺将政权交付给朱温；为了让朱温心甘情愿地支持自己，刘季述干脆伪造了一份唐昭宗的退位诏书，派供奉官李奉本将其送给朱温。

自从政变以来，各个藩镇并没有贸然行动，但是一些仁人志士已经坐不住了。当时恰好住在华州的进士李愚得知政变的消息，立刻给节度使韩建上书，请他敢为天下先，出兵勤王护驾，拨乱反正。不过由于韩建平素同宦官过从甚密，并未采纳李愚的建议。其实，就算韩建与朝臣交好，他也不会率先举兵。

韩建如此，其他军阀也不例外。这并不是这些军阀毫无政治头脑，而是在瞬息万变的政治局势中，往往会出现枪打出头鸟的情况。所有人都在盘算着如何从这个混乱已极的情况中获得最大的政治资本，浑水摸鱼，后发制人，坐收渔翁之利。

朱温自然也是这么想的。政变发生之时，他正在河北定州指挥作战。听说了长安的情况，朱温便立刻返回汴州。他很清楚，以自己的实力，一定会有人找上门百般拉拢的。情况果然如他所料，不仅刘季述向他伸出了橄榄枝，就连崔胤也暗暗地给他写来一封信，请他立刻出兵，清君侧，平定乱局。

朱温一时拿不定主意，便导演了一出两虎相争的把戏。他故意把崔胤的信交给了刘希度，并且说崔胤此人反复无常，是个阴险小人，应该杀之以绝后患。刘季述很快得知了这一消息，立刻找来崔胤对质此事。崔胤不愧是乱世宰相，颇有急智，对此事矢口否认，一口咬定信件是别有用心的人伪造的。

为了让刘季述放心，崔胤又和刘季述假意结成了共同抵抗朱温的同盟，这才得以全身而退。结果，崔胤一回家，立刻又写了一封信给朱温，再次恳求他发兵平乱，并且点出此时挥兵西进长安正当其时，合理合法。

朱温一下子犯了难，朝臣和宦官的条件都很优厚，说的也似乎都有道理。犹豫不决之下，朱温召集一干谋士将领讨论此事。不少人都表示朝廷人事变动，藩镇不宜轻举妄动，不如静观其变。可是朱温的重要谋士、时任天平节度副使的李振却力劝朱温出兵勤王。

如果说一开始朱温还茫然如在梦中，那么李振的一句"王室有难，霸者之资"则无疑使他恍然大悟。朱温当即做出了出兵的决定。他先扣押了刘希度和李奉本两人，接着派李振赴长安打探消息，发现长安正笼罩在一片恐慌中。

原来，天下藩镇对政变暧昧的态度已经足以让宦官们心惊肉跳；而右军中尉王仲先为了追查军中被贪墨的钱粮，天天动刑拷打相关人员，让军队中也士气浮动，人人自危，毫无战斗力。朱温得知了这些情况，更加坚定了出兵的决心。于是他又派出亲信蒋玄晖到长安秘密会见崔胤，商讨恢复唐昭宗帝位之事。并且派大将张存敬兵发河中，夺取了晋州和绛州，为西进建立了桥头堡。

得到了朱温的支援，崔胤踏实了许多，便放心大胆地开始谋划如何推翻刘季述等宦官的势力。不过，朱温虽然表示了支持，但毕竟远在汴州，而要推翻刘季述等人，非得有相当实力的武装力量不可。正在一筹莫展之际，老谋深算的崔胤发现了一个人：左神策指挥使孙德昭。

孙德昭虽然是赳赳武夫，却颇有忠君爱国的想法。他对于刘季述等人废立侮辱唐昭宗、大逞淫威的做法十分不满，但是迫于时局又不敢声张，只是时时露出愤愤不平之色。这并没有逃出崔胤的眼睛，于是他便指使亲信石戬故意接近孙德昭，进一步观察他的情况。

不久，石戬就发现孙德昭喝醉后经常痛哭流涕。石戬见有机可乘，便游说孙德昭，他痛陈刘季述的种种恶行，指出其倒行逆施已经激起了天下人的公愤，只是迫于淫威不敢有所作为。如果孙德昭能够为天下先，诛杀阉竖，迎接唐昭宗复位，一定能建功立业，名垂青史。此事不宜犹豫不决，否则被别人抢先就不好了。

　　这一番话句句都说到了孙德昭心坎里。原来，他虽然对刘季述等宦官颇多不满，但其地位相对较低，并不敢贸然干预国家大事。如今见有人支持，顿时生出百般勇气。石戬又将崔胤的计划告诉孙德昭，孙德昭当即表示全力与崔胤合作。他不仅与崔胤盟誓，还找来了右军将领董彦弼、周承诲一起行动。

　　经过周密的安排，崔胤等人决定擒贼先擒王，趁刘季述等人不备进行突袭。光化四年（901年）正月初一清晨，右军中尉王仲先在进宫途中，于安福门被早已埋伏在这里的孙德昭带兵擒杀。接着孙德昭带着王仲先的人头赶往已改名为问安宫的少阳院迎请唐昭宗。此时的唐昭宗等人受了一个多月的苦，已是惶惶然如惊弓之鸟。

　　孙德昭在宫殿外大声呼喊唐昭宗出来，竟然被何皇后认为是刘季述布下的陷阱。无奈之下的孙德昭只得把王仲先的人头扔到院中。这下子唐昭宗才相信宦官已经完蛋了。又惊又喜的唐昭宗连忙命宫人捣毁宫门，出外与孙德昭相见。此时，崔胤率领文武百官也赶到了。在群臣的簇拥下，唐昭宗来到长乐门楼，正式宣告复位。

　　紧接着，刘季述、王彦范也被周承诲擒来。支持唐昭宗的士兵们对这两人自然是切齿痛恨。还没等唐昭宗来得及问罪，两人就被士兵一顿乱棍打死。薛齐偓听说宫内的变故，吓得投井自杀。至于其他党从刘季述的二十余名宦官也纷纷伏法。太子既然是被宦官胁迫，也就没必要过多追究，只是降为德王，令其仍回东宫居住。不久，囚禁在汴州的刘希度、李奉本等人也被收到消息的朱温押送回长安，随即被处死。

死里逃生、重登大宝的唐昭宗要论功行赏，幕后主使崔胤自然是首功之臣，唐昭宗坚持要封他为司徒，崔胤却坚辞不受，这让唐昭宗对他更为看重，命其辅理朝政，兼领三司诸使，相比政变之前的权力，有过之而无不及。唐昭宗召见崔胤时，甚至称呼他的字"昌遐"以示尊重。至于参与此事的神策军三将也均受赐李姓，分别改名为李继昭、李继海和李彦弼，又都提拔为同平章事，分别领静海、岭南西道和宁远三镇节度使。三人以节度使加宰相衔，被时人称为三使相。

光化四年（901 年）四月，为了庆祝复位，唐昭宗改元"天复"。然而对于李唐皇室来讲，这不啻为一个笑话，天子虽然复位，但是残唐的政局因这次政变而更加混乱。

哀皇帝，很悲哀

天下再也没有能够与朱温抗衡的人了，唐昭宗完全成为朱温手心里任意玩弄的政治傀儡。为了能够就近控制唐昭宗，防止再次出现李茂贞劫持皇帝这样的事情，朱温决定将唐昭宗迁往洛阳。他一面加紧在洛阳修造宫室，一面再次派兵进入长安，半是催促、半是威胁地要求唐昭宗尽快迁都。

虽然唐昭宗满心地不情愿，但也无可奈何，只得被迫前往洛阳，而长安百姓也被朱温军胁迫，一同迁往洛阳。为了彻底断绝唐昭宗"回銮"的打算以及李茂贞占据长安的野心，朱温拆毁了长安的所有建筑，并将木料投入渭水顺流而下，运到洛阳修建宫室。

天复四年（904 年），唐昭宗在朱温的胁迫下无奈踏上了前往洛阳的旅途。尽管沿路的百姓对唐昭宗的到来仍然感到荣幸，跪在道旁山呼万岁，但此情此景只能触动唐昭宗内心的伤痛。面对围观的民众，唐昭宗泪流满面地说道："无须再喊了，朕已经不是你们的天子了。"

话虽如此，但唐昭宗仍然没有放弃最后摆脱朱温控制的努力。当他行至陕州时，便以洛阳宫室尚未完工、多有不便为由，羁留在陕州。之所以这样做，是因为唐昭宗在途中曾经秘密派人向李克用、王建、杨行密等各地藩镇求救，期望他们尽快发兵，勤王护驾。唐昭宗也知道，在路上还有逃脱的希望，在洛阳则无异于进了朱温布下的天罗地网。

唐昭宗能想到的事情，朱温怎么会想不到呢？他见唐昭宗滞留在陕州，便亲自前往陕州觐见，向唐昭宗表示将亲自至洛阳监工，尽快将宫室修建完毕。

仅仅过了一个月，朱温便声称皇宫落成，请唐昭宗早日起驾。可是恰巧此时，何皇后产下一子，唐昭宗便以皇后正在休养不便动身为由，请求延迟到十月份动身。此时，各地藩镇已先后接到了唐昭宗的求援，纷纷起兵攻打朱温。

西川节度使王建与向朱温降而复叛的凤翔节度使李茂贞兵合一处，进击朱温，企图夺回唐昭宗；而河东的李克用也在河中部署兵力，从侧翼对朱温虎视眈眈，朱温不得不派兵分头迎击。在这种情况下，朱温自然要尽快将唐昭宗安置在洛阳，彻底断绝各敌对势力的念头，而唐昭宗自然也有坐待援军的打算。因此听到唐昭宗拒绝的消息，朱温甚为恼火，派出部将寇彦卿赶赴陕州，以武力催促唐昭宗动身。唐昭宗见朱温不从，又心生一计，他授意司天监禀告说夜观星象，天子东行不利。然而寇彦卿干脆杀掉了司天监的官员。

还有什么办法呢？唐昭宗一行人只得在寇彦卿的威胁下匆匆动身，而唐昭宗的皇子从此也消失于历史的记载中，成为后世一些家族抬高名望的来源。闻听天子驾临，朱温亲自到新安县接驾。不久，唐昭宗在洛阳正式上朝升殿，从此完全成为朱温的傀儡。

尽管此时的唐昭宗在政治上几乎是孤家寡人，孑然一身，但朱温仍然不放心，还要大开杀戒，赶尽杀绝。之前唐昭宗从长安动身时，还有侍奉唐昭宗日常起居的少年侍从、供奉二百余人一同随行。朱温竟然在一夜之间，将这些人全部勒死，并命早已选好的相同数目，年纪相仿的自己人，换上相同的服饰，侍奉唐昭宗。

此时的朝堂，已完全由朱温说了算。大小官员皆出于朱温的任命，几乎都是其亲信手下，蒋玄晖担任了宣徽南院使兼枢密使，王殷担任了宣徽北院使兼皇城使，韦震担任了河南尹兼六军诸卫副使，张廷范担任了金吾卫将军，朱友恭和氏叔琮则分别担任左右龙武统军。至于朱温自己早就高居梁上之位，一人之下、万人之上，此时的他，看唐昭宗实在是有些碍眼了。

与此同时，各个藩镇再次掀起了反对朱温、匡复唐室的浪潮。李茂贞、王建、李克用、刘仁恭、杨行密、杨崇本、赵匡凝等人频频书信往来，结成同盟，并先后发布檄文，号召天下藩镇讨伐朱温——平心而论，这些藩镇也并非真心想要重建唐昭宗的权威，充其量也只是一种争权夺势的手段罢了。但尽管如此，朱温还是不得不打起精神应付眼前的战争，于是他离开洛阳回到汴州，打算亲自带兵出征。为了彻底打消其他藩镇的念想，朱温决定将唐昭宗斩草除根。

朱温之所以要杀掉唐昭宗，还有另外一个原因：原来，唐昭宗的长子，也就是在刘季述发动政变时一度登上皇位的德王李裕，年纪渐长，且生得一表人才。朱温担心唐昭宗主动将皇位传给太子，不好控制，因此对德王十分厌恶，早在长安时便以其曾经在刘季述之乱中"擅自"继位为由，撺掇崔胤向唐昭宗建议处死德王。

为此，唐昭宗对朱温十分愤恨，常常在宫中念叨此事，担忧德王的安危。谁料这事被蒋玄晖报知了朱温，朱温得知此事，担心唐昭宗有所动作，终于下定了杀害唐昭宗的决心。他派李振回到洛阳，秘密与蒋玄晖、朱友恭、氏叔琮等人商量行动事宜。

904年八月十一日的深夜，喝得大醉的唐昭宗在椒殿院中早早就寝。突然，急促的敲门声在宫门外响起，声称有紧急军情需面见皇帝裁决。河东夫人裴贞一闻声打开宫门，看到的却是全副武装的士兵杀气腾腾劈下的一刀。原来，正是蒋玄晖、朱友恭、氏叔琮带兵闯入内宫，打算谋杀唐昭宗。

睡得正熟的唐昭宗被宫人的惨叫声惊醒，知道事情不妙，慌忙起身，穿着睡衣就想逃命——哪里逃得掉呢？昭仪李渐荣见皇帝有难，扑在皇帝身上哀求蒋玄晖放过唐昭宗，结果二人一起被杀，只有苦苦哀求的何皇后逃过一劫。

第二天，蒋玄晖声称李渐荣、裴贞一谋害皇帝，已被处死。接着按照朱温的命令，在唐昭宗的九个儿子中挑选年纪仅有十三岁的辉王李柷继位，改元天祐，李柷是唐朝的最后一位皇帝唐哀帝。

朱温得知此事后，虽然心中窃喜，却佯装大惊，倒在地上一边痛哭流涕，一边嚷嚷朱友恭等人让他背负弑主的恶名。为了堵住天下悠悠之口，朱温随即赶回洛阳，假惺惺地为唐昭宗服丧，又将朱友恭、氏叔琮两人罢官贬职，明正典刑。可怜二人为朱温卖命一生，最终却为朱温背了黑锅。

第二年，唐昭宗下葬时，朱温为了斩草除根，又凶残地命蒋玄晖将唐昭宗剩余的皇子灌醉后全部杀死，将尸体投于水中。

宦官死了，朝臣死了，唐昭宗也死了，就连李唐皇族也殆无子遗，只剩下一个懵懵懂懂的小皇帝。朱温已经可以随心所欲地按照他的意愿操纵朝政，一步步向九五至尊的宝座前进。

唐哀帝继位不久，就将已经贵为梁王的朱温加封为魏王，又拜为宰相，统摄文武百官。此外，朱温还兼任了一大堆的职务，什么太尉、中书令、各道兵马元帅，以及宣义、天平、护国等藩镇的节度观察处置使，还有"入朝不趋，剑履上殿，赞拜不名，兼备九锡"之命。就像历朝历代的权臣篡位一般，朱温的野心已经是昭然若揭了。

不久之后，在朱温的授意下，唐哀帝又改了一大堆的地名，将成德军改称武顺军，薬城、信都、栾城、阜城、临城几个县分别被改为薬平县、尧都县、栾氏县、汉阜县、房子县。之所以要这样做，是因为朱温的祖父叫朱信，而父亲叫朱诚，地名需要避讳。为祖上避讳，这可是只有皇帝才能享受的待遇，由此可以看到，朱温已经等不及要称帝了。

帝国日落

随着唐昭宗的死和唐哀帝的继位，处在风雨飘摇中的唐帝国已经难逃灭亡的命运。然而，大权在握的朱温还没有收起他的屠刀，他还需要更多的鲜血为自己的新王朝献祭。

早在朱温击败李茂贞，将唐昭宗夺回长安时，由于宦官势力已经被消灭，曾经和朱温结为同盟，在其中发挥重要作用的朝臣集团就已经失去了作用，反过来变成了朱温篡位路上的一块绊脚石。因此，朱温便开始有计划地清除朝臣。在唐昭宗在位时，他还不敢明目张胆地公开杀人，而是借助崔胤等人深文周纳，罗织罪名，清除政敌。如今唐昭宗已死，小皇帝不过是自己的政治傀儡，朱温可以放心大胆地在光天化日之下消灭异己了。

天祐二年（905 年）五月初七，夜间忽现彗星，这一"不吉之兆"无疑让已经摇摇欲坠的唐帝国更加人心惶惶。"可怜夜半虚前席，不问苍生问鬼神"，不知如何是好的唐哀帝只得求助于阴阳鬼神之道。司天监占卜的结果自然显示大凶，需要杀一批人以消灾免祸。

这时候，朱温的第二号谋士李振又发话了。在朱温为是否要西进长安解救唐昭宗而犯难时，此人曾经发挥了重要的作用，后来又为朱温多次献计献策，因而甚得朱温的信赖。虽然李振也算是个舞文弄墨的读书人，但他和朝中那些或是名门望族之后，或是进士明经出身的大臣们不一样。他虽然是潞州节度使李抱真的曾孙，也算出生于名门，但这位节度使大人是出自昭武九姓的胡人，原本是安姓，因此李振算不得士族之后；此外，李振年轻时曾经在咸通、乾符年间多次参加科举考试却都名落孙山，他不反思自己的学问是否够好，却偏执地认为是主考官歧视他。凡此种种，都让李振对朝中文臣十分仇视，处处和他们为仇作对。李振因此名声不佳，得了个"猫头鹰"的外号。

当李振得知司天监的建议后，他顿时生出了一个恶毒的主意。他对朱温表示，残唐朝廷之所以混乱无能，都是被所谓的衣冠士族败坏的，这批人自恃门第高贵，又精通学问，绝对不会为新朝廷所用，不如趁此机会斩草除根。

这番话深深地说到了朱温的心坎里。作为一个出身草莽的赳赳武夫，朱温其实对读书人有着天生的轻视和厌恶。据说，朱温有一次行军，在一棵柳树下休息，忽然自言自语道："好大的柳树，可以做车毂。"同在树下休息的几个书生模样的人便顺口附和他。谁知朱温突然翻脸，勃然大怒道："你们这些书生，就会顺口胡说八道。做车毂要用夹榆，怎么能用柳木？"说完，居然命手下将这几个人活活打死。朱温对书生的残酷，由此可见一斑。

　　如此一来，朱温自然对李振的建议十分赞同。于是在朱温的示意下，唐哀帝将朝中的左仆射裴枢、右仆射崔远、吏部尚书陆扆、工部尚书王溥、守太保致仕赵崇、兵部侍郎王赞等一批官员共三十余人统统贬职，流放到外地。当他们经过滑州白马县的白马驿时，朱温又下了毒手，将其统统杀害。

　　行刑前，李振又建议朱温，这帮人平常骄傲得了不得，自称为"清流"，不如把他们投入黄河，以后他们就是浊流，永世不得翻身。朱温狞笑着接受了他的建议，于是这些人的尸首都被投入黄河。

　　这场史称"白马之祸"的大屠杀从某种意义上来说宣告了唐朝的灭亡，只剩下一个光杆司令——唐哀帝，已经实在不足以被称为一个政府了。不仅如此，"白马之祸"给后世也造成了深远的影响：自汉魏以来逐渐崛起、在六朝时臻于极致、影响中国数百年的门阀贵族从此彻底烟消云散，旧时王谢堂前燕再也难寻踪迹。

　　"白马之祸"过后，朝堂几乎空无一人。为了装点门面，朱温又起用了一批在唐昭宗时不得志的士人，并强迫各地名士入朝为官。可在此乱世，稍有见识的人大多闭门不出，唯恐惹祸上身，谁会自投罗网呢？朱温新提拔的宰相杨涉，在得知升官的"喜讯"后，居然吓得大哭起来，并对儿子杨凝式说，世道崩坏，身陷罗网，真怕有朝一日连累你们啊！于是响应者寥寥，朝堂之上，好不冷清。

不过朱温已经不在乎这些了。他已经迫不及待地想要登基做皇帝、尝尝当天子的滋味了。于是，他命令宰相柳璨和枢密使蒋玄晖策划唐哀帝禅位的有关事宜。柳璨和蒋玄晖经过仔细研究，拿出了一套按部就班、循序渐进、堪称"正统"的篡位程序。按照两人的想法，根据魏晋以来的传统，首先要裂土封王，然后再加九锡之礼，最后才能禅位。而且考虑到各个藩镇对朱温虎视眈眈，贸然称帝很可能激化矛盾，引发战争，因此建议朱温不要轻举妄动，应该缓缓图之。

柳璨和蒋玄晖自以为这个计划完美无缺，于是便怂恿唐哀帝任命朱温为相国，统摄朝政，又封其为魏王，并划出二十一道作为封国，并赐予九锡，等等。谁知这个建议大大地触怒了朱温，对读书人不屑一顾的朱温怎么可能看得上那一套繁文缛节呢？他所要的只是结果而已。于是面对唐哀帝的封赏，朱温竟然怒不受命，经过多方劝说才勉强接受。

柳璨和蒋玄晖恐怕做梦也没想到，经过此事，朱温对他俩产生了怀疑，认为他们是为了拖延朱温登基称帝，好与其他藩镇勾结，匡扶皇室。见此情况，素与此二人不和的宣徽副使王殷、赵殷衡趁机向朱温密奏，说柳璨和蒋玄晖以及太常卿张廷范忠于唐室，密谋恢复唐朝，蒋玄晖还与何太后有染。

朱温闻言勃然大怒，于是立刻将二人处死，并给了蒋玄晖一个不伦不类的称号"凶逆百姓"；太后也未能幸免，在宫中被杀死，并被废为庶人。柳璨临刑前，大呼道："负国贼柳璨，死其宜矣！"一副人之将死其言也善的样子。其实唐之覆亡，并不能怪罪于柳璨等人，他们只是这场注定发生的悲剧中的悲剧角色而已。

不过，此后朱温并没有忙着从早就做好禅位准备的唐哀帝手中接过皇位。因为此时战争再次爆发，朱温亲自出兵攻打幽州刺史刘仁恭。刘仁恭在朱温的持续进攻下疲于招架，只得向李克用求援。李克用随即出兵进攻朱温的侧翼潞州。原本镇守潞州的是朱温的爱将丁会，但当丁会得知朱温弑唐昭宗企图篡位的恶行后，对其大失所望，便趁李克用出兵之际向其投降。朱温的老巢汴州一带顿时门户大开，正在全力进攻沧州的朱温只得退兵。

这场波折虽然让唐哀帝在帝位上多坐了一阵儿，但也没有持续太长时间。吃了败仗的朱温为了安定人心，提振士气，终于决定正式称帝。天祐四年（907年）正月，回到汴州的朱温趁薛贻矩前来慰劳之时，让他向唐哀帝传达了禅位的意愿。此话一出，小皇帝怎敢不从？于是在宰相张文蔚的率领之下，百官纷纷劝进，一些支持朱温的藩镇也先后上表。

虽然满心欢喜，但朱温还是假意推辞了几番，先演了一番周公吐哺天下归心的戏。接着便堂而皇之地在汴州早就建好的宫殿内，接受了百官的朝贺。四月十八日，朱温正式举行了禅位仪式，定国号为大梁，改汴州为开封府，定为国都，改元开平，并大赦天下。唐哀帝则被封为济阴王，被囚禁于曹州。第二年，年仅十七岁的末代唐皇被朱温斩草除根。

从武德元年唐高祖李渊建立，到天祐四年唐哀帝李柷禅位，立国二百八十九年，历经二十二帝的唐朝至此覆亡。从此，中国再次进入了一个四分五裂，征战不休的战乱时期——五代十国。

图书在版编目 (CIP) 数据

唐朝其实很有趣 / 子陌著 . — 北京 : 中国华侨出
版社，2021.3（2021.5 重印）

ISBN 978-7-5113-8367-9

Ⅰ . ①唐… Ⅱ . ①子… Ⅲ . ① 中国历史 – 唐代 – 通俗
读物 Ⅳ . ① K242.09

中国版本图书馆 CIP 数据核字（2020）第 218574 号

唐朝其实很有趣

著　者：	子　陌	
责任编辑：	黄　威	
封面设计：	冬　凡	
文字编辑：	贾　娟	
美术编辑：	盛小云	
经　销：	新华书店	
开　本：	880mm×1230mm　1/32　印张：8　字数：190 千字	
印　刷：	三河市燕春印务有限公司	
版　次：	2021 年 3 月第 1 版　　2021 年 11 月第 3 次印刷	
书　号：	ISBN 978-7-5113-8367-9	
定　价：	38.00 元	

中国华侨出版社　北京市朝阳区西坝河东里 77 号楼底商 5 号　邮编：100028
发行部：（010）88893001　　传　真：（010）62707370
网　址：www.oveaschin.com　　E－mail：oveaschin@sina.com

如果发现印装质量问题，影响阅读，请与印刷厂联系调换。